茶色のシマウマ、世界を変える

日本初の全寮制インターナショナル高校
ISAKをつくった小林りんの物語

石川拓治 著
Takuji Ishikawa

ダイヤモンド社

こどもは誰でも、ことづてをたずさえて生まれてくる、
神はまだ人間に失望していないということづてを。

ロビンドロナト・タゴール『迷い鳥』 川名澄訳

EVERY child comes with the message
that God is not yet discouraged of man.

Rabindranath Tagore /Stray Birds

2014年8月、長野県の軽井沢町に新しい高校が誕生した。

普通の高校ではない。

第一に、生徒は日本国内だけでなく、アジア圏を中心に世界中から募集する。

第二に、生徒全員が寮生活をする。

第三に、授業は原則としてすべて英語で行う。

つまり日本で初めての全寮制インターナショナルスクールなのだけれど、

第四に、学校教育法の第一条に基づく正式な日本の高等学校でもある。

その名をインターナショナルスクール・オブ・アジア軽井沢、略してISAK《アイザック》という。

学期の始まりは8月、終わりは6月。

教員のほとんどは海外から招聘される。

教育関係者にとっては、おそらくそれだけでも大きなニュースだったはずだ。

外国人の教師が英語ですべての授業をする日本の高校などというものが、はたして成立するのだろうか。学習指導要領や教員資格の問題はクリアできているのだろうか。

それだけではない。

インターナショナルスクールは、各種学校として都道府県知事の認可を受

けている学校に限っても全国に１２０余校あるが、それらのインターナショナルスクールは、基本的にはすでに日本国内に居住している外国人の子女を対象としている。

けれどこの高校は、そういう既存のインターナショナルスクールとははっきりと一線を画している。

この高校が重視するのは、生徒の多様性だ。

なにしろこの高校は、その生徒をアジア諸国を中心とした世界各国から直接募集するのだから。そのアジア諸国には、もちろん日本も含まれている。

しかも、できる限り多様な地域の多様な階層の子どもたちに門戸を開くために、奨学金制度を充実させている。学費だけでなく、日本への渡航費用や寮費などを含めて必要な費用の全額あるいは一部を、奨学金として支給される生徒も少なくない。初年度は、全額支給一部支給を合わせて70％以上の生徒に何らかの形で奨学金が支給された。

つまり、この高校は世界のすべての子どもたちに向かって開かれている。本当の意味で、日本人と外国人が一緒に学ぶ日本の高校なのだ。

日本に近代的学校教育制度が生まれて１４０年、前代未聞の学校と言っていいだろう。

これは、そういう学校をつくった、一人の女性についての物語だ。

『茶色のシマウマ、世界を変える』目次

写真：1〜3ページ　鈴木愛子　15ページ以降　ISAK

プロローグ

浅間山南麓の千ヶ滝別荘地は、リゾート地としての軽井沢の歴史を語る上では欠くことのできない重要な地域だ。

歴史は大正時代に遡る。

当時を知る古老の間には、早稲田大学を卒業したばかりの堤康次郎が学生服姿でやってきて、70万坪余りの村有地を買収したという話が残っている。

猪瀬直樹の『ミカドの肖像』の中に、堤はその最初の訪問の日に東京までの帰りの汽車賃を交渉相手の村長に借りたという挿話がある。真偽はともかく、当時の堤が、東京に帰る電車賃の持ち合わせもない男とみなされかねない、無名の若者であったことは事実であったようだ。そんな若者が2年がかりで村の大人たちを説得し、70万坪の土地を現実に取得してしまった。

この時の広大な土地の取得が実業家としての堤康次郎の、すなわち現在の西武グループの歴史の起点になる。

それからほぼ一世紀の時をかけて、千ヶ滝別荘地は少しずつ整備されてきた。

あさまテラスは、その千ヶ滝別荘地の最も西のエリアだ。

千ヶ滝別荘地の最後の大規模開発プロジェクトで、開発の許可が下りたのは堤康次郎の時代からほぼ一世紀が過ぎた1990年代後半のこと。浅間山南麓のなだらかに傾斜した広大な地勢をそのままに生かした、常識外れと言ってもいいほど贅沢なグラウンドデザインの別荘地だ。

よりによってそんな場所に、新しい高校を建設したいという申し出があったのは2011年2月のことだった。

埼玉県所沢市の本社で初めてその話を聞いた、西武プロパティーズのリゾート担当マネジャー渡部精一郎《わたなべせいいちろう》はまず「あり得ない」と思った、と言う。

「不動産業界には嫌悪施設という言葉があります。公共的には必要でも、自分の家の側にはあって欲しくない施設のことです。別荘地にとって学校は、この嫌悪施設のひとつなんです。近くにあるだけでも嫌悪施設なのに、よりによって高級別荘地の敷地内に高校をつくるなんて、どう考えても『あり得ない』話だと思いました」

渡部はこのプロジェクトの事業主であるプリンスホテルから出向している社員で、造成の段階から、あさまテラスの開発に携わっていた。それだけに思い入れも深く、いくら売れ行きがかんばしくないからと言って、安売りをするつもりは毛頭なかった。

実際、あさまテラスは苦戦していた。

2008年7月に分譲を開始したのだが、2011年のその時までに成約したのは売り出された163区画のうちの8区画だけだった。渡部の責任ではもちろんない。

別荘が売れないのは、この軽井沢の別荘地に限った話ではなかった。

ニューヨークの投資銀行、リーマン・ブラザーズが破綻した2008年9月15日を境に世界中で同じ現象が起きていた。

64兆円という史上最大の負債を抱えた倒産が、大津波のように世界経済を呑み込んでしまった。いわゆるリーマンショックが引き起こしたこの世界同時不況の逆風を、あさまテラスも真正面から受けていた。そういう時期だけになおさら、この話には簡単には乗れないという思いが渡部にはあった。

「学校用地を必要としているというそのお客様は、現地の千ヶ滝別荘地にある西武プロパティーズの営業所にまずいらしたんです。その営業所から、所沢の本社の私に連絡が入りました」

通常の別荘地の販売なら、営業所だけで話は終わる。けれど相手が求めているのは広大な土地だった。しかも、建設するのは別荘ではなく学校だ。

営業所だけで判断できる商談ではないということで、客は東京にやって来ることになった。迎えるのは、事業主であるプリンスホテルの資産管理部から3人、販売を担当する西武プロパティーズから渡部と現地営業所の所長の2人、合計5人の男だった。

他の4人がどう考えていたかはわからない。けれど、渡部はとにかくこの案件には反対だった。

「1万坪の土地が欲しいという話でした。軽井沢で不動産の仕事をしていると、時々そういう大きな話があるんです。マンションを建てるからまとまった土地を売ってくれとか、ホテル建設の話が持ち上がっているとか。だいたい話だけで、まず絶対にまとまらないんですけれど。その時も、そういうたぐいのお話だろうと思いました。まして学校を建てるというんですからね。たとえ何十億のお金を積まれようと、私は反対するつもりでした。まだ8区画だけでしたが、あさまテラスを気に入って購入されたお客様がいらっしゃった。その方たちを裏切るわけにはいきません。それに、景気が好転してこの別荘地の真価が認められれば、必ず売れるという自信がありましたから」

渡部がその人物と会ったのは、2011年2月7日のことだ。

最初から度肝を抜かれた。

高級別荘地を学校建設の用地として売って欲しいなどと、とんでもないことを言って東京池袋のプリンスホテル本社に乗り込んできたのは、若い女性だったのだ。

いや、それだけなら、渡部にしてもそれほど強烈な印象は受けてはいないだろう。

渡部の脳裏に今も深く刻まれているのは、その女性の物腰だ。

大学を出てまだそれほど経っていないように見えるその女性が、プリンスホテル本社で向かい合っているのは、仕事のキャリアも人生経験も彼女よりも遥かに豊かな5人の男だった。

少しぐらい気後れしても良さそうなものだけれど、そういう素振りはまったく見せなかった。

彼女はとても自然で、そして自信にあふれていた。

その最初の一言を、渡部は正確に記憶している。

簡単な挨拶を終えると、女性は落ち着いた様子でこう言った。

「今日はどれくらいお時間を頂けるんでしょうか?」

「あの日のことは忘れもしません。私が思わず『1時間から1時間半くらいでしょうか』と答えると、『では、それぐらいにまとめて話をさせていただきます』と言って、女性が話し始めたんです。ものすごい早口でね。ぶわーっと、マシンガンみたいに。その話に圧倒されました。何より驚いたことに、話の内容がとにかく素晴らしかったんです。不動産の話っていうのは泥臭くなるのが普通で『結局、いくらなんだ?』みたいな、腹のさぐり合いになることが多いんですけれど……」

そういう話は一切なかったと、渡部は述懐する。

「彼女の話には、裏が何もなかった。いきなり、ご自分の経歴から始まって、なぜ自分がこの学校をつくりたいのか、なぜこういう学校が必要なのかという話をされたんです。日本の高校を中退して外国の高校に留学したところから、フィリピンのスラム街でストリート・チルドレンを守るためにやってきたことまで。この世界を変えるために、本当の意味でのリーダーを育てなきゃいけないと彼女は言いました。そのための全寮制高校を、軽井沢につくりたいんだって」

女性が話したのは、自分たちの学校のことだけではなかった。スイスの全寮制インターナショナルスクールの例をひきあいに出しながら、この高校ができれば、あさまテラスの資産価値は上がると言った。私たちは世界中から生徒を募集する。その評判が高まれば、この別荘地の世界的な認知度も自然に上がるに違いありません、と。夢を語るだけではなく、理路整然と具体的なデータに基づいた計画を語った。

「話をそのまま鵜呑みにしたわけではありませんけれど、なるほどなあと思いました。私どもも、あさまテラスを販売するためにいろんな施策を打つ中で、海外のお客様へのアプローチを考えていて、台湾をはじめとするアジア圏にも売り込みに行っていたんです。けれど、残念ながらうまくいっていなかった。

それだけに、その女性のお話に可能性を感じたということもありました。少なくとも今までの私たちには思いもよらない斬新なアイデアだったし、他のどの不動産業者にも真似のできない新しいアプローチであることは間違いない。もちろんそれは、この女性の話が計画通りに進めばの話ですけれど。

いや、正直に言えば、だんだん私自身もその人の話に動かされていたんです。学校と言っても、全寮制インターナショナルスクールだし、しかも全校生徒150名の小さな学校です。私たちが真摯にご説明をすれば、この別荘地を気に入って購入してくださったお客様方にも、もしかしたらそのことをご理解頂けるのではないか、と。

だいたい、本物のリーダーを育てる学校を日本につくるなんて、胸のすくような素晴らしい話じゃないですか。さまざまな方面で共感を呼んで、たくさんの方が支援しているというのも頷ける話だと思いました」

反対するつもりで会ったのに、渡部はいつの間にか熱心に話を聞いていた。

けれど、本当の意味で渡部の心を動かしたのは、女性が説明を終えたあとだった。

「予算はどれくらいですかという話になりました。今後の交渉のためにも、それはきちんと聞いておかなければいけません。なにしろ、1万坪ですからね。

お話はよくわかりましたと。『非常にいい話だと思うし、こちらとしても進められるものなら検討したいと思うけれど、実際にご予算はいくらぐらいなんですか』って、私が最後に質問したんです。そしたら女性は『1億円です』って。その時点でこの話は、終わったと思いました」

渡部の熱は一気に冷めた。いい話で、可能性は感じるけれど、それではいくらなんでもビジネスベースに乗らない。この女性の話を聞くまではそんな気持ちになるなんて夢にも思わなかったけれど、本心から残念だと思った。

この話はここまでにするしかない。それだけの面積の土地を確保するのに、1億円では話にも何もならなかった。

「いくらなんでもあの別荘地の土地1万坪で、1億円ということはあり得ません。どんなに少なく見積もったとしても……」

話を終わりにするつもりで、渡部は頭の中でざっと計算した金額を告げた。告げた渡部の心がちくりと痛むくらい、女性の提示した予算とはかけ離れていた。

この女性は、そういう基本的なこともわかっていなかったのだ。あまりにも世間を知らないとしか言いようがない。あの土地がいくらするかを調べもせずに、この人はここまでやって来たのだ。説得されかかっていただけに、拍子抜けする思いだった。

ところがそうはっきり告げても、女性の態度は変わらなかった。

「承知しています。今日はそれを承知で、お伺いしました」

眉ひとつ動かさず、さらりとそう言ってのけた。

惚れ惚れするほど、腰が据わっていた。

「そう聞いて、逆にこれは行けるかもしれないと思ったんです」

渡部の声には、当時を懐かしむ響きがこもっていた。

「この人は本当に本気だと。もしかしたら、この話はものになるかもしれないって」

女性の提示した額は、あまりに非常識だった。

驚いたことに、この女性はそれを知りながら、真正面からやって来たのだ。

持参した資料には、彼女の学校づくりを支援するという人々の名前が書かれていた。その名の多くに、渡部は見覚えがあった。

「財界の有名な方たちの名前がずらりと並んでいました。その気になれば、彼女はそのコネを使って、上から話を通して来ることもできたはずです。けれど、彼女はそういう手段をとらなかった。真正面から正攻法で乗り込んできて、自分たちには1億円しか用意できないんだけれど、なんとかここに学校をつくりたい、つくらせて欲しいと言うわけです。この土地をとても気に入っているんだという気持ちが伝わってきて、私は嬉しかった。

もちろんその予算では、いくらなんでも無理なお話でした。けれど、よくお話を聞いてみると、考慮の余地がまったくないわけではなかった。学校の建設場所をもう少し安価ないちばん奥の南端に変え、面積も多少減らすなどして、工夫を加えればビジネスベースに乗せることはもしかしたら可能かもしれない。いや、たとえそうしたところで、とてもその予算内では収まらないでしょう。それに何よりも、別荘を購入した他のお客様のご了解を頂かなければいけません。

価格の交渉も含めて、これから先、私どもにとっても、その女性にとっても、乗り越えなければならない壁はたくさんありましたけれど、少なくとも絶対に不可能とは言い切れないいんじゃないか……。なんとか学校をつくりたいという彼女の思いをかなえる方法はないものか、不動産の仕事に携わる人間として、そのお手伝いができないものかと、考え始めていたんです。最初は絶対に反対するつもりでいたはずなのに。私だけじゃない。その場に立ち会っていた5人全員が、同じ気持ちだったと思います。5人とも彼女に動かされていた。

考えたらすごい話ですよね。この世界で経験を積んだ海千山千の男たちが、たった1時間の話で、その人に完璧に気持ちを動かされてしまったんですから。

正直申し上げて、まったく同じ話を誰か他の方から頂いたとしても、同じ結論に達していたかどうかわかりません」

渡部はそこまで話すと、柔らかな笑みを浮かべた。

彼は、少し誇らしそうにその名を口にした。

「その人だったから、小林りんさんだったから、私たちは心を動かされたのだと思います」

第1章

世界のために
何かをしたい。

1 「ナウシカの人」と出逢う。

新しい学校をつくろうとしている女性がいる。

最初に知ったのは、文章にすればただそれだけの事実だ。

「学校って、つくれるものだったのか」

頭に浮かんだ感想も、単純そのものだった。

ただ、なんと言えばいいか、心の中をざわざわと風が吹き過ぎていったことを、よく覚えている。世界に風穴が開いたような気がした。

2011年の秋という時節のせいもあったと思う。

あの大震災から半年、何かことが起きるたびに、あるいは何も起きないがゆえに、この日本という国の政治や行政の脆弱性に暗澹たる気持ちにさせられていた。

何もかもが、ちぐはぐで、的外れだった。身も蓋もないことを言えば、この国には、こういう時に発揮されるべきリーダーシップの片鱗も見当たらなかった。

たくさんのボランティアと人々の関心、莫大な義援金が被災地に集まっていた。世界第3位の経済規模の日本が、もしその国力をあげてことに当たっていれば、この災害がもたらした被害をもっと速やかに回復できないはずはない。少なくとも、人々の苦しみを大幅に軽減できるのではないか。多くの人が、そう感じていたはずだ。

ところが、肝心のその国力が、ほとんど何も発揮されていなかった。

政府は言い訳をし、政治家たちは言い争いをするばかりで、少なくとも私の目には、本当に必要なことが、十分になされていないように見えた。

百歩譲って、平和な時はそれでもいい。

けれど、何かことが起きれば、彼らだって一致団結して、この傷を癒やすべく、困っている人々を速やかに助けるべく、リーダーシップを発揮してくれるのではないか。心のどこかで、そういう淡い期待を抱いていた。

淡い期待は、ほぼ完膚なきまでに裏切られた。

それだけに、一人の女性が新しい学校をつくろうとしているという話に心を揺さぶられたのだと思う。

遠回りのようだけれど、それこそが、こういう今の日本を変えられる数少ない可能性なのではないか。

その人が女性であるということ以外は何も知らないうちに、どんな学校をつくるのかも聞かないうちから、頭は勝手なイメージを思い描いていた。

宮崎駿映画の主人公のような女の子だ。あるいはミヒャエル・エンデの童話に登場する少女、時間泥棒から時間を奪い返すモモのような。

灰色に塗りつぶされた社会に押し潰されることなく、みんなのためにやらなければならないことに真っ直ぐ立ち向かっていく、正義感と生命感にあふれた少女のイメージだ。

いや、本気でそういう女性に会えると思ったわけではない。それはもちろん現実とはなんの関わりもない、個人的な空想に過ぎない。

ただ、そういう空想をして、日頃の憂さを一瞬だけ晴らしただけだ。

空想は、いつも現実に裏切られる。

それくらい、よくわかっていた。

私が彼女に初めて会ったのは、2011年11月14日のことだ。

ある編集者から、その人の物語を書いてみないかと打診されたのだ。

場所は、千代田区内幸町にある投資顧問会社の会議室。

約束の午後3時を過ぎていたけれど、彼女はまだ姿を現していなかった。

地下鉄霞ケ関駅から歩いて数分の、大手銀行の支店が入っていてもおかしくないような巨大なオフィスビルの6階に、その投資顧問会社はあった。

ニューヨークの法律事務所みたいなそのエントランスや、身のこなしに隙のない美しい秘書、案内された会議室の洗練されたインテリアを眺めれば、その会社がどれくらいの社会的信用や力を持っているかは想像ができた。

同時に、まだ会ってもいないのに、学校をつくろうとしているその女性への興味も、少し薄れるような気がした。

いずれにしても、一人の女性が学校をつくろうとしているという話は、この現実的な力を背景にしているのだ。お金さえあればなんでもできるとは言わないけれど、それなりの資金力があれば、学校をつくるという話は、少なくとも荒唐無稽な夢ではないはずだ。

案の定なんて言ったら、相手に失礼なのはわかっている。ナウシカやモモのような少女を勝手に想像したのは私なのだから。

けれど、とにかく彼女たちの出番はそこにはなさそうだった。

前の晩にインターネットでざっと予習したその女性の経歴から考えれば、もちろんそれはわかっていたはずのことでもある。

１９９０年　東京学芸大学附属高等学校入学
１９９１年　同校を中退し、カナダのピアソン・カレッジに入学
１９９３年　国際バカロレアディプロマ資格取得
１９９４年　東京大学文科二類入学
１９９８年　東京大学経済学部卒業
１９９８年　モルガン・スタンレー日本法人勤務
２０００年　インターネット系ベンチャー企業　ラクーン取締役・情報戦略部長就任
２００３年　国際協力銀行（ＪＢＩＣ）勤務

2005年　スタンフォード大学国際教育政策学修士号取得
2006年　国連児童基金（UNICEF）プログラムオフィサーとしてフィリピンのストリート・チルドレンの非公式教育に取り組む
2009年　インターナショナルスクール・オブ・アジア軽井沢（ISAK）設立準備財団代表理事就任

なかなかの経歴だ。

最高の輝きを放つべく計算されたブリリアントカットのダイアモンドのように、傷のない美しいキャリア。

親の人脈や人間関係などに頼ることなく、生まれ持った高い知性を努力で磨き、人格の力を発揮して獲得したポジション。

しかもその間にその女性はほぼ完璧な英語を身につけ、スペイン語も同じくらい流暢に話せるようになっているらしい。

こういうキャラクターをもし小説の登場人物にしたら、少しつくり過ぎだと批評されるかもしれない。ジブリ映画向きでもない。

もっとも、そういう経歴の日本人が彼女以外に存在しないわけではない。というより、このタイプの経歴は、現代日本のエリート層のひとつの典型でもある。

わかりやすくいえば、東京大学をはじめとする偏差値の高い日本の大学を卒業し、外資系企業、あるいは国連機関に就職し、数年で退社し、アメリカやイギリスの有名大学の大学院で修士号や博士号を取得し、そこで培った業績や人脈を生かしてさらにキャリアアップしていくというような生き方だ。

早い話が、その投資顧問会社の代表、谷家衛《たにやまもる》もそういう一人と言っていい。

彼は留学こそしていないが、灘高から東大法学部、ソロモン・ブラザーズ・アジア証券（現ソロモン・スミス・バーニー証券）マネージング・ディレクター、チューダー・キャピタル・ジャパン運用担当ディレクターを経て、2002年にチューダーに対するMBO（経営陣買収）を行い、あすかアセットマネジメントCEO（当時）に就任した。

ちなみにソロモン・ブラザーズは、ウォール街の帝王と呼ばれたアメリカの投資銀行だ。

谷家は彼女がつくろうとしている学校、ISAKの設立発起人で、その日の取材にも同席することになっていた。

つまりこれは、どこにでもいる普通の女性が、新しい学校をつくろうとしているというような話ではないのだ。

おそらくは学校をつくるというプロジェクトと資金があらかじめ存在して、スタンフォード大学の教育学修士号とユニセフのオフィサーとしての経歴を買われた彼女が、その学校の設立準備財団の代表に抜擢されたという話なのだろう。

投資顧問会社の空調の効いた会議室で、人間工学に基づいて設計されたらしい極めて快適な椅子に座り、女性を待ちながら、私はそういうことを考えていた。

それだけに、彼女の第一印象は予想外だった。

約束の時間に遅れたことを、猛烈な早口で詫びながら、大きなバッグを肩にかけ、髪の毛を振り乱して会議室に入って来た彼女は、そんなことがあるのかというくらい、私が空想していた通りの架空の少女のおもかげを宿していた。

最初の30分で、すっかり彼女の熱に感染していた。

その時すでに一人の男の子の母親となっていた彼女は、少女と呼んでいい年齢ではもちろんなかったのだけれど。

空想は、現実に裏切られる。

けれど、いつも裏切られるわけではない。

2 「本物のリーダー」を育てる学校をつくりたい。

2011年の11月といえば、今にして思い返せば、彼女がまだ断崖絶壁を歩いていた時期だ。計画が頓挫する可能性は、その時点ではいくらでもあった。

にもかかわらず、彼女は自信にあふれていた。

彼女があまりにも自信たっぷりだったので、最初に話を聞いたその時は、学校の設立はすでに決まったものだと思い込んでしまったくらいだ。

実際には、その時点では、学校の建設の目処は立っていなかった。生徒の募集はおろか、必要な教師を招聘できるかどうかも未知数だった。私学審議会の審査も通っていなかった。開校に必要な資金集めさえも、順調とはまだとても言えなかったはずだ。

要するに、学校なんてまだ影も形も、存在していなかった。

ちなみに私学審議会とは、私立学校法第9条に基づく都道府県知事の諮問機関で、私立学校の設置や廃止、学校法人の認可について審議する。その審議を経て初めて、この日本に私立学校を設置することが可能になる。

影も形もどころか、率直に言えば、そういう学校をこの日本につくれるかどうかさえ、はっきりしていなかったのだ。

そういうことのすべてを彼女は包み隠さず話してくれたから、学校をつくるというこのプロジェクトが、そんなに簡単に実現する話ではなさそうなことは、日本の教育問題に関しての基礎知識を持たない私にもすぐに理解できた。

にもかかわらず、不思議なことに、彼女の話を聞いていると、その学校が開校するのはすでに決まったことのように思えて来る。

朝が来れば太陽が昇り、春になれば草木の芽が萌えるように。

解決が極めて難しそうな難問が山積みではあるけれど、それはあくまでも2013年9月開校というスケジュール上、まだ解決の時期に来ていないというだけの話だと思えてしまうのだ。

2年後には？

そう、開校予定は1年と9ヶ月後に迫っていた。

そんなことが、いったい可能なのだろうか？

冷静になれば、そういう当然の疑問が湧くのだが……。

彼女が開校を目指していたのは、高校1年生から3年生を対象とした、全寮制のインターナショナルスクールだ。

ISAK（インターナショナルスクール・オブ・アジア軽井沢）という名称も、すでに決まっていた。

その名の通り、長野県の軽井沢町に建設される計画で進んでいたのだが、長野県ではこの43年間というもの、新しい学校法人がつくられたことはなかった。

ただそれだけの事実を考えても、前例主義の日本の行政システムが大きな壁となって立ちはだかるであろうことは想像できる。

全国を見渡せば、新しい学校がまったくつくられていないわけではないけれど、それは公立校であったり、あるいは既存の学校法人がつくる新設校であって、まったくの白紙から、つまり学校経営となんの接点も持っていない、教育の〝素人〟が新しい学校をつくるなどという話は、近代日本が産声をあげたばかりの明治の昔ならいざ知らず、昨今ではほぼありえない出来事だ。

しかもその学校は、インターナショナルスクールでありながら、日本の学校教育法の第一条に該当する、いわゆる「一条校」を目指していた。

一条校とは、わかりやすくいえば、日本の法律で認められた日本の学校だ。

ちなみにその時点で、日本の125校のインターナショナルスクールの中で一条校として認可されていたのは、2009年に千葉県の幕張に開校した幕張インターナショナルスクール（MIT）だけだった。

とはいえ、MITは、私立校ではあるけれど、幕張地区の整備計画の一環として、当時の堂本暁子千葉県知事が旗振り役になり、県庁主導で誕生したインターナショナルスクールで、受け入れるのは幼稚園生と小学生のみだった。

高校生を対象とした一条校のインターナショナルスクールは、日本の教育史上ただの一校も存在したことがない。

インターナショナルスクールであるからには、欧米の高校と同じように、新学期は9月に始まり翌年の6月に終わる。授業は原則としてすべて英語で行うため、英語圏で教育者としての活動の実績のある教員を世界から招聘する計画だと言う。

そういう学校を、その女性は2年後にこの日本に開校しようとしていた。

文部科学省のホームページに『インターナショナルスクール等の現状について』という項目があって、以下のような説明がなされている。

「インターナショナルスクールについて、法令上特段の規定はないが、一般的には、主に英語により授業が行われ、外国人児童生徒を対象とする教育施設であると捉えられている」

「インターナショナルスクール等に通っても就学義務の履行とは認められない。二重国籍者については、『家庭事情等から客観的に将来外国の国籍を選択する可能性が強いと認められ、かつ、他に教育を受ける機会が確保されていると認められる事由があるとき』には、保護者と十分協議の上、就学義務の猶予または免除を認めることができるとされている。(昭和59年文部省通知)」

「インターナショナルスクール等の一部は、学校教育法第83条に基づく『各種学校』として都道府県知事の認可を受けている。（その他の外国人学校については、文部科学省として把握していない。）」
「教育課程については、学習指導要領には拘束されず、独自の方針により編成」
（傍点は筆者）

学校教育法に基づく「各種学校」とは、たとえば予備校や料理学校、あるいは自動車教習所などのことだ。

わかりやすく言えば、日本のインターナショナルスクールは、日本の教育制度の枠組みからほぼ外れたところに存在している。

もちろん学習指導要領に拘束されていないからといって、良質な教育が期待できないということにはならない。欧米流の教育理論で運営されているケースが多いインターナショナルスクールの事情を考えれば、日本の教育制度の枠組みにとらわれないことが、むしろ有利な側面も否定できない。しかも最近は、インターナショナルスクールの卒業生であっても、日本の高校を卒業したのと同等の資格を認め、日本の大学の受験資格を与えるという流れが生まれている。

そういう事情を考えれば、一条校としての認可を受ける必要はないという考え方もあるはずなのだが、彼女はその可能性を一顧だにしていない。ＩＳＡＫはインターナショナルスクールでありながら、日本の高校でもなければいけないと考えていた。

そのために日本に近代的な学校が生まれて以来初めてのこの前代未聞の難事業に、彼女はすでに3年余りも、まったくの無給で取り組んでいた。

冷静に考えるなら、難事業と言うより、それはある種の夢物語と言ったほうが、少なくともあの時点では実情に近かったはずだ。にもかかわらず、彼女はその時点ですでにのべ70人あまりのボランティアを巻き込み、まるで巨大台風のように、その夢物語の実現に向けて突進していた。資金を集め、世界中から教員を探し、広大な学校用地を探し、日本の行政や官僚制度の壁を乗り越えて、現実を変えようとしていた。

彼女の目には、まだどこにも存在していないその学校の姿がありありと見えているようだった。

「リーダーを育てる学校と言うと、エリート養成校のようなものを連想するかもしれないけれど、そうではないんです。私たちが考えるリーダーは、地位やポジションではありません。社会にポジティブな変革をもたらす人です。世界を変える人と言ってもいい。世界全体も世界だけど、もっと小さな世界、たとえば地域社会も会社も、あるいは学校だってひとつの世界です。大きくても小さくても、自分たちを取り巻く世界を、自分のためでなく、みんなのためにより良いものに変革しようとする人。そういう人を私たちは育てたいと考えています」

彼女は早口でそういう意味のことを話した。時間を二倍にも三倍にも使い、一刻も早く、今のところ自分の目にしか見えない学校を、誰の目にも見える現実の学校に変えようとしていた。

リーダーを変えなければ、この社会は変わらない。

そして変わらなければ、おそらく我々の社会はそう長持ちしないのではないか。

そういう漠然とした不安の中に、我々は生きている。幸せな日々を生きていても、いつも心の隅に小さな棘のような懸念が潜んでいる。

こんなやり方で大丈夫なのだろうか。もっといい方法があるのではないか。

政治の世界だけではなく、経済界でも教育界でも、今ほどあらゆる分野において優れたリーダーが求められている時代はない。

けれど、そのリーダーをいかにして育てるか。それが、今までの日本ではあまり具体的に考えられることがなかった。

「そういう、私たちが本当に必要としている人材の育成を目指す学校が、私たちが２０１３年の秋、長野県の軽井沢町に開校を予定しているＩＳＡＫなんです」

彼女の言わんとすることは、よく理解できる。

リーダーを育てる学校。

素晴らしいアイデアだと思う。

けれどはたして、それはそんなに簡単なことなのか。

彼女の熱に感化されながらも、頭の半分は反対のことを考えていた。

我が身を顧みず、みんなのために、世界を変革する指導者。

ある意味、我々人類は歴史が始まって以来ずっとそういう人物を求め続けてきた。

ギリシャでもインドでも、中国でも、古来文明の栄えた土地には、よく似た伝説、あるいは思想があった。

いつの日か、優れたリーダーが出現して、世界を平和に統治するだろう。

プラトンの考えた哲人王も、古代インドの転輪聖王も、孔子が理想とした聖人も、ユダヤ教における救世主も、現代風に言えば、彼女の言う〝本物のリーダー〟だ。

そういう理想のリーダーを、人類は何千年も求めてきたと言ってもいいだろう。

けれどプラトンは哲人王の話を取り下げたし、孔子は聖人政治を実現できなかった。釈迦は天輪聖王にはならず、イエスは磔にされた。

釈迦が開いた悟りを世の中に広めて欲しいと天界の神々に懇願された時、「自分の悟りの内容は、世の流れに逆らっている。だから、人々は聞かないだろう。それは徒労に終わるだろう」と言って、最初は断ったという話が残っている。

今から2500年も昔、世界が今よりも遙かにシンプルで、サステイナブルだったあの時代に、すでに人間の本質を釈迦は喝破していた。

人類は救いがたいのだ。

そもそも理想のリーダーなんて、いったい史上何人存在しただろう。

聖人の救世主などという話は、筆者の空想に過ぎない。

彼女が言っているのは、世界全体を救うというような、荒唐無稽なリーダーの話ではない。もっと身近な、あるいは現実的な、等身大のリーダーの話だ。

ISAKが育てようとしているのは、もちろん世界を救うたった一人のリーダーなどではない。世界のさまざまな場所や分野で活躍できる、たくさんのリーダーだ。この全寮制高校で学ぶ生徒たちが、将来それぞれの進んだ場所で、それぞれにリーダーシップを発揮して、世界を少しでもより良い場所に変えていく。

それは、世界全体から見れば、芥子粒よりも小さな変革かもしれない。けれど、そういう小さな変革に変革が積み重なって、いつの日か本当に世界は良い方向へと変わっていく。

彼女が考えているのは、そういうことなのだと思う。

それはわかるのだけれど、それにしても——。

そんなことがそんなに簡単にできるものなのだろうか。

たとえそれが、身近な等身大のリーダーだとしても。

もちろん、過去にできなかったことが、永遠にできないとは限らない。

いやむしろ、我々の生活のほとんどは、過去には不可能だったことによって営まれていると言ってもいい。自動車も飛行機も、電話も、コンピュータも、女性の参政権も、その昔はあり得ない不可能なことだった。

新しいものは、いつも「今」生まれる。

新しいものを生み出しながら、不可能を可能にしながら、人類は進歩してきた。

彼女の話すことを、頭から否定するつもりはなかった。

それに本音を言えば、彼女の話を聞いているうちに、どういうわけかそれは可能なことなのではないかという気持ちになっていた。もしかしたらこの人なら、本物のリーダーたちを育てる学校を、この日本につくれるのではないか。

なぜなら、彼女にはほんのわずかの私心も感じられなかったから。

ある人は、それを「正のパワー」と呼んだ。

彼女の話すことは、何もかもが疑問の余地なく正しい。いつしか自分もそれに協力しなければいけないという気持ちにさせられてしまう。

そうであるからこそ、余計に、話を聞く人間の義務として、彼女の話を頭から鵜呑みにしないように、できる限り理性的に聞かねばならないと思った。

私は次の問いを発した。

あなたの理想はよくわかる。

「けれど、それがなぜあなたなのか？」

大袈裟に言うなら。人類がこれまで何千年も失敗し続けてきたことが、なぜあなたにならできると言えるのか？

成績が優秀なのはわかるけれど、まだ30歳そこそこの、教育の仕事に就いた経験もないあなたに。それを説明してほしい。

まあ、実際にそこまで露骨な言い方をしたわけではないけれど、つまりはそういう意味のことをもう少し柔らかい言い方で質問したわけだ。

彼女はすぐに、私の質問の意図を悟ったようだった。

ニコリと笑って、こう言った。

「それをお話しするには、少し時間がかかるかもしれません。今日は時間、どれくらいありますか？」

3　りんという名前。

女性の名を、小林りんという。

話は彼女が結婚して姓が変わる以前、つまり渡邊《わたなべ》りんだった頃から始まる。

１９７４年10月29日、東京都多摩市に彼女は生まれた。

両親はいわゆる団塊の世代で、静岡県出身の父親と長野県出身の母親が東京郊外の大学で出会い、東京で家庭を築いた。

「両親はまだ若かったし、二人とも地方出身の末っ子同士の結婚でゼロからのスタートだったから、生活は慎ましかった。私立の学校に行きたいなんて言ったら親を困らせることになるんじゃないかって、子どもながらに遠慮していた時期もあった。なにしろファミレスに家族で行って、唐揚げを食べるのがすごいご馳走だったんだから」

話に夢中になると、彼女の口調はくだけた調子になる。

彼女が生まれた頃、母親は多摩市、父親は三鷹市の職員だった。

母親が市役所に就職したのは、「社会福祉の仕事をする」という年来の夢をかなえるためだった。

父親は、その時代の若者としては珍しいことではないが、かなり学生運動に打ち込んだらしい。

おかげで就職活動は難航したが、学生運動に熱心だった若者も公平に採用してくれたのが市役所だった、という話を彼女は何度か聞かされている。

りんという名は、その父親の命名だ。

小学校の低学年だった頃、両親に自分の命名の由来を聞くという宿題があった。

「父親にその話をしたら、私の生まれた日の新聞とそれから薄紫色の昔のコピーをセットで持ってきてくれたんです」

コピーの内容は、りんという名前の由来についてだった。

薄紫色のコピーと彼女が言うのは、おそらくジアゾ式複写機のコピーだ。一般的には青焼きコピーと呼ばれる。現在のコピー機の主流、ＰＰＣ複写機が普及するようになってからも、ランニングコストの安さから建築事務所や官公庁などでは長く使われていた。

そこには、こう書かれていた。

1　自分自身の人生を生きていってほしいので、あえて意味を持たせない。ゆえに、ひらがなにする。

2　どこの国に行っても覚えやすく、みんなに愛される名前であってほしい。だから、短く、発音しやすいもの。

子どもの頃のことはあまり憶えていないという彼女が、その青焼きのコピーは今も鮮明に憶えているると話す。よほど強い印象を受けたのだろう。

自分の人生を生きるということの意味を、小学生のりんがどこまで理解できたかはわからない。どこの国に行っても覚えやすく、という部分にしても。

けれど後から考えれば、それはまるで彼女の運命を予見していたかのようでもある。その後の人生で、りんはその意味を何度も考えることになる。

彼女はひとりっ子だった。

そして両親は、りんを幼い頃から一人前の大人あつかいした。父親も母親も、大人と話すように彼女と話した。

利発な子どもだったのだと思う。

今の彼女と話せばそれはよくわかる。まず、情報の処理速度がとても速い。それはおそらく天性のものだ。時として聞き取りにくいほど早口になるのは、自分の思考速度に口が追いつけなくなるのだろう。

ただ、何と言えばいいのか、頭の良い子に特有の優等生臭さが、彼女からは少しも感じられない。それは開けっぴろげな性格と、男性的なざっくばらんな彼女の話し方のせいでもあるのだろうけれど、それよりも何よりも彼女には、それをあまり特別のことと考えていないようなところがある。野生児という言葉があるけれど、それに近い。鳥が空を飛べることを、別に誇らしいとは思わないように。生まれつき足の速い子がいるように、彼女は頭の良い子だった。ただ、それだけのことだ。

あるいは、利発なことが、彼女の少女時代には、特にメリットとはならなかったのかもしれない。時にはそれが、苦痛の種になることさえあった。背の高いことにコンプレックスを感じている子が猫背になるように、彼女もむしろ周囲に合わせ、自分の頭の回転の速さを隠すようなところがあったのかもしれない。

子どもの場合、理解力が高いということは、感受性が鋭いということでもある。そういう子どもにはよくあることだけれど、自分なりの世界観が形成される以前の幼い時期は、その感受性ゆえに苦しめられることもよくあった。

家族旅行でフィリピンのマヨン火山の麓の町を訪ねた時（りんは5歳だった）は、ストレスで目が見えなくなった。十何時間もバスに揺られて乗り物酔いをした上に、心配して背負ってくれた地元の父親の友人の背中が、汗でびっしょり濡れていて気持ちが悪かったのに、ずっと我慢していたせいだ。

学校に行きたくないと言い張って、家の前の桑畑にうずくまって動こうとしなかったのはその少し後のことだ。ほんの数十メートル先の集団登校の待ち合わせ場所にたどりつくのに30分以上もかかった。そこから先はさらに歩みが遅くなった。集団登校のリーダーの6年生に背負われて登校したこともある。

学校に行きたくなかったのは、かすれた声を同級生たちに、よってたかってからかわれたからだ。もう少し成長して反撃する言葉と論理さえ手に入れれば、彼女のことだ、幼稚な同級生に立ち向かうこともできただろう。けれど、それにはまだ幼かった。

初めて通った学校はりんにとって、冷たい不条理の支配する世界だった。親にそんな場所に行かされることも含めて、その時はただ混乱するしかなかったのだろう。

喉のポリープを手術して、苛められなくなると、嘘のように学校が大好きになった。授業は面白かったし、それ以上に友だちと遊ぶのが楽しくて仕方なかった。

今でも「ケイドロ」で遊んだことはよく憶えている。警察チームと泥棒チームに分かれて競う、この一種の鬼ごっこはりんのお気に入りで、一時期はケイドロに明け暮れて、体中に擦り傷だの打ち身だのをつくっていた。

両親が共稼ぎで鍵っ子だったこともあったし、基本的に放任主義だったから、りんとしては当然のことながら毎日のように好きなだけ遊び、宿題もほとんどやらなかった。

勉強をしなさいと親に言われた記憶はない。

「ウチは完全に放任主義だったから」と彼女は言うけれど、それ以前にそんなことを言う必要がなかった。

勉強は学校の授業だけで十分だった。成績は文句のつけようがなかった。テストはいつも満点だった。ちゃんと理解しているのに、それ以上何をする必要があるだろう。

確かに、その通りだ。

けれど、その理屈を認める教師は少ない。あまりにも宿題をやろうとしないりんに業を煮やし、教師が注意すると、こう言い放った。

「やらなくても、授業はわかります」

彼女なりの理屈があった。

宿題はなんのためにあるのか。授業を理解し、授業で学んだことを記憶に刻むためだ。けれど自分は、授業を一度聞くだけで、その両方ができていた。そうであるなら、自分にとって宿題は時間の無駄でしかない。

相手が教師であろうと、いや教師であればなおさら、自分が正しいと思ったことは躊躇なく発言するのがりんだった。

そういう彼女の潔癖さは、学校という特殊な場所では反感を買うことになった。

けれど、それも仕方がない。

なにしろその頃のりんのアイドルは、ソビエト連邦最後の指導者、「鉄の歯」ミハエル・ゴルバチョフだった。

ゴルバチョフに憧れる小学生の女の子は珍しいかもしれない。

「あまり可愛らしくはないですよね」

りんはそう言って、悪戯小僧のような笑みを浮かべた。

両親の影響が大きかったのは間違いない。

彼らは娘の前でも、ごく普通に政治や外交の話をしていた。そしてこの時代の国際政治に少しでも関心のある大人が、ゴルバチョフの動向を話題にしなかったはずがない。

父親の本棚にあった、当時はまだ朝日新聞記者だった船橋洋一の本を読み始めたのも、小学校高学年の頃だ。

彼女の政治への関心の底には、子どもらしい真っ直ぐな正義感があった。

感情移入が激しく、涙もろいのは母親譲りだ。

なにしろ母親は、テレビのCMでもらい泣きをするような人だ。ドキュメンタリーや報道番組で世界の悲惨な現状を見ては、母娘でいつも涙を流していた。

泣くだけでなく、母親は行動の人でもあった。母親が忙しかったのは、役所の仕事だけでなく週末はボランティア活動で埋め尽くされていたからでもある。学校が休みの週末は娘もその場に連れて行った。ケースワーカーをしていたアルコール依存症患者の家にも一緒に通っていた。その習慣は幼い頃からずっと続いていたので、りんはいつの間にか手話を憶え、点字も読めるようになった。

彼女の目に映った世界は、悲惨と不条理に満ちていた。

小学生のりんがどうしても許せなかったのが、外国の戦争のニュースだ。テレビ画面の中で、人が撃たれ、あるいは爆撃を受け、傷つき、殺されていく。犠牲者の中には、しばしばなんの罪もない子どもたちの姿があった。そんな理不尽が、なぜこの世界にはあるのか。なぜ、こんなことが許されているのだろう。

自分でも理解できない哀しみと憤りがわき上がってきて、どうしても涙が止まらなくなることが何度もあった。

中学生になってからのことだが、彼女は当時ニューヨーク・タイムズ外報部長だったトーマス・バトソンによるゴルバチョフの評伝『鉄の歯をもつ男は何をめざすか』の読書感想文を書いている。ちなみに「鉄の歯」は、ゴルバチョフの共産党書記長就任を後押しした、当時のグロムイコ外相の「同志諸君、彼の笑顔はすばらしいが、その歯は鉄でできている」という応援演説での発言に由来する。

ゴルバチョフの書記長就任前に執筆されたこの本は、ゴルバチョフ礼賛の本ではない。彼がそれまでのソ連にはない新しい種類の政治的リーダーであることを明らかにするために、その出自からソ連共産党内で権力の階梯を登りつめていく過程を詳細に描いた書物だ。分厚い専門書ではもちろんないけれど、ソ連の政治状況や政治家の名前をかなり知っていないと読みこなすのに苦労する。少なくとも中学生にとっては、かなり難解な部類の本だ。

りんはその本を、ある種の感動とともに読み終えたようだ。大人びた文章でゴルバチョフの人柄を示すいくつかのエピソードを紹介し、感想文の最後を印象に残ったというゴルバチョフの言葉で終えている（しかも、その引用を中学2年生の彼女は短い作文に合わせて的確に要約している）。「われわれは離れていても一つの星にいる。ソ連は今、平和を必要としているのだ」と。

少年や少女が憧れの人の髪型や趣味を真似るように、りんの行動がこのソビエト連邦最初で最後の大統領に少なからぬ影響を受けていたとしても驚くにはあたらない。これも中学生になってからのことだが、こういうことがあった。

授業中、板書していた教師が、ふり返って声を荒げた。

「こら、渡邊。うるさいぞ」

教師の話が長かったか、退屈だったかで、その日は私語をする生徒がたくさんいた。たまりかねた教師が、りんを名指しで叱りつけたのだ。

こういう時に、真っ先に名前を呼ばれるくらいだから、彼女の授業中の態度がいつも良かったわけではないのだろう。けれど、その日は真面目に授業を聞いていた。

それで、彼女は言った。

「先生、私、喋っていません」

騒がしかった教室が静まりかえった。

そういう時に、叱った側の取る態度で教室の雰囲気は変わる。潮目の変わる瞬間だ。教師にとっては、正念場と言ってもいい。

生徒の言ったことを、そのまま受け止めるのが第一の道だ。つまり、この場合なら、確証がない限りは、確かめもせずに叱ったことをりんに謝罪する。

けれど、その場に立ってみればわかるけれど、これはいろんな意味で難しい。

生徒への謝罪は、多くの教師にとって、教室での自分の権威あるいは主導権を損ないかねない行為だ。普段からよほど生徒たちの心をつかんでいなければ、なかなかできることではない。下手をすれば、生徒に舐められる。

そして、第二の道に進んでしまう。この時の教師もそうだった。

言い争いになった。

「お前だろ」「私じゃないです」の応酬を何度か繰り返した後に、教師が言った。

「そんなに先生の言うことが聞けないなら、出て行きなさい」

りんは、静かに立ち上がると教室を出た。

それだけだったら、りんの記憶には残らなかったかもしれない。その日のことを彼女がよく憶えているのには、理由がある。

何人もの生徒が黙って席を立ち、彼女に続いてぞろぞろと教室を出てしまったのだ。

4　あこがれの職業は？

「授業中の態度はあまり良くなかったけれど、曲がったことが大嫌いな、江戸っ子みたいな少女だったという理解で間違っていませんか」

冗談交じりに口をはさむと、彼女は笑ってうなずいた。

「ほんとにそうでしたね。上に牙を剝くタイプなんです。どうしても黙っていられなかった。先生方からすれば、生意気で、扱いにくい生徒だったと思う。自分でもそれはわかってました。あの時も『自分みたいな生徒がたくさんいたら、とてもじゃないけど手に負えないし、私は絶対教師にだけはなりたくないなあ』と、思ったのをよく憶えています」

彼女はいわゆる、負けん気の強い人ではない。

おそらく、気の強い人でもない。

むしろ彼女から放射されているのは、母性に類する根源的な優しさだ。

頭が良くて話し上手な人にしばしば共通する特徴、つまり会話をしながら、相手を無意識にでも説得しようとしたり支配しようとする気配は、彼女からは感じられない。

それよりも人の話を聞き、共感しようとする気持ちのほうが強い。

芯にしっかりとした筋が通っていて、簡単に信念を曲げるようなタイプではないのだけれど、彼女の場合、それはどこまでも理性に基づいたものだ。

だから意見が対立しても、自説に拘泥することがない。相手の論理のほうが正しいと判断すれば、自分の考えを柔軟に変える。君子豹変のタイプだ。もちろん悪い意味ではなく。

彼女は反抗のための反抗をしていたわけではない。

上に牙を剝くのは、あくまでも「理不尽」に抵抗するためだ。それはおそらくは彼女の心の底に秘めた正義感、この世から理不尽なことをなくしたいという思いと無縁ではないのだろう。私には、それは彼女の激しさではなく、むしろ彼女の本質的な優しさから生まれる衝動のように感じられる。

この中学校での〝授業ボイコット事件〟と同じ頃、彼女が書いた「私の決意」という短文がある。

「政治家。それが今、いちばんあこがれる職業。世界の一方では人を殺すための武器がつくられ、もう一方には飢餓に苦しみ倒れてゆく人たちがいる。こんな矛盾を生み出すのは、心と心を隔てる『国境』だ。

私は、日本人として出発しながらも、そういう障害を取り除くことを一生の仕事にしたい。そんな政治家になって私みたいな人間でも、世界の平和にわずかとはいえ貢献できたなら、と思うのです」

政治家か外交官になることが、この頃のりんの夢だった。

けれどそれは、そういう職業につきたいという夢ではなかった。世界の矛盾を解決するという目的がまず最初にあって、その目的を成し遂げるために、政治家あるいは外交官になろうとしたのだ。そういう意味で、彼女は今現在もその決意にしたがって生きているとも言える。

理不尽といえば、大学時代にもこんなことがあったと彼女が話してくれた。

「学生時代に体育会系のサークルに入ってたんだけど、昔の先輩から代々受け継がれた習慣というか、決まり事がありました。私には、それがとても理不尽で無意味な習慣に思えたから、先輩に楯突いちゃったんです。『そんな決まり事は私たちの代で終わりにするべきだ』って、下級生の分際で。それで先輩たちから睨まれることになった。今となっては、懐かしい思い出ですけど」

彼女は笑いながらその話をしたけれど、そこにはこの社会が矛盾に満ちている真の理由のひとつが潜んでいる。人間社会では、意見の対立が、非常にしばしば本質的には権力争いであるという現実だ。

先輩と後輩、教師と生徒というように、上下関係が存在する場合、日本では特にこの傾向が顕著になる。

その場合、どちらが論理的に正しいかは問題ではない。いや、むしろそこでは序列が下の人間が主張することのほうが正しい場合、問題はより厄介になる。

教師や先輩にとって重要なのは、生徒や後輩の優位に立つことだ。だからもし、生徒や後輩が間違っていれば、その間違いを論理的に説得することができる。生徒や後輩の側からすれば、その説得には応じやすいから、「ごめんなさい」と頭を下げて話は終わる。教師や先輩は、説得できたという満足感も手伝って、寛大にすらなるだろう。未熟ではあるけれど、素直な生徒、可愛い後輩というわけだ。

生徒や後輩のほうが、正しい場合にはそうはいかない。論理的に説得することができないために、教師や先輩は感情的になり、態度は威圧的になる。生徒や後輩が、たとえどれだけ冷静に、論理的に自説の正しさを説明しても、いや説明すればするほど、話はこじれてしまう。どちらが正しいかは、教師や先輩の側も心の底ではわかっているのだ。

わかっているからこそ、感情的になる。

なにしろ理性的になったら、自分の負けは明らかなのだから。

「出る杭は打たれる」という日本の諺の、本当の原因はおそらくそこにある。

彼女はまさに出る杭だった。

話をりんの小学生時代に戻そう。

成績の良い生徒は、だいたいにおいて教師に可愛がられるものだ。

けれど、そういうわけで、彼女はあまり教師たちには好かれなかったようだ。

りんは出る杭だった。

「理由は完全に記憶から消し去られてしまった」けれど、親が何度か学校に呼び出されたこともあったらしい。

「問題児だったと思います。いろんな意味で」

現在の彼女は、そう言う。

落ち度があるとすれば、教師の感情を理解できなかったことだ。

りんとしては、ただ正しいと信じることを言っているだけだった。

正しいことを言えば言うほど、相手が感情的になるということが、彼女には理解できなかった。もちろんそんなことを理解できる小学生がいたら、そのほうが空恐ろしい気もするけれど。

彼女がおぼろげに感じていたのは、このままこういう場所にいたら、自分は潰されてしまうだろうという漠然とした予感だった。

小学6年生の春が過ぎようとしていた頃、りんの頭にある考えが浮かぶ。

ある日、そのことを両親に打ち明けた。

「お父さんお母さん、私、塾に行きたい」

彼女は、都心の有名な進学塾の名前を挙げた。

中学校受験をしようと思ったのだ。

今までそんなこと考えたこともなかった。小学校と同じように、自分は地元の中学校に行くつもりでいた。けれど、それでは中学生になっても、同じことの繰り返しになってしまうのではないか。

両親はすぐに彼女の気持ちを理解してくれた。

あるいは、そう仕向けたのは両親だったかもしれない。

というのも、ある日、学校から帰ると、テーブルの上に中学受験の本が置いてあったのだ。彼女の自主性に任せるのが教育方針だったから、両親はああしろこうしろというようなことは言わなかった。けれど、りんが人生で初めて自分の進路について迷い始めた絶妙のタイミングで、中学受験の本が彼女の目につくところに置かれていたのだ。

もっとも都心の有名な進学塾に、小学6年生のそんなタイミングで受け入れてもらえるはずもなかった。

地元の塾で頑張ろうという話になった。

「はっきり申し上げて、今からでは遅いです」

地元の進学塾でも、最初そういう意味のことを言われたらしい。

無理もない。りんはそれまで、進学塾なるものには一度も通ったことがない。小学校の授業を普通に受けていただけだ。中学受験には高校受験とは違う難しさがあった。

何よりもまず極めて狭き門だし、普通の公立小学校では基本的に受験のための授業はしない。だから中学受験を目指す子どもたちは、遅くても小学4、5年生くらいから準備を始める。入学試験を数ヶ月後に控えた今頃から塾に通っても、あまり意味はないというのが塾の話だった。

その塾で、すばらしい出会いがあった。

「逸見先生という先生に出会ったんです。当時明治学院大学の学生で、アルバイトでその学習塾の講師をされていました。今もお話ししたように、塾のほうからは『中学受験はもう間に合わないから高校受験を目指しましょう』と言われていたんだけど、国語の問題集をやっている時、逸見先生が『りんちゃんは僕より四字熟語知ってるね！』と驚いて、その後どんどん応用問題をやらせてくれるようになったんです。そして、これはつい先日両親から聞いたことなんだけど、冬休み中に逸見先生が我が家を訪ねていらして、『この子にはやっぱり中学受験をさせたいのですが』と頼んでくれたんです。共働きの両親が『今更そんなことを言われても、今からでは二人とも平日に休みをとれません』と答えると、逸見先生が自分が出願手続きにも、受験や発表にもつきそうから、と請け合ってくれたんです。その最後の追い込みの冬休み中に、先生が重い風邪にかかったんですが、何日もお風呂に入っていないからって頭にぐるぐるタオルを巻いて、厚いマスクをして、それでも授業をしてくれたことを今でも鮮明に思い出します」

自分の人生には、いつもそういう運命的な人との出会いがあったとりんは言う。

彼女はよく運命という言葉を口にする。

人生の重要な局面で、不思議なくらい彼女を助けてくれる人が現れる。自分は本当に運に恵まれている、と。

それは彼女の運というよりも、才能だと思う。彼女が真剣に何かに取り組むと、その真剣さが周囲の人間にも伝染するとでも言えばいいだろうか。周囲の人間は、なぜか彼女を助けずにはいられない気持ちになる。

それは今の彼女を知る人の多くが、おそらく心の底で気づいていることだ。

天性のリーダーシップとでも言えばいいのだろうか。そういう何かを、今の彼女は間違いなく持っている。

あんなに宿題をやらなかった彼女が、その数ヶ月間は勉強ばかりしていた。何かひとつの目標に向かう時、りんは信じられない力を発揮する。隣で見守る逸見は、その姿に何かを感じていたのだと思う。だからこそ、熱心にりんを支えたのだ。

大方の予想を裏切って、りんは中学受験に成功し、東京学芸大学附属小金井中学校に入学する。入試は試験だけでなく、抽選もあったのだけれど、その抽選に通ったことも彼女にとってはある種の運命だった。

5　中学が「出る杭」を伸ばしてくれた。

「中学校はまるで天国でした。すごく楽しくて、学校に行くのが嬉しくてしかたなかったのをよく憶えてます。小学校では私だけ尖ってた感じだったけど、中学校には周りにも私みたいな子がけっこうたくさんいたから、変な妬みみたいなのもなかったし。その頃から国語と社会が大好きになった。漢文の白文ってあるじゃないですか、返り点とか送り仮名のついてない原文。それを読み下すのが、すごく得意だったんですね。国語の先生は、こんなのも、こんなのもあるよって、次から次へと白文を渡してくれる。それをどんどん読み下して、得意になってました。現代国語でも先生は、私の書く文章をすごく褒めてくれたし。嬉しくて、ブヒブヒッと豚が木に登った時代ですね。中学時代は、ほんとにおだてられて木に登ってた。出る杭を伸ばしてくれる学校だったんです」

彼女の通った中学は、教科書にあまりこだわらない個性的な授業で知られていた。東京学芸大学の附属校ということもあって、学校の使命に「教育の理論と実際に関する研究ならびに実証を行うとともに、教育実地研究の機関としての使命を有する」と掲げているくらいで、実験的な授業も少なくなかった。校舎は学芸大のキャンパスの中にあり、教師は大学職員という位置づけで、教官と呼ばれていた。自由で柔軟な校風の中学校だった。

通学時間はかなり増えたけれど、行き帰りの電車はりんの読書室になった。政治や外交の本も読んだし、小説もたくさん読んだ。この頃読み耽ったのは、三島由紀夫とドストエフスキー。憧れの先輩が卒業文集に好きな本は『異邦人』と書いていたので、カミュを読んでみたりもした。学級委員もやったし、自ら立候補して生徒会の役員も務めた。

りんは水を得た魚だった。

もっとも漢文の読み下しのように、自分が面白いと思ったことは別にして、勉強をする子になったわけではない。

一学期の英語の成績は2だった。

小学生の頃からの習慣で、ただ授業を聞くだけで、家では予習も復習も、勉強と名のつくものは何もしなかったからだ。

「それが通用しなかったんです。成績のいい子に聞いたら、みんな塾に通ってた。塾なんて、受験の時に行くものだとばかり思ってたから、びっくりしました。それでやっと、授業を聞くだけじゃ英語はできるようにならないってことに気がついて、NHKの基礎英語とかやってみたんだけど、三日坊主でぜんぜん続かない。なんとかせねばならんと思って、両親に頼んで英語だけは塾に通いました。中学1年生ですから、ほんとに初歩のThis is a penのpenの前にはaがつくんですよ、みたいなところから丁寧に文法を教えてもらって、それから英語が好きになった」

通信簿の成績が2からいきなり5に上がったというのだから、よほど英語が好きになったのだろう。この英語塾だけは、中学3年生の終わりまで通った。

けれど中学生時代に彼女がいちばん熱心に取り組んだのはバスケットボールだ。小金井中学バスケットボール部は超弱小チームだった。

「なにしろ目標が、公式戦で一勝することだったんです。1年生の春に、絶対に一勝しようねってみんなで誓い合って、3年生で引退するまで練習に明け暮れました。私の中学3年間は、バスケットボールに捧げたと言ってもいいくらい。結局、一度も勝つことができないまま引退したんですけど」

負けても、負け続けても、最後の最後まで一勝するという夢を諦めることなく、りんはバスケットボールに打ち込んだ。そして春に芽生えた草や木が、初夏の太陽の光を存分に浴びて、誰にも邪魔されず、すくすくと伸びるように成長した。

そして、東京学芸大附属高校に進学する。

「そこで人生最初の挫折を経験しました」

どこか嬉しそうに、彼女は言った。

6　世界に羽ばたく?

今思い出しても、素晴らしい高校だったと彼女は言う。

生徒の自主性を重んじる校風は、学芸大附属校の属性みたいなもので、中学校時代から変わらなかった。彼女の時代は毎年100人前後の生徒が東京大学に進学していたけれど、授業が受験の準備に偏ることはなかった。中学校と同じように、教師の創意に富んだ、個性的な授業が少なくなかった。考える力を養い、あるいは学問への興味を引くような授業を、それぞれの教師が工夫していた。生徒一人ひとりの本来の成長を重視するというこの高校の基本姿勢は、難関大学の合格には不利だと言う人もいたくらいだ。

そういうこの高校の雰囲気が、りんは大好きだった。

周りの友人たちの多くは、大学受験の準備のために早くも高校1年の時から予備校に通い始めていたけれど、りんはその必要を感じなかった。受験勉強のことなんて、3年生になってから考えれば十分だと思っていた。

そんなことより、高校生活を満喫するつもりだった。

授業は楽しかったし、読みたい本もたくさんあった。部活も充実していた。

りんはバスケットボール部に所属し、練習に明け暮れた。中学校ではかなえられなかった一勝するという夢を、今度こそかなえるつもりだった。

彼女が出鼻を挫かれたのは、その矢先のことだ。

高校生になって初めての期末試験が終わった頃、三者面談があった。

彼女の記憶によれば、ほぼ開口一番という感じで、教師にこう言われた。

「このままでは、東京大学はちょっと難しいですね」

別にりんが東大を目指すと言ったわけではない。けれど、日本でも有数のこの進学校では医学部は別として、受験とはすなわち東大受験のことだったから、教師の言ったことはつまり、ある種のイエローカードだった。

実を言えば、彼女はその高校1年生の最初の期末試験で赤点と、赤点すれすれを取っていた。数学が赤点で、化学が赤点すれすれだった。

もちろん教師は、彼女の将来のことを考えて言ったのだ。

けれど、りんはショックを受けた。

東大合格が難しいという部分ではない。高校に入ったばかりのこんな時期に、受験のことをもう少し真剣に考えたほうがいいと言われたことにショックを受けた。

「理数系のできが悪いのは、自分でもよくわかってました。痛いところを突かれたわけです。でも、英語と国語と社会の成績は良かったんですよ。学級委員も一所懸命やってたし、バスケ部も頑張ってたし。どうして私の長所を見ないで、そうやって短所ばかりつっつくのって思った。長所をもっと伸ばしましょうという話じゃなくて、先生はいきなり私の弱点の話をした。もし私が理数系が得意で、英語とか国語の点数が悪かったら、もっと英語や国語を頑張りましょうみたいな話をされたわけですよね、おそらく。東大にたくさん合格させるために、生徒をポコポコと箱の中に詰め込むみたいなことをして、平均的な人間をつくろうとしているのかと。それは嫌だと思った。受験勉強をするために、この高校を選んだわけじゃない。先生、それはちょっと違うでしょうという」

大人と子どもでは、時間の流れる速さが違う。

教師の感覚からすれば入学試験までの2年半など、あっという間に過ぎ去る短い時間でしかない。光陰は矢の如しなのだ。いくら東大への進学率が高いとはいえ、実際に東大に進学するのは上位四分の一くらいだった。教師が「このままでは東大は難しい」と言ったのは、発破をかけたわけだ。彼女の英語や社会の成績が優秀だったからこそ「理数系をもう少し頑張れば、あなたなら東大に合格できますよ」と言ったのだろう。理数系の科目は積み重ねが不可欠だから、今から始めなければ間に合わない。それが教師の感覚だった。

けれど高校生になったばかりのりんにとって、2年半先はまだ遠い未来だった。教師の言葉は、そんな遠い未来にいたるまでの時間を、受験勉強という分厚い雨雲で覆い尽くせと言っているようなものだった。自由で開放的な学校だっただけに、余計にそう感じたのかもしれない。

これからこの高校で何をしようと膨らませていた、夢の出鼻を挫かれたのだ。

「今から思えば、逆ギレみたいなものですよね。担任の先生は、私の将来のことを考えて仰ってくださっていたわけですから。そんなことは微塵も考えず、先生にはほんとに申し訳ないですけど、不信感を抱いてしまった。冷静に考えれば、先生が言った通りで、私は理数系が苦手だったんです。それは自分でもよくわかっていた。国立大学を受験するなら全教科満遍なくできなきゃいけない。どうしようという不安があったからこそ、理屈をこねて先生の言葉に反発した。数学や物理の勉強から逃げようとしたんです」

短慮だったと、今のりんは言う。

けれど、若さの素晴らしさは、短慮が、時として、良い結果を生む場合があるということだ。

確かにそれは逆ギレに違いないが、その結果、彼女は自分の将来について真剣に悩み始める。この学校にいて、自分の個性は磨かれるのだろうか。それとも、受験勉強にすり減らされて、平凡な高校生になってしまうのだろうか。

「家に帰って、そういう話を両親としていたら、父が言ってくれたんです。『英語が得意なら、もっと英語を伸ばせるような環境を探すという選択肢もあるんじゃないか』って。これも後から聞いたことだけど、父は高校生の頃、留学を志していたことがあったらしいんです。留学なんて、私はそれまで考えたこともなかったんだけど、その時から考え始めるんですね。二学期に入ってから、英語の先生に相談しました。そしたら、『今頃何を言ってるの』って言われた。留学の申し込みは、たいてい夏休み前に締め切りだったんです。ただ、ひとつだけ締め切り前のがあった。『今から間に合うとしたらこれだけだね』って、紙一枚のやけに質素なパンフレットを貰って帰ってきました。それがユナイテッド・ワールド・カレッジ（ＵＷＣ）の募集要項だった。ＵＷＣ

なんて聞いたこともなかったし、なんだろうこれってその時は思った。でもよく読んでみたら学費も寮費もUWCの日本協会が全額出してくれるという願ってもない話だったんです。もちろん、試験に受かればの話ですけど」

UWCは国際感覚豊かな人材の育成を目標とする国際的な民間教育機関で、その最初の一校であるアトランティック・カレッジは、ドイツ人教育者クルト・ハーンが1962年イギリスのウエールズに創立している。りんの時代にはすでにアメリカ、カナダ、イギリス、イタリアなど、世界に7つの加盟校があった。募集要項によれば、その7校の全寮制高校のいずれかに2年間留学することになっていた。UWC日本協会の運営は日本経団連で、経団連の関連企業および個人からの寄付金を原資として、日本からの留学生に奨学金を全額給付していた。

両親に経済的な負担を与えたくなかったりんには、またとないチャンスだった。

「両親にタダで留学できるよって言ったら、『それなら挑戦してみれば』って。笑い話みたいだけど、そういう感じで応募することになったんです。試験は1月。英数国の3教科の試験です。

留学なんて一度も考えたこともなかったのに、留学できるかもしれないって思ったら、夢がばーっと広がりました。息が詰まるくらい、留学したいって思った。外国の学校で勉強ができるなんて、夢みたいじゃないですか。なんとかしてこの試験には受からなきゃって、夢中で勉強しました。馬力だけはあるから。問題は数学ですよね。数学ができないのは、要するに基礎ができてないわけだから、中学1年生の数学の問題集から全部やり直しました。あんなに数学が苦手だったのに、目標ができると頑張れるんですよね。

それで、なんとか学力試験に受かって、二次試験は面接。面接官は3人の外国人だった。英語は得意なつもりでいたけど、ぜんぜん喋れなかった。英語の語彙がないから、もうほとんど身振り手振りみたいな。高校生だし、小難しいこと言いたいじゃないですか。日本語もずいぶん交じってたと思います。まったく英語の面接になってなかった。だけど、今、自分が英語の面接をやってても、正直な話、英語力なんか見てないんです。それよりも、この子がサバイブできるかどうか。母国語が通じない環境で、押し潰されずに頑張り続けられるかどうかを見てます。その時の私も、英語はぜんぜんだけど、サバイバル能力だけはあると判定されたんだと思う」

その面接で、なぜ第一志望にカナダの学校を選んだのかを聞かれた。世界中に7校あるUWCの加盟校のどこに行きたいか申込書に志望校を書かされるのだけれど、彼女はその第一志望の欄にカナダのピアソン・カレッジと記入していたのだ。

「スキーができるからです」

りんはそう答えた。母親が長野出身だったこともあって、子どもの頃から冬はみっちりスキーをやっていた。高校1年の冬には全日本スキー連盟のバッジテストで一級を取ったというから、かなりの腕前だ。だからそのスキーが思う存分できそうだからということでカナダ校を選んだのは事実だったのだが、それを正直に言ってしまうところがいかにもりんらしい。

面接官は最初、りんの答えを無視した。冗談を言ったと思ったのかもしれない。そしてもう一度同じ質問をした。

「『本当の理由はなんですか?』って。でもやっぱり『スキーができるから』って、日本語でしゃあしゃあと答えてました。これで落ちたなって自分でも思ったけど、それが本当の理由だったから、他に答えようがなかった」

その正直さが評価されたのかどうかはわからない。彼女の言うサバイバル能力が高く評価されたのかもしれない。とにかく、10名ほどの定員に対して数百名の受験者のあったその試験を見事にパスして、りんはカナダ留学を勝ち取る。

2年生の一学期の終わりで学芸大附属高校を退学し、カナダへ出発したのは1991年8月のことだった。成田には高校のクラスメートが何十人も見送りに来てくれた。

「あの時は、もう日本には帰らないというくらいの気持ちでした。日本の高校を飛び出して、カナダの高校に通って、アメリカかヨーロッパの大学に進学し、向こうで働くことになるんだろう。自分は国際人になるんだって。漠然とだけれど、そう思ってた。みんなと抱き合って、泣いて、泣いて、別れました。外国なんか行っちゃったら、もう一生会えないって思ったから。たった2年で、日本に帰ってくるなんて思ってもみなかった」

その時流した涙は、悲しいだけのものではなかったはずだ。

りんの心は離別の悲しみと同じくらいの分量の、夢と希望にあふれていた。生まれ育った日本を離れ、これからは未知の国で生きていく。英語で話し、英語で考える人間になる。そこには新しい生活と、未知の友人たちが待っている。

高校生の彼女にとって、それは新しく生まれ変わるにも等しい経験だった。

その第二の誕生を、りんは自分の手でつかみ取った。

自分の努力で、自分の生きる世界が変えられることを知ったのだ。
そして、そこで彼女は自分自身と出会うことになる。

第2章

世界の果てで自分と出会う。

1　英語がぜんぜん聞き取れない。

"Lester B. Pearson College of the Pacific"

森の奥へと続く道路沿いの木製プレートには、そう記されていた。

ピアソン・カレッジという校名は、第14代カナダ大統領にしてノーベル平和賞受賞者のレスター・ボールズ・ピアソンにちなんだものだ。創立は1974年。ピアソン元大統領は、その完成を見ることなく1972年にこの世を去ったが、彼の名はこの学校が続く限り、伝えられていく。

りんはその木製の小さなプレートを、ビクトリア空港まで迎えに来てくれた学校のミニバンのウインドウ越しに見つけた。

これから2年間を過ごすことになる学校の名前を発見しても、日本を出発した時のあの高揚感は戻ってこなかった。

不安が暗い灰色の雨雲のように、りんの心にのしかかっていた。

その日は新入生がやって来る日で、ターンテーブルがたった二つしかない小さなバゲージクレームでスーツケースを受け取って空港の外に出ると、自分と同じくらいの年格好の男女が何人もそこにいた。みんなピアソン・カレッジに入学する生徒らしい。

世界各国からやってきたその生徒たちと一緒にミニバンに乗せられ、ここまでやって来たのだった。

不安だったのは、みんな流暢な英語で話していたからだ。

「※&%#%$@#%$@※&%?」

「&%#%$!」

彼らが何を話しているか、ちっとも聞き取れなかった。

初対面の高校生が交わす、その少し興奮気味の、おそらくは自己紹介や世間話に加わることができないのは、日本から来た自分たち3人だけだった。

「英語話せないの、私らだけじゃん。やばくない?」

日本人3人の日本語での会話は、どうしてもひそひそ声になった。

英語が話せないのは、あの英語の面接の時からわかっていた。それでもカナダに行けば、なんとかなるだろうと思っていた。留学が決まってからの約半年間、みっちり英語の勉強もした。そもそも英語の成績は抜群に良かったのだ。密かに、クラスの中でも自分がいちばん英語ができるという自信があった。

けれどそれは、日本の中学や高校での話だった。

本物の外国では、ぜんぜん聞き取れないし、喋れなかった。

ビクトリア空港の入国審査からしてそうだった。係官の言っていることが、チンプンカンプンだった。パスポートに押された留学用ビザを指さしながら、必死で「留学のために来ました」と、憶えてきた英語を繰り返し、なんとか通してもらった。冷や汗が出た。

実は日本からの入学生はもう一人いたのだが、彼女はオーストラリアへの留学経験があって、英語での会話には不自由していなかった。一人だけ英語が喋れるその子のうしろに3人はカルガモの子のようにくっついて、初めてのカナダの土を踏んだのだった。

それだけでもショックだったのに、バスの中がこの有様だった。

ピアソン・カレッジには、世界中の生徒が集まっている。非英語圏の生徒も少なくない。自分と似たり寄ったりの英語能力の生徒もたくさんいるだろうと、楽天家のりんはたかをくくっていたのだ。

非英語圏でも、ヨーロッパの白人たちは英語が上手というのは知っていた。

けれど、アフリカやアジア系の子たちの英語は、自分と似たり寄ったりだろうと勝手に想像していた。ところが、彼らも堂々と英語で会話をしていた。りんの耳にはネイティブスピーカーのように聞こえた。


あまりにも予想が甘かった、と彼女は言う。

「行けばなんとかなるって、思ってたんです。面接ではぜんぜん喋れなかったのに。留学が決まってからの半年間は会話と聞き取りの練習もかなりやったし、正直言って英語のことは心配していなかった。最初は少し戸惑うかもしれないけど、向こうに行ってしまえばなんとかなるだろうと。だけど、なんとかなんてぜんぜんならなかった」

カナダの太平洋岸、国境に面したブリティッシュコロンビア州に属するバンクーバー島の南端、太平洋を見下ろす針葉樹の巨木の森の中に、ピアソン・カレッジはあった。

けれどその壮大な美しい景色までもが、不安をかき立てた。

学校の周囲には文字どおりの自然しかなかった。なにしろいちばん近いバス停まで、歩いて40分もかかるのだ。その人里離れた学校で、これから2年間過ごすのだ。この、飛びかう弾丸のように英語を話す子たちと一緒に。

見上げるような針葉樹の森のあちこちに、山小屋風の寮が何棟が建っていた。りんはその中のひとつ、ビクトリア・ハウスの玄関前でおろされた。他の日本人とそこで別れ、りんは完全にひとりぼっちになった。寮は4人部屋で、基本的に同じ大陸の生徒同士は同室にならないというルールがあった。

「寮の自分の部屋に案内されて、木の名札に、英語のカリグラフィで〈Lin Watanabe〉って書いてあるのをもらって、ルームメイトに引き渡されるんですよ。ルームメイトは2年生二人、1年生が私ともう一人、スウェーデンの子だった。その先輩のルームメイトが、さっそく学校内を案内してくれました。それが、またわかんないわけですよ。言ってることが。「※&%#!%$@」って何か言ってるんだけど、「もう全然わかんない!」と思いながら、とぼとぼと彼女たちの後をついて行きました。強烈に覚えてるのが、その時、海まで降りていったんです。ヨットハーバーがあって、学校のセイリング用の帆船とかが係留されてるんだけど、その桟橋みたいなところを歩いていたら、後ろから上級生がばーっと走ってきて、「Sorry guys!」って言いながら横を通り過ぎたんです。それくらいは聞き取れた。その時「guysって言ったよこいつ」って思ったのを、鮮明に憶えてる。guyは男って意味じゃないですか。私、ジーンズにショートカットだったんです。だから男に見えたのかなって考えてもみたんだけど。なんだか、自分がものすごく粗末に扱われてる気がしたんですよね。こんな地球の果てみたいなところまではるばるやって来てguys!かよって。こんな邪険に扱われて、なんなんだよと思ったら、すごく悲しくて泣きたくなった。なんでこんなところに来たんだろうって」

「Sorry, guys!」の語感をそのままに日本語に訳すなら「ちょっと、ごめんね！」だろうか。guyは男を指す言葉だけれど、複数形のguysは、口語では男女どちらの集団に対しても使うということさえ、りんは知らなかった。

今でこそ笑い話だけれど、その時のりんはそれどころではなかった。神経がささくれ立って、本当に泣き出してしまいそうだった。

そういう精神状態は、ずっと続く。

まず何よりも、授業についていけなかった。

「リスニングができなくて、授業がぜんぜんわからないもんだから、授業中に睡魔に襲われるんです。先生の話がまるで子守歌で、机に突っ伏してゴーっとかって寝ちゃう。それでまた試験が、辞書持ち込み可なんですけど、問題用紙がわら半紙みたいな紙で、印刷も良くないから、OとUの区別がつかなかったりする。これ、Oかな、Uかなとか思ってるうちに、時間が来ちゃう。結局、英語ができないからよくわからないんだけど。点数もすごく悪くて、日本人の友だちの部屋に行って、本当に毎日のように泣いてました」

日本の学校を中退して、わざわざこんなところまで来て、自分はいったい何をやっているんだろう。りんは毎日、そのことばかり考えていた。

ピアソン・カレッジの授業は選択制で、日本の高校のようなクラスはない。時間割は生徒が自分でつくる。カレッジというくらいで、日本の教育制度との比較で言えば、高校というよりはむしろ大学に近い。課題は山ほど出されたけれど、勉強の進め方は、全面的に生徒の自主性に任されていた。

りんの英語が怪しくて、授業の意味がわからないからといって、誰も待ってはくれない。授業についていけなければ、ついていけないというだけのことだった。

「できなくても、放っておかれる。生徒の自主性にまかせるのが、あの学校の基本方針だった。相談に乗ってくれる先生はいるんだけど、こればかりはどうしようもないじゃないですか。ただ、あの学校は毎年、そういう子が来るわけです。何割かは、英語が母国語じゃない子たちが。みんなが自分でなんとかしてやっていく学校だったから、図書館に行けば、昔の日本人の先輩たちが残していった、物理和英辞書とか、経済学和英辞書とか置いてあるわけです。そういう辞書と首っぴきで、英語をいったん日本語に訳して、日本語でいっぺん勉強してから、もう一回英語に戻してレポート書く。なんの勉強をするにしても、時間が倍かかる。でもそれやらないと、それじゃなくても授業で何言ってるかよくわからないわけだから、毎日毎日無我夢中で勉強してました。私の人生で、あんなに勉強したことないっていうくらい。しかも、ただ勉強していればいいという学校じゃない。部活とかボランティアもしっかりやらなきゃいけなかった。まあ、それは楽しい時間だったんだけど。とにかく、毎日がものすごく忙しかった」

彼女の一日は、毎朝6時起きしてシャワーを浴びることから始まる。その時間なら、まだ誰も使っていない清潔なシャワールームが使えるからだ。寮友たちのシャワールームの使い方に我慢がならなかったのだ。

シャワーを浴びたら、朝食を食べ、朝8時から午後2時まではびっしり授業が詰まっていた。その後は、部活の時間だ。と言っても、選択肢は2つしかなくて、山岳救助隊か海洋救助隊のどちらか。両方とも本格的というか、過酷だった。

海洋救助隊はウェットスーツを着て遠くに見える島まで泳がされるという話で、それも面白そうではあったけれど、りんは、スキーのできる山岳救助隊を選んだ。もっとも最初に教えられたのはロープの結び方で、何をするのかと思ったら、いきなり山に入ってヘルメットをかぶらされ、ロッククライミングの訓練だった。

その部活が終わったら、社会貢献の時間が夕方5時、6時まで。これは、ボランティアを必要としている地元の施設や家庭に行く（りんは、2年間重度障害を持つ男性の世話を続けた）。それから夕食を大急ぎで食べて、夜中まで勉強する。

本当に、いつも時間がなかった。大人の目から見れば、十代の終わりにそんな経験ができたことを、心から羨ましく思うけれど。

そういう生活の中で、彼女が最も辛かったのがカフェテリアで過ごす時間だった。

「カフェテリアの大きなテーブルで、8人とか10人くらいで囲んで夕食を食べるのが本当に憂鬱だった。一対一で話すならまだいいんです。相手も気を遣って、ゆっくり話してくれるから。でも大テーブルだと、みんな競争するみたいにぶわーっと喋るから、何話してるかほとんどわからないんですよ。笑うツボも、タイミングもわからない。誰かが喋って、みんなが笑うじゃないですか。なんで笑ってるのかぜんぜんわからないけど、自分だけ真顔でいたら周りも気にするだろうから、『アハ』なんて話がわかったふりして笑ったりして。あれだけは、今思い出してもほんとに悲しかった」

毎週のように日本の実家に電話をかけていた。

時差があるから、共稼ぎの両親にゆっくり話を聞いてもらうには、週末の早朝に電話しなければならなかった。しかも、クレジットカードの使える電話は一台しかなかった。暖かいベッドを抜け出して、白い息を吐きながら公衆電話に向かった。

「朝、まだ暗いうちに起きて、そのただひとつの公衆電話に向かうわけです。親の声が聞きたくて。『寒いっ!』とか思いながら。もうそれだけで、なんか惨めで。最初の3ヶ月間くらいはとにかく日本に帰りたくて仕方なかった。なんで、こんな寒々としたとこに来ちゃったんだろうって。父と母のいる、あの暖かい家に帰りたいって。母親も父親も励ましてはくれたけど、『頑張ってね』って言われても、そういう時にはあまり助けにはならないんです。こっちだって、頑張ってないわけじゃないし、これ以上頑張れないと思うから、帰りたいって言ってるのに」

けれど、「頑張りなさい」と励ましていた父親が、それまでとは違うことを言ったことがある。

ピアソン・カレッジに入学して、2ヶ月が過ぎた頃のことだ。具体的に何があったかはもう憶えていないけれど、とにかくりんはその時もひどく落ち込んでいて、いつものように弱音を吐いてしまった。

その時、父親がこう言ったのだ。

「もう、帰って来てもいいよ」

思わぬ言葉だった。

「りんの人生なんだから。誰に見栄を張ることもないし、意地を張ることもない。本当に辛くて、自分の努力ではどうしようもなくて、自分が壊れそうだったら帰っておいで。どんなに挫折しても、高校を中退しても、君は私たちの子なんだから」

思わず涙がこぼれた。

電話口で泣いていると、涙と一緒に肩の力が抜け、心が軽くなるのを感じた。

「なんだか急に楽になったんです。やれるところまでやればいい。駄目だったら、家に帰ればいいんだって、素直に思うことができたんです。不思議ですよね。そう思ったら、もう少し頑張れそうな気がしてきたんです。頑張れって言われてた時は、もう頑張れないから泣いてるんじゃないとか思ってたのに。それからは、あまり家にも電話しなくなりました。『3ヶ月過ぎたらぴたっと電話してこなくなっただろう』と、つい先日、その話をした時に父が笑っていましたけど。自分には何があっても自分を受け入れてくれる両親がいるんだって、今更ながらに気づいたことが、自分の支えになった。実を言えば、その時まで、自分は両親から何も影響を受けてないって思ってたんです。自分だけの力でここまで来たんだって。ずっと共働きで、二人ともほとんど家にいなかったし、学童保育で鍵っ子だったし。でも、その時、私はなんてこの人たちに精神的に支えられていたんだろうって、初めて気がついた。この人たちがいたからこそ、私はここまでやってこられたんだって。生意気な子どもだったから、両親とは喧嘩が絶えなかったんです。ああでもない、こうでもないって理屈をいっぱい並べ立てて、上に牙を剝くタイプだから。でも、あの時から親と喧嘩をしなくなりました」

明けない夜はない。どんな厳しい冬も、いつかは春へと変わる。

父親の言葉で楽になったのは、夜明けの兆候だった。

その年のクリスマスは、家に帰る旅費がもったいなかったので、ピアソン・カレッジの近くの家に3週間ホームステイした。外国で迎える初めてのクリスマスだった。

ホストファミリーは中年の夫婦で、りんは娘のように受け入れられた。

カナダ人の父親と母親とりんの3人の関係は、りんが言葉を覚え始めた幼児期の、ある意味での再現だったかもしれない。クリスマスをはさんだその3週間、りんは朝から晩まで二人と一緒に過ごした。りんがまだ幼かった頃、おそらくりんの本当の両親がそうしたであろうように、カナダ人夫妻はりんを子どもあつかいせず、世界のさまざまな出来事を話題にしながら対等に大人の会話をした。海外からピアソン・カレッジに留学してきた生徒たちを受け入れるのに慣れていたということもあったのだろう、自然にグローバルな話題になることが多かった。

「政治の話から、時事問題から、いろんなことを『りん、これはどう思う？』って聞いてくれるんですよ。私の知らない単語もいっぱい出てきて。辞書で調べたりしながら、ああでもない、こうでもないって、二人と話をするのがとても楽しかった。考え方はよく似ていたし、二人もそれが面白かったみたいで、すごく可愛がってもらった。一緒にクリスマスを過ごしたのも、ほんとに懐かしい思い出です。3人で思いっきり派手にクリスマスツリーを飾り付けたりして。その3週間が終わって、ピアソン・カレッジに帰ったんだけど、ふと気がついたら、英語の会話が苦痛じゃなくなってたんです。カフェテリアに行くのがあんな憂鬱だったのが嘘みたい、ディナーでみんなと無駄話するのが楽しくなっていた」

まったくできなかった英語が、3週間で急激に進歩したという話ではないと思う。おそらくその3週間で、りんの凍っていた心が二人のカナダ人によって溶かされ、彼女の実力通り、のびのびと話せるようになったということなのだと思う。スランプに陥ったピッチャーが軽いキャッチボールで感覚を取り戻すのと同じように、二人の成熟した大人のカナダ人との会話が、英語をリラックスして聞いたり話したりするためのウォームアップになったのだろう。そして彼女の中にこれまで蓄積されて来た英語の能力が開花したに違いない。

中高生の留学生の場合、英語に不自由しなくなる目安がだいたい3ヶ月と言われているから、そういう時期だったとも言える。

クリスマス休暇を終えた頃から、りんは英語という障害に悩まされることなく、ピアソン・カレッジの授業に向かい合えるようになる。

だからと言って、彼女の生活が楽になったわけではないのだけれど。

ピアソン・カレッジの教育内容は、生徒が2年間で国際バカロレアのディプロマの資格を取れるように組まれていた。それはつまり、世界中の主要な大学の受験資格が得られることを意味する。授業の内容は、率直に言って、日本の高校とは比べものにならないくらい、生徒に自分の頭で考えることを要求した。

「授業は日本の高校でやっていたのとは、ぜんぜん違ってました。たとえば物理なら、公式うんぬんじゃなくて、まず実験ありきなんです。10回とか20回とか実験をして、データを取って、そこから規則性を見いだすわけです。規則性が見つかったら、それを実験レポートに書く。もし見つからなければ、私たちのチームはなぜ結果が出なかったのか。何が原因だったのかをみんなで考えて、実験をやり直す。そうやって、実験とレポートを繰り返す。実験のレポートを書くなんて経験は日本語でもなかったから大変だったけれど、やっぱり面白かったです。科学的に考察するということの、本当の意味をあそこで初めて学びました。語学の授業も素晴らしかった。自分の母国語のクラスと、英語以外の第二外国語のクラスを取ることができたので、私はスペイン語を取りました。どちらも日本の高校では考えられないような授業だった」

日本語の教師は、12ヶ国語を自在に操るフランス系カナダ人だった。京都大学に留学して学んだという日本語も完璧だった。

「試験にしても、日本の学校でさんざんやらされたような、文章の一部を抜き出して波線をつけて、作者の気持ちを次のアイウエオから選べ、なんて設問はまったくなかった。たとえば三島由紀夫を何冊か、『仮面の告白』と『金閣寺』となんとかを読んで、それらの作品に共通する三島の美意識と破壊に関する概念について述べよ、みたいな課題が出るわけです。最初はなんじゃそら、みたいな感じなんだけど。そのテーマを頭の隅に置きながら三島の本を読んでいくと、その昔、自分がただ好きで三島の本を読んでいた時には、見えなかったことが見えてくる。それをレポートに書いて提出して、先生とああでもない、こうでもないと議論する。ドストエフスキーと三島の作品を比べよという課題もありました。二人の作品にはどういう共通性があるとか、どこが違うとか。また本を読み込んで読み込んで、レポートを書く。これで間違ってませんか、って先生に聞いたら『正解はないんだよ』って。それが日本語の授業なんです。正解がないのに、どうやって点数つけるんだろうって、その時は思いましたけど。答えそのものじゃなくて、ひとつの文学作品をどうやって分析するか、どう考えるかということを延々とやり続ける。それが大切なんだということを教わりました」

スペイン語の授業がまた素晴らしかった。彼女は生まれて初めてスペイン語を勉強するわけで、それは他の級友たちも同じだったはずなのだが、一日目の授業から、スペイン語の教師はスペイン語しか使わなかった。それはりんが英語の授業についていけないというのとは、はっきりレベルの違う話だ。何を言っているのか完全にわからなかった。

それでも教師は文法でもなんでも、スペイン語だけでどんどん授業を進めていく。最初はその未知の言語を聞いているしかなかった。硬い石の壁を、平手で叩き続けるような授業だ。けれど叩き続けるうちに、ほんの少しずつ壁が緩み始める。

「ほんとにぜんぜんわからなかったんだけど、不思議なことに、なんとなくわかり始める時が来るんです。最初は、雰囲気的に。あれ、今、先生、アイエールって言った。アイエールってなんだ、なんだ？『昨日』か。そうか、これは過去形ということか、って。ぼんやりとわかってくる。ほんとに少しずつだけど。試験の問題も全部スペイン語で、それにスペイン語で答えるみたいなことが続くんだけど、1年経って、私、一人でメキシコに行ったんです。そのメキシコの空港で、スペイン語に全く不自由しなかった。たった1年しかスペイン語勉強してないのに。日本で中学校の3年間と、高校で1年半英語の教育を受けたのに、カナダに来た時は空港の係官が何言ってるのか、わからなかった。あれはいったいなんだったんだろうって」

りんはがむしゃらに学び、読み、書き、考え続けた。

この章の最初に書いたように、ピアソン・カレッジはバンクーバー島の南端にある。

図書館からの景色は、とりわけ素晴らしかった。

天を突くようなベイマツの森の向こうに、輝く太平洋が見える。

その遙か彼方に、アメリカ合衆国の大地が広がっている。よく晴れた日には、シアトルの街を遠望することさえできた。

朝日の昇る早朝から、海が黒々とした闇に沈むまで、その空と雲と海の構成する広大な景色は、刻々と色彩を変えていく。ずらりと並んだ机は扇形に配置され、どの席からでも自然の景色が見渡せるように、図書館は設計されていた。

それでも机の位置で、目の前に広がる眺望は違う。生徒たちは、自習時間になると、先を争うように図書館に向かう。もちろん、りんも。自分の好きな席に座れると、それだけで今日の勉強がはかどる気がした。

「本当に落ち着く空間だった。図書館も、それから寮の部屋も。図書館や友だちの部屋で、ひたすら勉強したのを憶えています」

カナダの美しい森は、りんが子どもから大人へと脱皮するための、第二のゆりかごのようなものだった。

その時のりんが見過ごしていたのは、そういうひとつの理想的な教育が、事実上世界中のあらゆる階層の子どもに開かれていたということだ。

当時のピアソン・カレッジでは、すべての生徒に奨学金が全額支給されていた。どんなに貧しい国に生まれた貧しい家の子でも、試験に合格しさえすれば、奨学金を受けてピアソン・カレッジで学ぶことができた。奨学金は、すべて寄付で賄われていた。

その恩恵を受けるのは、貧しい子どもたちだけではない。

最大の恩恵を受けるのは、むしろ我々の社会全体だ。

りんにとって、おそらく彼女の人生で最も重要な目覚めをもたらしたのも、後から考えてみれば、ピアソン・カレッジのこの方針だった。

2　「何も得意じゃない自分」を知る。

「休みになっても自分が帰らないから、私の両親は寂しがっている。りんが行ったら、絶対に大喜びで迎えてくれるはず」と、メキシコ人の友人のユリアが受けあってくれた。

それでピアソン・カレッジの1年生が終わった夏休み、りんはメキシコへ旅をした。

スペイン語の集中語学コースを受けるためだ。

最初の1年でりんのスペイン語はかなり進歩した。その夏休みの1ヶ月間で、スペイン語にさらに磨きをかけるつもりだった。この時期のりんには、スペイン語は溺れる者がつかんだ藁のようなものだったから。

窮屈な日本の教育環境を抜け出し、世界の舞台へ羽ばたくような気持ちでカナダまでやって来たはずなのに、太平洋の果ての学校でりんを待ち受けていたのは、ある種の存在の危機だった。

りんがピアソン・カレッジで直面した現実。

それは、自分という人間の限界だった。

ここでは、りんは何者でもなかった。なんの取り柄もない、あまりにも普通の、面白味もなんにもない、日本語訛りの英語を話す、ただの東洋人の少女でしかなかった。

学校の成績がいいとか悪いとかを、りんは今まであまり気にしたことがなかった。人生にはそんなものよりも大切なものが、他にいくらでもあるということを知っているつもりだった。けれど、カナダに来て理解したのは、自分の自信の源泉が、意外にもその気にしていなかったはずの成績にあったということだ。

日本では得意だったはずの英語は、もはやここでは得意科目でもなんでもなかった。他の得意科目も同じだった。むしろ、日本では赤点だった数学や理科の成績のほうが良かったくらいだ。カリキュラムの違いなのか、特に数学は日本でやっていたより簡単だった。だからといって、クラスでいちばん数学ができるというわけではなかったけれど。

勉強そのものが嫌いだったわけではない。授業はどれも面白かったし、美しい自然に囲まれたカレッジで勉強に励むのは楽しかった。それだけに、りんは自分の才能の限界がよく見えた気がした。

一所懸命頑張っても、ここでのりんは平均的な生徒だった。試験の成績はどの教科もそこそこで、授業中にみんなを驚かせるような気の利いた発言ができるわけでもなければ、課外活動でリーダーシップを発揮するタイプでもなかった。

ピアソン・カレッジには、自分とは比べようもないくらい高い知性や、豊かな才能、あるいは輝くような魅力に恵まれた生徒がいた。

大人のプロ並みにピアノが弾ける子もいれば、数ヶ国語を完璧に話す子もいた。学者じゃないかというくらい、数学や物理が尋常でなくできる子もいれば、勉強はそれほどできなくても、その容姿やジョークのセンスでみんなの人気者になる子もいた。

りんは、そのどれにも当てはまらなかった。単なるワン・オブ・ゼム、不特定多数。映画ならエキストラ、その他大勢、仲の良い何人かの教師を別にすれば、自分がこの学校を卒業したら、もう誰も自分のことを憶えてはいないだろう。

会話についていけなかった時は、自分の英語の能力のせいにすることもできた。

けれど、英語でのコミュニケーションに不自由しなくなり、誰とでも気楽に話せるようになると、逆に自分の取り柄のなさが際立った。

自分はこれからいったい何をしていけばいいのかが、よくわからなくなった。

なんでもいいのだ。なんでもいいから、ひとつだけでも自分に誇れるものがあれば、それを頑張ればいいと思うのだが、それが見つからなかった。

そもそも、日本の高校を飛び出したのだって、弱点や短所を克服することばかりを重視する傾向の強い、日本的な教育方針に不信感を持ったからだった。

そんなことより長所を生かすことを考えるべきなんじゃないか。完璧を目指して平均的な人間になるよりも、欠点や短所には目をつぶり、得意な才能を育てたほうがよほど建設的なんじゃないか。

留学すれば、自分が得意な英語をもっと伸ばせるだろう。

そう思ったからこそ、大好きな友だちや親と別れてまでも留学したのだ。

大きな落とし穴だったのは、そういう風に思えたのは、あくまでも日本という枠の中での話だったということだ。どんなに英語が上手になっても、考えてみれば、ネイティブにかなうわけがない。いや、必死で英語を勉強すれば、もしかしたら並のネイティブより英語が上手になることだって不可能ではないかもしれない。

けれど、自分が留学したのは、はたしてそういうことのためなのか。英語が流暢に話せるようになるために、留学したのだろうか。

自分がやりたかったのは、そういうことなのか？

英語はただの道具であって、自分がやるべきことはその先にあるのではないか？

だとしたら、自分の伸ばすべき長所とはいったいなんだろう。

学校生活に慣れるほど、りんのこの悩みは深刻さを増した。

「自分のアイデンティティがよくわかんなくなっちゃったんです。『何も得意じゃない自分』になってしまったから。本当に、成績もド平均だった。『私は世界に通用する人材じゃなかったんだ』って思ったんです、真面目に。日本にいた時は自分にはきっと相当自信があったんですよね。思い上がった気持ちがどこかにあったのかもしれない。だからこそ、あの学校に行って『あ、世界のトップクラスの人材にはかなわないな』って、すごい思って、正直悲しかった」

もっとも、これは彼女が順調に成長していたということの証拠でもある。

壁に頭をぶつけて、人は初めて本当の自分を知る。そういう意味で、りんにとってこの挫折こそ、この留学における最も重要な経験だったと言えるかもしれない。

りんがカナダで学んだこと。

それは、自分が日本人であるということだ。

日本では、そんなこと思いもしなかった。

自分の感覚は、他の日本人とは違う。自分は日本という枠には収まりきらない、自由な人間だと密かに思っていた。外国の学校に留学したら、自分はもっと自由になれる。そして、世界で活躍する人間になるのだとばかり思っていた。

けれど、それはもちろん、ある種のファンタジーだ。

外国などというものは、明日という日が本当は存在しないように、本当はどこにも存在しない。人はいつも「今」を生きることしかできない。同じように、人はいつも「ここ」で生きるしかない。彼女が日本にいた時、確かにカナダは外国だったかもしれないけれど、カナダに来てしまえば、そこは彼女が生きなければならない「ここ」でしかなかった。

そして人の間で生きる難しさは、日本であれカナダであれ、変わりはしない。


「多様性とか言っても、学校の中ではけっこう人種の壁があったんです。白人とか、ラテン系とか、東洋系とか。なんとなく人種ごとにグループができてしまう。寮では同じ大陸の人間は同室にならないという基本的なルールがあったから、ルームメイトはいろんな国の人がいました。でもやっぱり、いつも一緒にいるのは、どうしても自分と同じ人種のグループごとになってしまう。

もちろん人種を超えて友情を育んでいる人もたくさんいたし、そんなに厳密なものではないんだけど。気持ちの通じる友だちと一緒にいるほうが楽だし、話も面白いから、自然にそうなるんだと思う。学校のせいではないし、逆に言えば、そういうことまで学校が干渉するのは難しい。だけどいろんな人種が交ざり合って同じ一つの教室で勉強することが、相互理解につながるっていうのが、ピアソン・カレッジの考え方でした。教育現場における多様性が大切だって。そんなこと言っておきながら、これは何よって、今思えば、やつあたりみたいなものなんだけど、あの頃の私は内心かなり反発してた。

でも、そういう私自身も、やっぱりアジアの人たちと話していると、わかってもらえてるなって感じがすごくあったのも事実です。同じアジア人なら、私の下手な英語も一所懸命聞いてくれた。それほど多くを語らなくても、『わかるわかる』っていうのがあるんです。ああ、自分はアジア人なんだなって、何度も思いました。だけど、せっかくここに来て、アジアの人とばかりずっと固まっているのも、なんかちょっと違うなあと思うわけですよ」

思春期のまっただ中だ。自信を失い、目的を見失い、それでもなんとか自分の居場所を探して、りんは試行錯誤を繰り返した。

「最初に同室になったルームメイトで、ひとつ年上のパラグアイ人、カリーナという先輩がすごく私を気遣って優しくしてくれたんです。スペイン語圏の人だから、彼女も1年前は英語ができなくて、かなり苦労したらしくて。金曜の夜は寮のコモンルームで、そういうラテン系の子たちが集まってガンガン音楽かけて踊るみたいなこと、よくやってたんです。そういうパーティに誘われて行くようになって、私は中米とか南米のラテン系の子たちとハングアウトするようになって。彼らは基本的に陽気だから、一緒にいるのが楽しかったんですね。そのうちベネズエラ人のボーイフレンドもできたりして、どんどん楽しくはなったんだけど。

でも私自身がラテン人なわけではないから、迷っちゃうんです。ここもなんか、しっくりくるようでしっくりこないなって。フランス人の子たちとつるんで、煙草も吸ってみたりとかもしました。カナダでは15歳から煙草が合法なんです。お酒は21歳からで、すっごい厳しかったんだけど。学校にスモーキングスペースがあった。そういうところで煙草を吸ってる子たちは、優等生という感じじゃないわけですよね。不良とまではいかないけど、大人ぶっているというか。そういうシニカル、ニヒルな感じの人たちのところも、『ここもなんかちょっと違うな』って思うようになって。私はどこにいればいいんだろうって。本当に自分探しっていうか、『私はいったい誰なんだ』『私って何?』みたいな感じの2年間だった」

スペイン語は、そういう彼女にとっては一筋の光明だった。

第二外国語にスペイン語を選んだのは、ひとつにはこの言葉が広く中南米諸国で使われていたからだ。将来、発展途上国のために働くには、中南米のスペイン語か、アフリカのフランス語か迷った末の決断だった。世界のために何かをしたいという小学生の頃に抱いた夢は、ずっと心の底に秘めていた。

中南米は、日本から見れば地球の裏側だけれど、りんには親近感があった。初めて行った外国は、かつてスペインの植民地だったフィリピンだった。りんが5歳の時の、渡邊家の初めての海外旅行先がフィリピンの奥地だったのには理由がある。

その昔、りんの父親が初めての海外出張でロサンゼルスに行った時、飛行機が遅れたか何かで、空港についたのが夜中になったことがあった。当時は24時間営業ではなかったので、照明の落ちた空港で、チェックインするホテルのあてもなく困っていた父親に声をかけてくれたのが、同じ便に乗り合わせて知り合ったフィリピン人だった。フィリピン空軍のエンジニアだったその人は、りんの父親を自分の家に泊まるように誘ってくれた。それから二人は仲良くなり、故郷に帰ったそのフィリピン人の家へ、りんの父親が家族を連れて遊びに行ったのだ。中学生時代、りんは彼の息子のリッキー君と文通をしていた。りんが英語を一所懸命勉強したのも、そもそもはリッキー君と文通をしたかったということもあった。

最初に仲良くなったのが、中米や南米のスペイン語圏の子たちだったというのも、考えてみれば不思議な偶然だった。

「ルームメイトで先輩のカリーナは、寮の隣の部屋のユリアの面倒も見ていたんです。ユリアはメキシコ人で、英語ができなかったから。で、英語のできない子どうし、私とユリアはすぐに仲良くなった。1年目の終わりの夏休みにスペイン語の語学コースを取りたいって話をしたら、そのユリアが『じゃあメキシコの私の家に泊まれば』って言ってくれたんです」

3　この幸運は、自分のためだけに授かったものではないはず。

バンクーバーから5回飛行機を乗り継いで、りんがメキシコのベニート・フアレス国際空港に着いたのは1992年の夏のことだ。

メキシコシティは標高2200メートルの高所にある。周囲を4000メートル級の山々に囲まれた盆地に、当時すでに周辺都市も含めて1500万人を超える人口が集中していた。排ガス規制がほとんどなかったこの当時は、世界で最も大気汚染の深刻な都市のひとつだった。

空港を出ると、いきなり物乞いに取り囲まれた。

けれど、りんはへいちゃらだった。というより、ワクワクしていた。

空港の係官の話すスペイン語も理解できたし、自分もスペイン語で受け答えすることができた。1年前、カナダの入国審査で英語がまったくわからなかったのが嘘のようだ。

「うわっ、みんなスペイン語で喋ってるよって。メキシコだから当たり前なんだけど、それだけで嬉しかった。スペイン語大好きだったし、うまくなりたかったし。『来たな、メキシコ』っていう感じでしたね。そこに、ユリアのお兄さんと、お母さんが迎えに来てくれてたんです。見たこともないような、ボロボロのフォルクスワーゲンで。大丈夫、これで走れるの？っていうくらいの。そこで、ちょっと『あれ？』って思った」

ただ、ユリアの母親も、兄も素晴らしい人たちだった。

母親は、世界共通の本当に優しい「お母さん」という感じの人で、りんの目を一所懸命見つめながら、ゆっくりスペイン語で話しかけてくれたのが印象的だった。お兄さんは、修理工だと自己紹介をしたが、上手な英語を話す知的な人だった。ふたりとも初対面のりんを、家族のように迎えてくれた。

問題は、ユリアの家だった。

いや、本当の意味での問題ではない。

結局のところ、りんはその家で、夏の1ヶ月を楽しく過ごすわけだから。

それは〝問題〟ではなくて、単なるカルチャーショックだった。

ユリアの家は、高速道路のすぐ隣にあった。

日本の高速道路ではない。メキシコの高速道路は、単なる舗装された広い道路だ。周囲の環境を隔てる防音壁はもちろん、ガードレールや柵のようなものすらない。ユリアの家のすぐ隣を猛スピードでトラックや乗用車が通過していく。

コンクリートブロックの壁に、トタン屋根の小さな家だった。中には部屋を区切る壁もない。その一部屋が、台所であり、リビングであり、一家4人の寝室だった。日本人のりんの目には、それは家というよりもただの掘っ立て小屋だった。

天井から、豆電球のような小さな電灯がひとつぶら下がっていた。少なくとも、電気は来ているらしい……。

「メキシコが貧しい国だというのは知ってましたけど、ユリアは子どもをカナダの学校に留学させるような家の子で、しかも1ヶ月間家にいていいよと言ってくれてたから、どんな家だろうとは考えないですよね。ユリアも何も言ってなかったから、まあ最低限、私の部屋はあるものと思って行ったわけじゃないですか。ところが私の部屋どころか、一部屋だけの家なんです。お父さんとお母さん、それにユリアのお兄さんと弟。家族4人がその一部屋に寝起きしていた。部屋の隅に1台だけユリアが使ってたベッドがあって、お母さんが『りんちゃんは、そこへどうぞ』ってすすめてくれたけど、他の家族は、みんな下に敷いた何枚かのマットの上で寝てるわけです。居候の私だけベッドで寝られないですよね。『どうしよう』って思ったんだけど、何度もすすめてくれるし、私も図々しいもんだから、結局はそのベッドで寝ましたけど、それから1ヶ月間」

シャワーは小屋の囲まれた場所にドラム缶が置いてあって、その中の水をくんで体を洗うようになっていた。もちろんお湯なんてない。トイレは、「穴があいていて、そこに溜まっていく方式だったと思うけど」どんな形だったか、りんはよく憶えていない。

ベッドがひとつしかなかったのは、さすがにショックだったけれど、真夏のメキシコシティでは水浴びだけでも充分気持ち良かったし、トイレについてはよく憶えていないくらい、つまり問題がなかったということだ。ごく普通の日本人だった彼女にとって、そのトイレが快適だったとは思えない。外界とトイレを隔てていた何かが、だってブリキ板か合板かわからないけれど、日本で育ったティーンエイジャーにはおそらく薄すぎたはずだ。

夏のメキシコは無茶苦茶暑かったし、りんも含めれば、5人の大人がひとつの狭い部屋で寝起きしていたわけだから、不快指数がどんなに高かったかだって想像するにあまりある。何日も眠れない夜を過ごしたとしても不思議はない。

けれど、りんには、そういうことがほとんど気にならなかった。あるいは、その時は多少気にしたかもしれないけれど、少なくとも20年経った今はすっかり忘れてしまうほど、彼女にとっては些細なことだった。

「私、けっこう適応力があるんです。暑さと寒さには、ほんと強いし」

今も彼女の心に残っているのは、ユリアの家族の優しさであり、初めてのメキシコで経験した貴重な経験だった。

3週間くらいして、りんのスペイン語にさらに磨きがかかり、家族のみんなと雑談して笑えるようになった頃のことだ。どうしてそういう話になったのか、彼女はもはや憶えていないのだけれど、ユリアの兄がこう言った。

「メキシコではこれが普通の庶民の暮らしなんだ」

これというのは、りんが居候になっているその家のことだ。

ユリアの兄は、修理工の仕事をしていた。賃金は安いが、それでもこの一家は父親も入れて三人の大人が働いている。貧乏なわけではない。日本人のりんの目には、かなりのボロ屋に見えるかもしれないけれど、これがメキシコのごく普通の家だと、ユリアの兄は言ったのだった。そして、こう続けた。

「明日、その証拠を見せてあげるよ」

そして翌日、メキシコシティのある地域へ連れて行ってくれた。ユリアの兄一人ではなく、一緒にユリアたち兄弟の叔父にあたる人も一緒に来てくれた。一人では危険だったからかもしれない。

メキシコの真夏の太陽の下に、その光景は延々と広がっていた。

熱で大地が膨らんでできたかのような低い丘に、りんが今まで見たこともないような粗末な人の住みかがぎっしりと建て込んでいた。合板やトタン板やプラスチックの板で、むき出しの地面を囲っただけの、家とも言えないような家が、どこまでも続いていた。空を見上げると、蜘蛛の巣のように電線が走っていたが、それはどう見ても電力会社が正式に引いたとは思えない代物だった。話を聞くと、ほとんどが電線から勝手に電気を引き込んで盗電をしているのだという。その家々の粗末さにも増して、りんの肝を潰したのは、その圧倒的な広がりだった。どれほどの数の人が住んでいるのか、見当もつかなかった。世界最大級のスラム街だ。1992年のこの時期、メキシコシティの348平方キロのスラムに、650万人の低所得者層が居住していた。

そこに立ってみると、確かにユリアたちの家はずっと人間らしかった。今まで嗅いだこともないような、胸の悪くなる臭いがした。

本当に、たくさんの人がいた。大人も子どもも、男も女も、母親も父親も、老人もいた。衣類を何ひとつ身につけず素っ裸で走り回っている幼い子ども、物欲しそうな目でじっとこちらを見つめる少年たち、虚ろな目をして狭い路地に座り込む男たち、怒鳴り合う女たちに、よろよろと歩く老人。

正確に言えば、りんはその光景を初めて見たわけではない。日本にいた時、テレビで何度かそういうスラムの映像を見たことがあった。メキシコシティではなかったと思うけれど、同じような劣悪な住まいに、同じような人たちがそこにいて、今自分を見ているのと同じようにじっとテレビカメラを見つめていた。

だからスラムの存在は、知識としては知っていた。けれどそれでも、実際に自分の目でその光景を見つめ、その臭いにさらされるのは、まったく別の経験だった。

なぜ、そんなスラムがあるのか。

その時のりんにはまだよくわからなかったけれど、それでも、その理由がそこに暮らす人々にあるわけではないことだけはなんとなく想像できた。そして、彼らが自分の力だけでそこから抜け出すのが極めて難しいであろうことも。その低い丘に凝縮しているのは、つまり我々人間社会の矛盾そのものだった。

実際にその場所に立って、初めてりんがはっきりと理解したことがある。

それは、この景色が自分とは無関係な、別の世界の話ではないということだった。

テレビで観た時は、そこにいる人たちの悲惨さに胸を打たれ、苦しみや哀しみを想像して、涙を流した。彼らに感情移入し（それは彼女の才能のひとつだ）、彼らの身になって、彼らとともに泣いた。そして、子どもらしい真っ直ぐな気持ちで、なんとか彼らを助けられないかと思った。

けれど、それはあくまでもある種の同情でしかなかった。両親に守られて、日本という安全な国に住む、渡邊りんという一人の少女が、悲惨な境遇で暮らす人々を、なんとか助ける方法はないものかと考えを巡らしただけのことだ。

それはそれで尊いことだ。同情、あるいは感情移入は、健康で前向きな社会をつくるためには欠かせない人間的な感情だ。けれど、冷たい言い方をすれば、同情心とはどこまでも他人事に対する感情でしかない。

その日、初めてスラムに立ったりんを捉えていたのは、同情という感情とは少し性質の違うものだった。

「友だちの家がそういう家だっていうのもすごい驚きだったし、そこからユリアだけが奨学金をもらってカナダに来て、ぜんぜん違う生活をして、ぜんぜん違う人生を歩んでいく。その時に、自分はすごく幸運なんだって初めて思った。それまでは、自分のことしか考えていない生意気な子だったんだけど、『私、めちゃラッキーだな。恵まれてるな』って思ったんです。勉強が大変だとか、日本が恋しいとか言ってるけど、そんな幸運な子がいったいこの世に何人いるんだろうって。もしかしたら、私がこのスラムに生まれていた可能性だってあるわけじゃないですか。確率で言ったら、その可能性のほうがずっと高い。たまたま私は、1年間に何千万人か生まれる世界の子どもたちのうちの、本当に数パーセントである先進国のそこそこの家庭に生まれた。子どもの頃は、ウチは恵まれていないなんて思ってたけど、とんでもなかった。そのスラムの子たちから見たら、王侯貴族の生活です。

自分は奇跡みたいに恵まれてたんだってことがわかった。しかも、そんなに真面目に勉強したわけでもなかったのに、絶対無理とか言われた学校になぜか入れて、赤点を取りつつも、落ちこぼれかけてたら、救いの手が伸びて、留学できて、ここまで来ちゃったみたいな。すごいラッキーの連続の人生だなと思った。この幸運はきっと自分のためだけに授かったものでは絶対ないはずだって、すごく思いました。そういう人間が果たすべき使命みたいなのを感じたと言えばいいか。とにかく自分の能力とか、いろんなチャンスをもらっていることも含めて、自分のためだけにその幸運を使っていくような人生には絶対ならないだろうなっていうことを、そこで漠然と予感したんです。その後、メキシコシティのどこかの広場で、その時の気持ちを習っていたスペイン語で日記に書いたのを憶えてます」

自分の幸運を、自分だけのために使ってはいけないと思ったということは、つまりりんが、そのスラムを自分の問題として受け取ったということだろう。

それは他人事ではない。自分の問題なのだ、と。

もちろん、この目の前のスラムが、自分一人の力でどうにかできるような性質のものでないことを、そこに立った彼女は骨身に染みて理解したはずだ。

けれど、彼女はその時絶望もしなければ、諦めもしなかった。

自分はきっとこの世界を変えられる。少なくとも、変えるための手伝いはできる。

そう思った。それはまだ世間を知らない若者の楽観かもしれない。けれど、彼女がその楽観を失うことはなかった。

「メキシコに取り憑かれたみたいになって、その次の休みもメキシコに行きました。2回目の冬ですね。ユリアがボーイフレンドを連れて実家に帰ってたから泊めるとこないっていうんで、今度はオマールっていう先輩の家に泊めてもらいました。メキシコから、毎年一人ピアソン・カレッジに留学生が来ていたんです。彼は私たちより一つ年上で、その時はもう卒業してメキシコシティに帰ってたから、手紙を書いて、『泊めてください』って。

どんな家だろうって、ちょっとドキドキしながら行ったら、ほんとに想像って裏切られますよね。彼の家は、典型的なメキシコのお金持ち、白亜の三階建ての邸宅でした。ガードマンもいたと思う。『朝食はヨーグルトとブルーベリーとシリアルだけどいい?』みたいな感じだから。『はい、もちろんです』みたいな。ユリアの家には冷蔵庫もなくて、毎日、市場で買ったトルティーヤに豆みたいな食事だったのに。すごい貧富の差を感じましたよね。その時は水不足で、ユリアの家では水売りが来ないって大騒ぎしてたのに、先輩の家にはちゃんと水売りが来ていた。水って命に関わるじゃないですか。そういうものでさえも、手に入るかどうかはお金次第っていう。若かったし、ナイーブだったから、そういうひとつひとつのことにも、社会の不公平を感じて憤った覚えがあります」

その時も、スラムへ行った。サリナス大統領の時代で、スラムでも選挙運動の真っ最中だった。当時の最大政党が、緑色の横断幕をかかげていて、スラムの人たちが集まっていた。

「何してるのかなって見たら、床屋さんがいて集まったスラムの人たちの髪を切ってるんです。『何してるの?』って聞いたら、選挙活動だって言うんです。『メキシコでは一票を買うまでもない』と。『髪を切ったり、きれいにしてあげて、投票してねって言うと、みんな投票するんだよ』って。嘘でしょと思った。それはあってはならんだろうってすごく思って、その時から急に、そう言えば、新聞とかってどうなってるかすごく気になり始めた。

みんな新聞をスタンドで買うんですね、メキシコの人は。そもそも新聞を買うお金もないし、買えたとしても読めない人がいっぱいいる。え、そうなのみたいな。情報源が何もないスラム街の中で、彼らは毎日あやって物乞いしたり、ゴミを拾ったり売ったり、グルーを吸ったりしながら過ごしてる。日本でいうシンナーですよね、安いからそういうものを吸ってる人がたくさんいるんです。そして髪を切ってくれる政党に投票する。そんなことでいいのって、ものすごく腹が立ったのをよく憶えてます。

髪を切るんじゃなくて、リテラシーがあるべきだと。大切なのは彼らが文字が読めるようになること。なぜ自分はこういう状況にあるのかを理解して、それで判断をして投票していくべきだって。この人たちのほうが人口的に圧倒的多数なので、彼らがちゃんと考えて投票すれば、何かが変わるかもしれないじゃないですか。サリナス大統領に不満があったわけじゃないんですけど、何か違うんじゃないの。これって民主主義じゃないだろうみたいなのはすごく思って、こういう人たちが教育を得ることは、すごい大事だよなと思い始めた。それが教育の大切さを本気で考えた最初の経験でした」

メキシコでの経験は、りんのその後の人生に大きな影響を与える。

けれどそれは、りんが単に、社会の矛盾をその目で見たというだけの話ではない。ある意味で、本当のカルチャーショックは、カナダに戻ってきてから味わった。清潔な人々、秩序のある街並み、美しい森。メキシコからカナダに帰るたびに、そういう自分がよく慣れ親しんでいたはずのものが、なんだかとても不思議なものに見えた。不自然と言ったら、言いすぎかもしれないけれど。

世界はこういう場所だけではない。

今、この瞬間にも、メキシコのあのスラムでは、裸の子どもたちが走り回り、虚ろな目をした老人が路地にじっと座り込んでいる。

もはやそういう世界が存在していないようなふりをして、この先生きて行くことはできないということはよくわかっていた。

2年間の留学期間は、あっという間に過ぎ去ろうとしていた。

ピアソン・カレッジの卒業を前に、りんは自分の将来について考え始める。

目前の大学進学のことだけでなく、さらにその先の未来についても。

そんなことを誰かに相談したことはない。他人にそんなことを話したら、何を大袈裟なと笑われかねないことくらいはわかる年齢になっていた。

だから誰にも相談はしなかったけれど、りんは真剣だった。

物心ついた頃から、彼女には密かな確信があった。

自分が本気でそう思いさえすれば、できないことは何ひとつないという確信だ。

なんでもできるなら、やりたいことは結局のところただひとつだった。
彼女の思いは子どもの頃から何も変わっていない。
どうすれば、この世界を変えることができるのだろう?

4　それなら自分は何をすべきか？

もしこれが映画なら、次の場面はこの本の冒頭のプロローグにそのままつなげてもいいかもしれない。

大人になったりんが、世界中の子どもたちに教育の機会を与えるべく、学校建設のために東奔西走している姿だ。

この要約は、それほど見当外れではない。

この時の経験が深くりんの心の底に染みこんでいたからこそ、彼女は後年、あれほど熱心に学校づくりに取り組むことになった。

ただし、それは後から彼女の人生をふり返って、初めてそうだと言えることだ。

人生とは不思議なもので、後からふり返ってみれば、まるで人生で起きたすべてのことが、ある場所まで辿り着くための伏線だったように見えることがある。

そういう意味で、メキシコでの経験は、小林りんの現在へと直接つながっている。

それは間違いないのだけれど、実際の人生は、それほど単純ではない。

何よりもまず、この時のりんは、学校をつくるなんて夢にも思っていなかった。

彼女はまだ何者でもない、ただの18歳の若者でしかなかった。

自分が奇跡のような幸運に恵まれていることは理解した。そして、その幸運を、世界のために役立てようという決意を胸に秘めてはいた。

けれど、それなら自分は何をすべきか。それが彼女にはまったくわからなかった。

スラムの悲惨な生活を目の当たりにして、彼らの現状を少しでも改善すべく、スラムに飛び込むという生き方もあったかもしれない。そういう活動をしているNPOやNGOは世界中にたくさん存在しているし、実際にそういう行動を取る若者もたくさんいる。

けれど、そういう道は、その時の彼女の選択肢にはなかった。心の隅では考えたかもしれないけれど、結局はそういう方法をとらなかった。

その理由は、彼女の資質にあると筆者は思う。

彼女は、おそらく本質的に改革者なのだ。

誤解を恐れずに言えば、欲張りだった。

こういう社会そのものを変えたいと思った。

目の前で困っている人に手をさしのべるのは尊い仕事だ。けれど、りんにはそれが根本的な解決になるとはどうしても思えなかった。

もっと、世の中を大きく変える方法があるはずだと彼女は思った。

それが彼女に見えていたわけではない。

ただ、彼女はそこで立ち止まらずに探そうと思った。諦めずに探し続ければ、世界を変えるために、自分を役立てる方法が見つかるのではないか。

思い上がっていると思われるから、誰にも言わなかったけれど、彼女には物心ついた頃からひとつの確信があった。

それは、自分には何か大きな使命があるという確信だ。

その使命がどんなものか、この時のりんにはまだわかっていない。

わかっていないのに、そんなことを信じているなんて、ただの若者の空想だと言われても仕方がない。それは彼女自身もよく理解していた。

それでも、彼女はそれを信じていた。

自分がこの世に生まれてきたのには意味がある。自分にはこの人生で成すべき仕事がある、と。

自分の天命を見つけること。

それが彼女の、大袈裟に言えば、人生の指針だった。

人生が複雑なのは、そういう確信がありながら、同時にその時の彼女は、ある種のコンプレックスに悩まされていたということだ。

ピアソン・カレッジで2年間過ごしたけれど、結局のところ彼女は、最後まで「イケてない子」だった。

前にも書いたように、自分より才能のある子が、その学校にはたくさんいた。

彼らの間では、りんはただの地味な東洋の女の子でしかなかった。そしてその状況は最後まで変わらなかった。

「だから正直に言うと、あの頃私はピアソン・カレッジには複雑な感情を持っていた。この学校が大好きって、素直に言えない、何かわだかまりのようなものがあったんです。そのひとつは、『自分は世界のトップクラスの人材ではない』と、気づいたこと。自分は世界じゃ戦えないって思った。別に何か競争しようとか、世界一になろうとか思っていたわけではないんです。ただ、まあ、ある種の敗北感を味わったんですね。敗北感というと少しニュアンスが違うかな。とにかくあの頃は自分がイケてない子だって思ってた。

もうひとつのわだかまりは、ピアソン・カレッジと言っても、結局は典型的な欧米文化なんだっていう思いが、当時の私にはあったんです。

確かにいろんな人種の生徒はいるけれど、さっきも話したように、その中にはアジア人とか、ラテン人とか、欧米人っていう人種の壁みたいなものがあるのを私は感じた。何が相互理解だって、その時は思いました。私の受けた英語の授業を担当していた先生は、英語のネイティブスピーカーじゃなかったんだけど、『英語が下手なやつはダメだ』みたいなことを言ってたし。結局は世界中から人を集めて西洋化したいだけなんじゃないかって、高校時代の私は思っていました」

日本にいた時は、りんが教師に反抗して教室を出ると、友だちが何人もその後について来た。りんがそれを望んだわけではないけれど、とにかく彼女はそういう存在だった。

だからこそ余計に、彼女にとってそれは辛い体験だったに違いない。

彼女にとっては初めての経験だった。

冷たい言い方をすれば、それは彼女が日本では優等生だったがゆえに、あるいは学級委員や生徒会の役員を任されるような存在だったがゆえに、味わった辛さでもあった。

その創立の精神から考えても、20年前とはいえ、当時のピアソン・カレッジに、いわゆる白人至上主義的な思想があったとは思えない。りんにしても、そこまで極端な、たとえば差別というようなものがあったと言っているわけではない。けれど、東洋人である彼女が敏感に感じたような、白人至上主義の時代の残滓のような雰囲気や気配があったことは事実なのだろう。

それは白人たちの側だけの問題ではおそらくない。少なからず、りんたち非白人の側にもそういう意識があったのだろう。差別というものは、誤解を恐れずに言えば、双方の「幻想」がなければ存在しないはずのものだから。

いずれにしても、ピアソン・カレッジの「公用語」は英語だったわけだ。そうであるからには当然のことながら、クラスの中心になるのは英語圏の生徒だった。人が集団をつくる限り、その内部に一種のヒエラルキーが形成されるのは自然なことだから、それも仕方のないことではある。りんの不満は、そういう雰囲気を、ダイバーシティを理想として掲げる学校側が特に問題としていないように(少なくともその時の彼女には)見えたところにある。その不満は理解できる。けれど、意地悪なことをもうひとつ言えば、それを解決しようとしなかったのは、学校側のというよりも、むしろりんの問題だった。

寮の部屋割の原則は、同じ大陸の生徒同士を一緒にしないということだった。そこまでは、学校側が決めたことだ。そこから先の問題、もう少し具体的に言うなら、生徒の内面の問題について、学校は立ち入らなかった。立ち入るべきではないと、筆者も思う。

なぜなら、それは自分で解決すべき問題だから。

あくまでも机上の空論だけれど、たとえばりんが感じたような人種の壁を、校則のようなもので規制することは可能かもしれない。あるいは〝道徳教育〟のような方法で、生徒に「理想」を押しつけることも。

けれど、そんなものがほとんど役に立たないことは歴史が証明している。

百歩譲って、そういう方法でピアソン・カレッジ内での〝人種融和〟がたとえ実現したとしても、それはあくまでも学校内のことに過ぎない。

重要なのは、生徒たちが卒業した後、現実の社会でどう考え、どう行動できるかだ。現実の社会には、さまざまな不条理や不合理が存在する。差別や人種の壁というような問題も、そのひとつだ。そういう障壁に直面した時に役に立つのは、校則に従ったとか、誰かの言うことを聞いたというような、受動的な経験ではない。

クルト・ハーンがUWCを創設したそもそもの着想は、第二次世界大戦後のNATO防衛大学で彼が目の当たりにした光景だった。その大学ではイギリスやフランスの学生が、ドイツやイタリアの学生と、つまりあの大戦での敵と味方が、ひとつの教室で一緒に学び、そして堅い友情を築いていた。

ふたたびあのような戦争の惨禍を引き起こすことのないように、世界中のさまざまな人種や民族の子どもたちが、共に学び、共に生活することで、お互いの偏見や反目を克服する場をつくる。それが、ハーンの願いだった。

ピアソン・カレッジはそういう場のひとつだ。

それは、ユートピアではない。むしろ、世界の縮図だ。

あからさまではないにしても、そこに集まった生徒たちの心の中には、さまざまな種類の〝偏見や反目〟の種が潜んでいる。逆に言えば、そういうものが最初から存在しなければ、わざわざ彼らを一緒にする必要はない。

つまりピアソン・カレッジに集った生徒たちに求められているのは、自ら考え、行動して、その〝偏見や反目〟に気づき、克服することなのだ。それこそが、おそらくこの学校における最も重要な〝授業〟なのだと思う。

りんが、そういう努力を完全に怠ったとは言わない。

ただ、気づかなかっただけだ。

世界を変えられるのは、自分しかいないということを。

なぜなら、「世界を変える」と言う時の〝世界〟とは、基本的には自分の精神が形づくった世界だから。

そういう意味で、客観的な〝世界〟などというものは存在しない。

人それぞれの心の中に、それぞれの〝世界〟がある。

そしてしばしば、それは偏見や誤解や、あるいは短慮や管見によって形づくられる。思春期の頃は特にそうだ。

世界を変えるためには、まず本当の世界を知らなければならない。世界をその目で見て、自分と違う考え方の人がいることを知り、自分の考えの間違いに気づき、広い視野を得て、その後にまた新しい世界観を構築しなければならない。

その過程を経ないことには、世界を変えることなどできはしない。

だからこそ、昔から「世界を変えようとする者は、まず自らを変えよ」と言われてきたのだ。世界を変えるには、まず自らが変わらなければならない。

けれど、十代のりんには、まだそれがわからなかった。

それはかならずしも悪いことではない。わからなかったからこそ、それはりんの心の中に大きな問題となって残った。

劣等感や不服や不満を抱いたまま、りんはピアソン・カレッジを卒業する。

その〝わだかまり〟は長い間消えなかった。


彼女の〝わだかまり〟が解けたのは、卒業してから10年後のことだ。

ピアソン・カレッジでは卒業してから10年ごとに同窓会が開かれる。

世界中に散らばった卒業生たちが、ピアソン・カレッジに集まり、昔のように共に暮らすのだ。

夏休みで生徒たちが故郷に帰ったり、旅行に出かけて空っぽになった寮に、一週間泊まり込みで行う〝同窓会〟だ。

一週間がかりで旧交を温めるというわけだけれど、おそらくこの催しはクルト・ハーンのそもそものUWC設立の動機に関わりがある。世界に散らばった同窓生たちが、その後も一生涯にわたって友人関係を温め続ける。その中には、各国の各分野で要職を占める人たちも少なくないだろう。その友人関係が、世界の平和と安定のために果たす役割に、ハーンは期待をしていたのではなかろうか。

もっともりんは、この10年目の同窓会にはあまり乗り気ではなかった。

ピアソン・カレッジを卒業してからの10年、りんは大車輪で活躍していた。

その昔、小学生になったばかりの頃、ハスキーな声のせいで男の子たちに苛められ、学校に行くのが嫌で泣いていたりんが、喉の手術をして普通の声に戻った途端、元気あふれる女の子に戻ったように、ピアソン・カレッジを卒業した彼女は、まるで水を得た魚のように、その才能を発揮して、人生を謳歌していた。エネルギーがあり余り過ぎて、自分の力のすべてを生かし切れていないような気がしていたくらいだ。

その彼女が、ピアソン・カレッジの名を聞いてあの辛い昔を思い出したのだ。

「同窓会に行ったら、また昔の『イケてない』私に戻るんだろうなあって思って、正直乗り気じゃなかった。仲のいい友だちや先生もたくさんいたから、彼らに久しぶりに会えるのは嬉しかったんですけどね」

けれど、行って本当に良かった、と彼女は言う。

「自分の昔のわだかまりが、自分だけじゃなかったんだってことが、よくわかった。卒業から10

年目というと、まだみんなほとんど独身で、いろんな話に花が咲くわけです。自分たちが昔一緒に生活した寮で、夜遅くまで話をしました。もう大人ですからね、けっこう率直に話ができた。『実は昔、こんな風に思ってた』って。白人でブロンドでハンサムで、背が高くて、イケてる子の代表みたいなカナダ人の男の子がいたんです。クラスの中心で、まわりにはいつもたくさん取り巻きがいて。頭もすごく良くて、ピアソン・カレッジを卒業した後は、ハーバード大学に進学して、マッキンゼーに就職してました。その彼に、『ほんとあんた近寄り難かったよ』って言っちゃったわけ。そしたら、彼が『だけど僕は本当に悩んでた』って答えるわけですよ。『なんで僕の周りには白人しか来ないんだろう』って悩んでた、みんなのことが羨ましかったんだ、って。彼、実はアジアの文化が大好きで、アジア人の子と友だちになりたくて、ピアソン・カレッジに来たようなものなのに、ほとんどアジア人の友だちができなかったって、言ってました。『りんもぜんぜん話しかけてくれなかったじゃないか』って。話しかければ良かったのにね。

私も彼には話しかけなかった。思い切って話していたら、きっと彼は喜んで応えてくれただろうに。『人種の壁』はお互いにつくってたわけですよね。その彼は、マッキンゼーを辞めて、グッゲンハイム美術館に行った後に、ガーゴシアン・ギャラリーって大きな画廊に勤めて、日本と香港と中国を行き来しながら、アジアの美術品を扱ってるんです。『アジア中のアートに触れて僕は幸せだ』って言ってましたけど。ピアソン・カレッジにいた時には、彼がそんなこと思ってるなんてぜんぜんわからなかった。みんな同じだったんだなあって思ったら、ずっと心の片隅にあったあのわだかまりが、綺麗さっぱり消えていた」

もうひとつ、りんには大きな収穫があった。

「あの同窓会で、昔の自分をすごく思い出して、自分は何をやりたかったのかっていう原点に戻れたんです」

ピアソン・カレッジを卒業してからの10年間、りんはさまざまな経験をする。

それは必ずしも、少女の頃に思い描いたような経験ではなかった。

外交官か政治家になって、世界から戦争やスラムのような、理不尽に苦しめられている人を救うという、少女時代の夢とはかけ離れた、いくつもの世界をりんは彷徨うことになる。

後からふり返ってみれば、まるで緻密に立てられた計画のように、そのひとつひとつの世界は、不思議なくらい後の彼女には必要なことだったのだけれど。

学校の使命は、生徒に〝答え〟を与えることではない。

生徒にとって必ずしも、天国のような学校が良い学校とは限らない。

答えの出てしまった問題は、人を真に動かす原動力にはならないから。

学校の本当の使命は、子どもたちに生涯をかけて取り組む価値のある〝問い〟を見つけさせることなのだと思う。

そういう意味で、ピアソン・カレッジの教育方針は間違っていなかった。

少なくとも、りんの中に〝種〟をまくことができたわけだから。

彼女はもちろん、その時はまだ気づいていていない。

いつか自分も、そういう学校をつくるということを。

第3章

日本を知り、天命を知る。

1　茶色のシマウマ、群れにもどる。

日本を発つ時は、そのまま世界に羽ばたくつもりだったりんが、ピアソン・カレッジ卒業後の進学先として選んだのは結局、日本の大学だった。

「バカみたいな話ですよね。高校のクラスメートが何十人も空港に見送りに来てくれて、みんなと抱き合って、号泣して、生涯の別れみたいな気持ちで旅立ったのに。たった2年で『ただいまー』って、帰って来ちゃったんだから。自分はこれからずっと外国で生きるんだって思ってたのに。あの時涙で見送ってくれた友だちの多くが、今は外国で暮らしてる。そして私は日本にいる。あの別れはいったいなんだったんだという」

今の彼女はそう言う。

カナダでたくさんの輝くような才能の持ち主に出会って、自信を少々失ったということもあるけれど、それよりも大きかったのはアイデンティティの問題だと筆者は思う。

カナダの学校でりんが気づいたのは、自分が日本人だったという、あまりにも当たり前の事実だった。

日本にいた時、自分は日本という枠の中では自分の実力を発揮できないのではないかと思った。

出る杭は打たれる日本よりも、出る杭を伸ばしてくれる、欧米のほうが自分の性格には合っていると思っていた。もう少しはっきり言えば、感覚的には自分は日本人というよりむしろ欧米人のようなつもりでいた。だからこそ、カナダに留学したら、自分はそのまま向こうの世界に属すことになるのだろうと思っていた。

けれど、それはある種の錯覚だった。

同質なものと一緒にいる時、どうしても目立つのは差違だ。

縞模様が茶色のシマウマがいたとして。

生まれ育ったシマウマの群れの中で、彼は自分が周りのシマウマと違うということばかりを意識するに違いない。自分の居場所はここではないと思い込んだ茶色のシマウマが、居場所を探してキリンの群れや、インパラの群れの仲間に入れてもらおうとする寓話と、彼女の経験したことは似ている。

他の動物とつきあえばつきあうほど、茶色のシマウマは自分がシマウマだったことを思い出すというわけだ。奇妙な逆説だけれど、これは外国で暮らした日本人ならたいてい経験することだ。

飛行機での旅行がごく普通になった21世紀の今でも、周囲を荒海に囲まれたこの東洋の島国に生まれ育った我々は、民族的なアイデンティティについてほとんど深刻に考えることなく成長する。

りんがピアソン・カレッジで骨身に染みて理解したのは、自分が日本人であるということだけではない。その日本人である自分には、日本人であるという自覚が今まであまりにも希薄だったということを彼女は知った。メキシコ人にしてもベネズエラ人にしてもフランス人にしてもスペイン人にしても、同じアジアの中国人やタイ人にしても。他の国や地域からやって来た友人たちは、彼女の目には、みんなそれぞれに、自分の民族や人種に対する確固たるアイデンティティを持っているように見えた。

陸の国境があって、外国と地続きで接している「普通の」国々で育った人々は、生まれた時からごく自然に、自分たちとは異質な、他民族や他人種や外国人の存在を意識して育つのだろう。自分が何国人で、どういう民族かということは、子どもの頃からさまざまな経験を通して自然に意識するものだし、時には深く考えさせられたり、場合によっては悩むこともあるかもしれない。植民地化された歴史を持つ国々なら、なおさらそうだ。

民族の記憶の中には、民族のアイデンティティが刷り込まれている。アイデンティティというものは、他者との関わりの中で初めて生まれるものだから。

けれど、周囲を荒れた海に囲まれた孤島に生まれ育った多くの日本人は、幸か不幸かそういう具体的な民族的軋轢をほとんど経験せずに育つ。それゆえに、民族的なアイデンティティが育ち難いのだろう。

国際化というのは、英語でコミュニケーションができるようになること、アメリカ人やイギリス人〝のように〟なることが、国際人になることだと思っていたけれど、ピアソン・カレッジでそれが間違いだったことに気がついたと、りんは言う。

「欧米人の〝亜流〟になっても仕方ないじゃないですか。そんなことよりも、自分のアイデンティティをバックボーンにして、私の場合なら、日本人として他の国々の人たちとつきあうことが、本当の意味で外国とつきあうということだし、それこそが本当の国際化なんだってことに気づいたんです。だけど、それなら自分は日本のことをどれだけよく知ってるかって言われたら、ほとんど知らなかった。それがある意味でいちばん大きな発見だったかもしれません。外国のことが知りたくてカナダに行ったのに、いちばんよくわかったことは、自分が日本をよく知らないということだった」

りんが日本に戻ることを決断したのは、つまり日本人としてのアイデンティティを確立するためでもあった。「自分は世界では戦えない」ことに気づいたとりんは言うけれど、それは「だから自分は日本に引きこもる」という意味ではない。

「世界」で生きるために、彼女は「日本」を知らなければならなかった。

1993年の夏、日本に戻ったりんは受験勉強を始める。

そして翌年4月、東京大学文科二類に入学する。

2　「スラムの経済学」を学ぶ。

よく遊び、よく学べという言葉通りの学生時代だった。

ピアソン・カレッジで課題に追いまくられて、勉強漬けの2年間を過ごしたのは無駄ではなかった。期末試験は例によって、直前の一夜漬けで切り抜け、夏休みと秋休みはバックパックを背負って外国に貧乏旅行に出かけ、冬休みと春休みはスキーサークルに所属してひたすらスキーをして過ごした。それでも成績は優秀だった。

日本の大学で必要とされる勉強量は、たとえそれが東京大学であれ、ピアソン・カレッジに比べればものの数ではなかったということだろう。

最初の夏休みはピアソン・カレッジ時代の友人たちを訪ね、イギリスに1週間、スウェーデンに1週間、イタリアに2週間の旅をした。

次の休暇は中国、その次の休暇はメキシコ、そしてその次はタイ。

いつも一人旅だった。

90年代半ばの中国は喧噪と混沌のまっただ中で、何を買うにも行列ができていた。市場での人々の会話は、まるで怒鳴り合っているように聞こえた。中国語は大学の語学の授業で会話には不自由しない程度には喋れるようになっていたということもあって、その喧噪と混沌が面白くてたまらなかった。

タイは初めて旅した言葉の通じない国だった。そこでたまたま知り合った、片言の英語を話す美しいタイ人の少女とそのかなり年上のボーイフレンドとの3人連れで、タイの奥地を3週間、ボーイフレンドのオンボロ自動車で旅をした。

どこへ行っても、何を食べても飲んでも、その年上のボーイフレンドがお金を払わないので不思議に思ってたずねると、中年男のボーイフレンドは実はタイのマフィアの大物だったという、まるで映画みたいな旅だった。少女は英語の練習をしたかった。マフィアの大物は、その若い愛人の望みをかなえたかった。そこにたまたま英語を流暢に話すりんが出くわして生まれた、奇跡のような旅だった。

「そんなこんなで駒場での2年間を終え、3年生になって本郷に移って、いよいよ真面目に勉強を始めるわけです」

専門課程で彼女が選んだのは、その年、東大経済学部の助教授になったばかりの中西徹教授のゼミだった。開発経済学の先駆者とも言うべき、高橋彰東京大学教授の退官にともない、その後継者として迎えられたのだ。

りんにとっては、天の配剤だった。

中西の専門は開発経済学、いわゆるスラム経済の世界的な研究者で、1991年に上梓した『スラムの経済学』は、今現在もこの分野の研究者たちの間で広く読まれる基本書になっている。

中西の主なフィールドは、フィリピンのスラム街だ。住民たちと長年にわたって交流を続け、スラム内の零細な経済関係について日本人らしい肌理の細かな調査を行い、スラム特有の問題を明らかにし、各国政府や国際機関のスラム対策や援助活動をどのように行えば効果的か、さまざまな具体的な提言をしている。

従来の経済学理論が、ほとんど対象としてこなかった分野だけれど、50年後100年後の社会では、おそらく中西の研究を抜きに経済を語ることはできなくなるだろう。

なにしろ、この地球上の人口の半分以上が、都市で暮らしている。そして今現在、世界中のスラムの人口の総計は10億人を超えるといわれている。マイク・デイヴィスの著書『スラムの惑星』ではないけれど、実際に地球上の多くの都市で、スラム化は抜き差しならない問題になりつつあるのだ。

現実のスラムをその目で見て、自分にできることはないかと考え続けていたりんにとって、中西の存在はひとつの啓示のようなものだったに違いない。

「この中西先生の授業が、大好きだった。いつも、それこそ最前列のかぶりつきで聞いてました。開発経済ってどういうことをしているかって言うと、発展途上国では、いわゆる経済学の理論が、ミクロ経済学にしてもマクロ経済学にしてもほとんど通用しないんです。たとえばスラムでは経済理論が通用しない。それは、なぜなのか。どこかに乖離があるはずだと。スラムの発展を妨げているのは何なのか。ものすごく簡単に言うと、それが中西先生の研究テーマだった。『スラムの経済学』の中で先生は、スラムにはスラムなりの合理性があるということを書いています。スラム内のたとえば経済関係とか雇用関係は、我々の目には非合理に見えるんだけど、実は彼らなりの合理性があるから、彼らはそういう経済状態にとどまっているんじゃないか、というわけです。そういう根底からスラムの現状を解明しようとしていた。

本当に頭のいい人で、たとえばスラムの中でどういうふうに情報が回っていくのかとか、雇用関係はどのようにして成立しているのかというようなことを、実際に現場に入って綿密な調査をして次々に解き明かしていくんです。髪の毛を切らないもんだから、いつも頭がぼさぼさなんだけど、1年に1回か2回、ある日突然髪の毛を切ってくることがある。それがフィリピンのスラムにフィールドワークに出かける儀式なんですね。向こうではシャワーも浴びられないから。『東大を卒業して、普通に官僚とか役人になって、援助機関とかに行って仕事を始めると、まったく現実を見ようとしなくなる。だから、現実に則した政策をつくらないんだ。君たちは何が貧困なのかわかっているのか』って、よくおっしゃってました。『自分で経験しなければ政策なんて立てられない』って。それで、学生を引き連れてフィリピンに毎年のように調査に出かける。生徒を一人ずつ、一人ずつですよ、本物のスラムの家庭にホームステイさせるんです。現実の貧困を自分の目で見て、心で感じろって。すごいリスクだと思うんだけど、先生はいつも冷静で何ごとにも動じないって感じだった。先生はステイ先のバランガイ（フィリピンの村の単位）の長《おさ》と長年の信頼関係で結ばれていたから、私たちに危害が加えられる恐れは万に一つもなかったんですけどね」

そこでりんたちは、「現実の貧困」を目のあたりにする。学生の中には、一日の食事が家族全員で缶詰ひとつというような生活を経験をした者もいた。お腹が空いても、買い食いは禁じられていた。スラム内ではすぐに情報が伝わる。ホームステイしている学生が外で何かを食べていたという話はすぐにホストファミリーの耳に入る。それは、ホストファミリーが満足に食事を提供していないと言っているも同然のことなのだ。

フィリピンの農村に寝泊まりして、水牛のいる水田で農業体験もした。農業改革は発展途上国の開発問題を解決するひとつの大きな鍵になるからだ。

中西ゼミでのりんの卒業論文のテーマは「途上国における日本企業のローカライゼーション」だった。発展途上国に進出した日本企業が、どのようにして現地化していくかという問題だ。ちょうど日本企業が海外進出を始めた時期だったということもあるけれど、途上国における雇用創出という側面から考えれば、これもひとつのスラム問題解決の糸口となり得る可能性があった。りんはその途上国のモデルとして、メキシコを選び、調査のために2度メキシコを再訪している。

そのまま道を進めば、学問の領域からスラムの問題に取り組むという人生もあったかもしれない。それもひとつの、世界を変える方法ではある。都市のスラム化が、近い将来の世界の大きな問題になることは目に見えているわけで、前にも書いたように、この学問分野はこれからますます重要になっていくはずだ。

けれど、りんはその道を選ばなかった。

「大学でわかったのは、自分はそれほど勉強が好きじゃないってことでした。勉強は大学の4年間で、自分には十分すぎるほどやったから。そろそろ実社会で働いてみたかった」

理論を追求するより、現実の社会で自分を試したかったのだ。
自分の才能を生かして、具体的な何かがしてみたかった。
その才能が何か、その時の彼女にはまだよくわからなかったけれど。
大学を卒業して、彼女が就職したのはモルガン・スタンレーの日本法人だった。
モルガン・スタンレーは、ニューヨークを拠点とする世界的な投資銀行だ。
スラムとは対極の世界だった。

モルガン・スタンレー日本法人、ベンチャー企業、国際協力銀行（JBIC）、スタンフォード大学大学院、国連児童基金（UNICEF）。

それから8年で、りんは5回職を替える。スタンフォードでは大学院生だったから、厳密には職業ではないとしても。

3 「点と点」をつなぐ。

奇しくも彼女がスタンフォード大学に在籍していた2005年、スティーブ・ジョブズがそのスタンフォード大学の学位授与式に招かれ、卒業生たちに向かって伝説的なスピーチをしている。

少し横道にそれる。

その卒業スピーチでスティーブ・ジョブズは、「点と点をつなぐ話」をしている。

点とは、人生で経験する、自分の人生とはなんの関係もないように思える出来事だ。

その例として、ジョブズは自分が中退した大学の、カリグラフィの授業を挙げる。彼はリード大学という、リベラルアーツ教育でその名を全米に知られた大学に入学し、たった半年で退学してしまう。「自分が人生で何がしたいかがわからなかったし、大学にいてもそれが明らかになるとは思えなくなった」からだ。ただし、退学しても彼は学校に居残った。友だちの寮の部屋を転々としながら、自分の興味のある授業だけもぐりの学生として聴講し続けたのだ。

カリグラフィとは、アルファベットなどの文字をペンを使って美しく書く技法だ。西洋習字と訳されることもある。リード大学には、全米有数の優れたカリグラフィの講座があった。ジョブズは、このカリグラフィの授業にもぐりこむ。自分の将来の役に立てようなどと考えたわけではない。そもそも、カリグラフィがいつか何かの役に立つことがあるなんて、とても思えなかった。ただ単純にカリグラフィの技法に魅せられ、それを美しいと感じたからその授業を夢中で受けていた。要するに興味本位だったわけだ。

ところが10年後、ジョブズが新しいコンピュータの開発に取り組んでいた時、そのカリグラフィの知識が突然脳裏に蘇る。

彼が開発していた新しいコンピュータとは、アップルコンピュータ社のMacintosh。パーソナルコンピュータの進化の方向を決めた記念碑的名機だ。

その結果、Macintoshは美しいフォント、すなわち書体を持つことになる。

それ以前のコンピュータのディスプレイに表示されたり、プリントアウトされたりする文字は、基本的に一種類だった。パーソナルコンピュータがたくさんのフォントを備えているのが当たり前になってしまった今では想像するのが難しいけれど、誰もコンピュータの文字の美しさなどに関心を払わなかったのだ。

ジョブズはそういう時代に、美しいフォントを備えた世界初のパーソナルコンピュータを世に送り出した。彼がもしそれをやらなかったら、それ以降のパソコンはどうなっていたか。それを想像するには、今使っているパソコンの文字が、もしすべて同じ殺風景な一種類の書体だったらと想像すればよくわかる。

ジョブズに言わせるなら、現代のパーソナルコンピュータが多彩なフォントを備えるようになったのは、彼がその昔、「大学を中退し、なんの役に立つかもわからないまま、リード大学のカリグラフィの授業を受けたから」、ということになる。

今自分がやっていること、つまり〝点〟が、将来の自分のどんな役に立つかなんて、絶対に予想することはできない、とジョブズは言う。けれど、自分を信じ、今、自分が興味を持っていることに一所懸命に取り組めば、それは必ず未来につながる。その時、無関係に思えた点と点がつながって、ひとつの道になる、と。

大学を卒業した後のりんの人生の道のりを見ていると、ジョブズが述べた点と点をつなぐ、ということの意味がよくわかる気がする。残念ながらりんは、修士論文を仕上げるためにフィリピンに調査に出かけていて、その有名なスピーチを生で聞くチャンスを逃したのだけれど。

りんが就職活動でモルガン・スタンレーを選んだのは、単純に言えば、そこで働いている人たちが「格好良かった」からだった。

発展途上国の人々のためになる仕事をしたいという、子どもの頃からの夢を、りんが忘れてしまったわけではない。東京大学に入ったのも、外交官になるための上級国家公務員試験に有利だと考えたからだ。中西ゼミで開発経済を学んだのも、いつか途上国の経済問題に関わる日が来ると考えてのことだった。

けれど、大学に入って、さまざまなことを見聞きするうちに、自分がやりたかったようなことをするには、政治家や外交官ではかなりの遠回りになることに気づく。りんは方針を変え、就職活動では実際に海外協力の仕事を行っている海外経済協力基金（当時）を目指したのだけれど、先輩訪問で思わぬことを言われる。

「こういう組織では、5年10年は下積み生活だよ。最初から、自分のやりたい仕事なんて、とてもできない。君はそういうカルチャーに耐えられないんじゃないか？」

スキーサークルの先輩だったその人は、りんがサークル時代に、何か理不尽なことがあると相手が先輩だろうがなんだろうが、平気で楯突いていたことをよく憶えていた。

「日本の組織に入るよりも、国際機関のほうが君には向いているんじゃないか」

先輩にそう言われた。ただし大学の新卒で国際機関に入るのは難しい。社会経験や、大学院で少なくともマスター（修士号）を取得している必要があった。

今の自分にできることと、自分のやりたいことは、なかなかひとつに重ならない。

それは、若い時代には誰でも経験することだ。

それでも自分のやりたいことにこだわって、長い下積み生活に耐え、一生をかけて自分のやりたいことを成し遂げるという生き方だってもちろんある。

りんはそういう道を選ばなかった。

今の自分にできることで、最も「面白そうな」道を選んだ。

それがモルガン・スタンレーであり、ジョブズの表現を借りるなら、それは彼女の人生の「点」のひとつだった。

「ウチの会社なら、最初から大きな仕事を任せてもらえるんじゃないかな」

そう言ってくれたのは、やはり彼女のスキーサークルの先輩であり、後に彼女の夫となった人だった。彼は東大工学部の出身で、一足先に卒業してモルガン・スタンレーでトレーダーの仕事をすでにばりばりこなしていた。

「その話を聞いて、モルガン・スタンレーの投資部門に話を聞きに行ったら、最高に優秀で、格好いいんですよ、男の人も、女の人も。みんな輝いていて、すごく楽しそうで。ここなら私も、若いうちから成長させてもらえそうだな、って思っちゃったんです」

ずっとその世界で生きていくつもりはなかったから、モルガン・スタンレーの担当者には正直に「将来は途上国関係の仕事につきたいと考えている」と話した。するとその人はそれなら、ますます自分たちの会社はあなたに向いていると言ってくれた。

「ここで何年か仕事をして、それから大学院に行ってマスターを取得して、国際機関に就職すればいいんじゃないとかなんとか説得されて、モルガン・スタンレーに入ることになったんです。あの時代はまだ外資系に行く学生が、そんなにいなかったから」

りんが1年目に配属されたのは、不動産ファンドのチームだった。

バブル経済がはじけた後のいわゆる不良債権問題で、日本に激震が走っていた時代のことだ。

その日本国内にあふれた不良債権を目指して、アメリカやヨーロッパの資本が日本に流入しようとしていた。

モルガン・スタンレーは、ロンドンやニューヨークやロサンゼルスの不動産部門の精鋭たちを、その前年くらいから日本に続々と送り込んでいた。りんは新卒で、しかも不動産業に関する専門知識は持ち合わせていなかったけれど、ひとつ有利な点があった。

イギリスやアメリカの精鋭たちは、ほとんど日本語ができなかったのだ。

「このビジネスの相手は日本の銀行とか、生命保険会社とか不動産会社の不良債権処理担当者なわけで、交渉はもちろん日本語なわけです。だから彼らには交渉できない。モルガン・スタンレーの不動産ファンド部門は、その当時立ち上げたばかりで、メンバーは9人だったんだけど、日本人はそのうち4人だけだから、最初から新人の私も表舞台に立たせてもらえたんです。それこそいちばん小さな案件だったけど、それでも100億とか200億円という案件です。それを金額の交渉から、弁護士さんとの契約書の作成から、モデルづくりまでディールの大部分を任せてやらせてもらった。最初はちゃんと手綱があったんだけど、だんだん緩めていって、知らないうちに私一人で走らせてくれていた。でも、困った時は先輩が教えてくれて、責任は上司が取ってくれるという、新人には理想的な環境だった」

りんにはまったく未知の領域の仕事だったけれど、そこで彼女は秘められた才能を発揮する。

彼女たちのチームの仕事は、不良債権化した不動産の買い取りだった。不動産価格が暴落し、まったく売れなくなった不動産は、いうなれば日本経済の血管に詰まったコレステロールのようなものだ。そのコレステロールを取り除かないことには、瀕死の日本経済を立ち直らせることはできない。

問題は価格で、もちろん評価額で買い取るというような話ではない。当然のことながら交渉はしばしば決裂する。

「不良債権なわけだし、こちらとしては、売る側にとっては滅茶苦茶な金額を提示することになる。そんな金額で売れるわけがないだろう、こんな交渉はもうやめだ、と言われる。そこで挫けたら、話は終わりですよね。ほんとの交渉はそこから始まる」

そこからが腕の見せ所だった。けんもほろろに席を立たれても諦めるわけにはいかない。自分たちの申し出にはしっかりした合理性があるのだ。冷静に話を聞いてもらえれば、必ず説得できるという確信があった。何度でも会って、そのたびごとに心を込めて話をした。昼間オフィスで話すだけでなく、夜の酒場で話すこともしばしばだった。彼女にはもうひとつ、他人に負けない〝才能〟があった。並の男はとても太刀打ちできないくらい、酒に強かったのだ。

そうやって少しずつ相手の心に近づき、信頼関係を築いていった。

「君には素晴らしいピープル・スキルがある」

りんの上司はそう言った。

ピープル・スキルとは対人能力、わかりやすくいえば他人と円滑な関係を築く能力のことだ。人を動かす能力と言ってもいい。

考えてみたこともなかったけれど、思い当たることがないわけではなかった。

交渉が破談になりかけた場面でも、じっくり相手の話に耳を傾け、どこが一番の懸念点なのか、相手はどこなら妥協できるのかを嗅ぎ分けながら、話をまとめるのに貢献したことがあった。別の交渉相手とは、チーム間に険悪なムードが漂った時、宴席を設けて案件が再び前へ進み始めるきかっけをつくったこともあった。

そんなことが才能だなどと今まで考えたこともなかったけれど、言われてみれば、そうなのかもしれないと、りんは思った。何よりも、そういう風に人とつきあうことが好きだった。

確かに、それは自分の才能なのかもしれない。

それは、大きな発見だった。

ピアソン・カレッジで輝くような才能の持主たちに出会ってからずっと、自分がどんな才能に恵まれているのかがわからなくなっていた。

そういう意味では自信を失っていたのだけれど、同時に心のどこかに自分を信じる気持ちは消えずに残っていた。

自分は昔思ったほど勉強が好きなわけでも、人気があるわけでもなかったけれど、それでもきっと誰にも負けない才能があるはずだ。

なぜなら自分にはこの世で成すべき仕事があるから。その使命を果たすための能力が、自分の中には眠っているはずだ。

なんの根拠もなく、そう信じていた。

その答えがピープル・スキルだった。

りんは、自分の才能を知ったのだ。

4 「この人と一緒に仕事してみたい」

個人差はもちろんあるけれど、子どもがトコトコと走り始めるのは、生後1年半前後のことだ。ついこの間までよちよち歩きをしていた幼児が、トコトコと走り回る姿は、かなり危なっかしい。大人は心配して後をついて回るけれど、そんなことはおかまいなしに走り回る。なんとか注意をそらせて、走るのをやめさせても、またすぐに走り出す。隙あらば走ろうとする。

子どもは走るのが大好きだ。

それは、走ることが子どもの才能だからだ。

才能を思う存分発揮する時、子どもは無条件の喜びを感じる。人はそういう風にできている。いや、人に限らず。この世に生きとし生けるものはすべて。

鳥は飛び、魚は泳ぎ、そして子どもは走る。

トコトコと走っていた子どもはやがてパタパタと、そしていつしか大地を蹴って走るようになる。より速く、より遠くへ。無心に走る時、それは純粋な喜び以外の何ものでもない。

もしいつまでもそうやって無心に走っていられるなら、走ることは人にとって生涯変わらぬ喜びであるに違いない。けれど、残念ながら少なからぬ数の子どもたちが、学童期に入る頃から走ることを苦痛に感じるようになる。

横一列に並ばされて、他の子どもたちと走る速さを競わせるからだ。あるいはみんなで一緒に、同じペースで走ることを要求するからだ。

自分のペースで走れなければ、走ることは苦しい。もちろん中には、その苦しさを乗り越えて、さらに走る才能を開花させる子どももいるだろう。けれど、それは子どもたちの一部でしかない。少なからぬ数の子どもたちが、走ることを苦しいと感じるようになり、やがては走ることが嫌いになってしまう。

子どもたちを競わせるのは悪いことではない。競争心もまた人の本能のひとつだ。自分の限界を超えて成長するためにも、競争心は有効だ。

けれど、それだけでは子どもは歪む。もっと子どもたちがそれぞれの才能をそれぞれに伸ばすことのできる教育はないものかと思う。足の遅い子も、遅いなりに走ることを一生涯楽しめるような体育の授業はできないのだろうか。スポーツだけでなく、他のあらゆる分野においても。

才能を伸ばすのは大切だけれど、それ以上に重要なのは、子どもたちが自分の才能に気づくことだ。子どもたちを競争させるのは簡単なことだけれど、競争だけですべての子どもが自分の才能を開花させることはできない。

子どもたちが、それぞれの才能に目覚め、生涯その才能とともに生きられるようにする方法はないのだろうか。りんの人生がそうであったように——。

りんは2年勤めて、モルガン・スタンレーを退職する。

直接のきっかけは、2年目に担当した仕事だった。

彼女が2年目に配属されたのはコーポレートファイナンス部門、企業向けのM&AやIPOの営業部隊だ。

M&Aは言うまでもなく企業の合併や買収、IPOは新規株式公開のことだ。これを企業に提案するのが彼女の部署の仕事だった。M&AにしてもIPOにしても、クライアントのかなりの割合を急成長を遂げつつあるベンチャー企業が占めていた。

株式を公開するにあたり、その企業のCEOやCFOは世界中の機関投資家をまわって自分たちの会社の説明をしたり、株価の妥当性についてのヒアリングをする。これをロードショウとかプレヒアリングと呼ぶ。りんはある案件でこのロードショウのヨーロッパ担当となり、CEOやCFOと一緒にヨーロッパの国々に出張することになった。

刺激的な旅だった。五つ星のホテルに泊まり、毎晩のように一流レストランで食事をする日々だった。三つ星の料理もヴィンテージのワインも素晴らしかったけれど、何より刺激的だったのは、ベンチャー企業の創業者たちとの会話だった。

「『株式上場は華やかだけど、一瞬です。だけど、ゼロからつくることの楽しさ、何もないところから始める喜び、自分でどこの名刺も背負わずにやっていくことの醍醐味は、これは、自分でやってみなければわからないですよ』って、二つ年上の社長に言われました。その言葉が、しばらく頭を離れなかった」

そんな矢先のことだ。

次のIPOの営業先探しも兼ねて、世の中に何か面白い動きがないかと、ネットでリサーチしていた時、たまたま目にしたブログが心に残った。

小方功《おがたいさお》という一人の起業家のブログだった。

小方が起業を志したのは、北大工学部3年生の時に、ニューヨークの証券取引所で出会った一人の起業家の話だった。その起業家は、職業選択の自由と経済の発展についての話をしてくれた。経済の発展した先進国では、文化が発達し、教育も多様化するために、人々の個性が豊かになる。したがって人々のニーズも多様化し、多様化した個性を生かすための職業も途上国にくらべてはるかに豊かになる。だから、自分にどんな能力があるかをよく見極めて、自分の個性を生かせる職業を選びなさい、と起業家は言った。

それから、一言つけ足した。

「けれどどんなに探しても、自分の個性を生かせる仕事が見つからないこともある。その時は、自分で仕事をつくりなさい」

それから、起業家は証券取引所のボードの自分の会社を指さして言った。

「僕はつくりました」

その言葉に、小方は強く打たれる。そして、自分が重要な世代であることに気づく。日本はまさに、その先進国の仲間入りをしたところだった。親たちの世代は、いわば途上国の世代だ。少ない選択肢の中で、いったんひとつの会社に就職したら、終身雇用で一生その会社に忠誠を誓う。

石にかじりついても、ひとつの仕事を全うすべきだという価値観が主流だった。

自分より後の世代は明らかに違う。愛社精神などという言葉は、彼らの心には響かない。この起業家が言うように、自分という個に目覚め、自分の個性を生かす職業を求めている。

自分の世代は、その端境期にいる。起業をして、選択肢の幅を少しでも広げるのは、自分たちの世代に課せられた使命なのではないか。

小方は大学を卒業すると、大手建設コンサルタント会社に4年勤務した後に退職し、ちょうど成長市場として取り沙汰され始めた中国に留学する。起業に備え、経営者としての哲学を自分の中で固めるためだ。そしてりんと出会う7年前に帰国し、家賃3万円のアパートの一間を借りて起業する。資本金100万円、中国雑貨を輸入する問屋だった。

苦労をしたらしい。血の出るような苦労をしたが、何度も倒産の危機に見舞われる。彼を苦しめたのは、旧態依然とした日本の商習慣、そして力の弱い者にいつもしわ寄せが行く流通の仕組みだった。この流通の仕組みをなんとかしたいと、悪戦苦闘している時に、IT革命の波が到来する。インターネットという、使いようによっては弱者が既得権益に対抗できる強力なツールが、爆発的に普及し始めたのだ。

小方は、ネット上に「オンライン激安問屋」なるものを立ち上げる。衣料や雑貨のメーカーと小売店をダイレクトにつなぐインターネット上の「問屋」だ。

りんには未知の世界の話だったけれど、その小方という人物が、インターネットを使って、古い商習慣に縛られた日本の流通の仕組みに革新的な変化をもたらそうとしていることは理解できた。それは素晴らしいことなのではないか。

もっとも、それ以上にりんの心をとらえたのは、ビジネスとは直接関係のない話。「何をもって成功と考えるか」とか「僕が優秀と考える人間とは」というような「哲学」だった。ありきたりのビジネス書にあるような成功哲学とは明らかに風合いの違う、小方のユニークな「哲学」の根底には、人間に対する信頼と愛情があった。今までそういう風にビジネスを考えたことはなかったけれど、どれもりんにはなるほどと心から納得できることばかりだった。

「ブログを読んで、小方さんにすごく共感して、大好きになって、なんだかこの人を助けたくなっちゃった。で、私おせっかいだから、あなたはこういうビジネスモデルでやったほうがいいとか、私だったらこうするっていうような、考えてみれば、ものすごい生意気なメールを送りつけたんです。一度も会ったことも、話したこともない、かなり歳上の小方さんに、いきなり。そしたらすぐに、『会いませんか?』ってメールが返って来た。それで、そのラクーンていう会社に行ったんです。すごく小さなオフィスの隅っこのほうに、小方さんがポツンと座ってた。ラクーンって、英語でアライグマって意味じゃないですか。『なんで社名がラクーンなんですか?』って聞いたら、『ぼくがアライグマに似てるからです』って。思わず笑ってしまったけど、ほんとにそういう感じの人だった。素朴な感じで、失礼かもしれないけど、どこにでもいるような、一見普通のおじさんだった。当時、30代後半くらいだったかな。会社は小さいし、社員は10人ちょっとだったし、何度も倒産しかけてたし。でも、話していると、ブログを読んだ時にこの人に感じた人間味が、本物だったってことがよくわかった。社員をすごく大切にしていたし、どうやって社員を育てるかということを、本気で考えていた。そして、何よりも自分のやろうとしていることを心から信じていた。いつの間にか、ミイラ取りがミイラじゃないけど、この人のこと本気で応援したいって思うようになってたんです。この人と一緒に仕事してみたいって」

こうしてりんはモルガン・スタンレーを丸2年で退職し、ラクーンの社員となる。25歳になっていた。

世界中のビジネスマンにその名を知られた名門投資銀行から、無名の赤字続きのベンチャー企業への転職だった。給料はほぼ三分の一になった。

5　なぜ援助した教科書が届かないのか?

2年目には取締役に抜擢されるくらいよく働いたけれど、その翌年、赤字続きだったラクーンが単月黒字を達成したのを見届けると、3度目の転職をする。

長い冬の季節を過ぎ、ラクーンは順調に成長し始めていた。ベンチャー企業の厳しさも喜びも知ったし、もう自分がここで役に立てることは、ないのではないかという気がしていた。実際、その3年後にラクーンは東京証券所マザーズに上場し、従業員数107名資本金約8億円の企業へと成長を遂げている。

りんがラクーンに入社したのは、流通業界で働きたかったからではない。小方の熱い気持ちに動かされ、この人と働きたいと思ったからだ。その目的を果たしたからには、次へ進むべきだと思った。

「ちょうどそういうことを考え始めていた時期にピアソン・カレッジの同窓会があったんです。卒業して10年ごとに行われる同窓会。世界中に散らばったクラスメートがカレッジに集まって約1週間、昔自分たちが暮らした寮に寝泊まりして、昼間はピクニックしたり、みんなでいろんなことやって、夜遅くまでいろんなことを話して。そこで、みんなも私と同じだったんだという発見をしたことは、前に話しましたけど。その同窓会で、10代の頃に自分が考えていたこと、スラムで考えていたことを鮮明に思い出したんです。こういう世界を変えたい、発展途上国の人たちのために仕事がしたいって自分は思ってたんだって。

ラクーンもようやく黒字になったし、小方さんが信じたように、これは間違いなく世の中に必要なんだから、もうここまで来れば私が手伝わなくてもうまくいくに違いない。そう思い始めた矢先、私以外の取締役を抜擢する人事がありました。もう自分は必要とされていないと感じた私は、かなり生意気なことを考えて、次のステップを踏み出すことにしたんです」

ラクーンからの転職先は国際協力銀行（ＪＢＩＣ。現在、海外経済協力業務はＪＩＣＡに統合された）だった。配属された部署はフィリピン班で、彼女は港湾と鉄道、電力の3分野の円借款の実務を担当した。円借款とは、日本国政府がＪＢＩＣなどの機関を経由して、発展途上国に対して行うインフラ整備を目的とする低利のローンのことだ。この円借款を利用して、途上国では高速道路や鉄道、発電所などさまざまなインフラ整備が行われている。

りんの仕事は、新たなインフラ整備の提案や、インフラ建設の進捗状況の管理、さらには建設済みのインフラの事後評価など多岐にわたった。彼女の担当で言えば、フィリピンの鉄道公社に、日本は多額の円借款を行っていたが、業績は赤字続きだった。たとえば、その赤字の原因を調査するのも彼女の仕事だった。

「調査には通常、コンサルタントを雇います。その鉄道公社の案件では、マッキンゼーの経営コンサルタントのチームと一緒に現地に入りました。調査してみると、購入した車両のうち4割ぐらいが車庫に眠っていて稼働していないんです。本来8両編成の列車が5両しか来ないから、大混雑してしまって、乗客がまったくさばけない。時刻表通りに列車が走らない。誰も鉄道を使わなくなるという、悪循環が常態化していました。何が起こっていたかというと、カニバライゼーションといって、車両が故障すると、その修理のための部品を、他の車両から取ってきちゃうんです。カニバライゼーションって、共食いってことですよね。修理する部品がないから、他の車両から取っちゃえってことで、購入した4割の車両がいわば食い荒らされてたんです。ガランドウの外側だけしかなくなっちゃってる車両もあった。修理のための部品の資金はちゃんと入れてるんだけど、そのお金がどっかに消えていた。いろんな汚職とかがあって、部品調達がなされてないんですね。そこまで解明したところで、部品調達の体制を総入れ替えする。そういう細かいことを、現地に入ってずっとやり続けてました」

ＪＢＩＣに在籍したのは1年間だけだったけれど、密度の濃い1年間だった。途上国への経済協力の前線で、もちろんごく一部ではあったけれど、援助の難しさや課題を見つめることができた。フィリピンの政財界や在留邦人にも人脈をつくることができた。それは、りんが全力で仕事にあたっていたからだろう。経済援助の現地のパートナーであるアジア開発銀行の人には、「初めてＪＢＩＣの担当者の顔を憶えた」と言われた。りんは、日本人には珍しく、その1年間ほぼ毎月フィリピンに出張していた。

1年でＪＢＩＣを辞めたのは、予想よりもずっと早く大学院に行けることになったからだ。超難関のスタンフォードの大学院に、そんなに簡単に受け入れられるとはさすがのりんも思っていなかった。ＪＢＩＣに転職した時から、りんは入学願書を提出していた。何年後かに受かればいいという気持ちだった。申請したのはスタンフォードだけで、他に行くつもりはなかった。

りんには、はっきりした目的があった。

「年齢的なことを考えても、そろそろ自分が本当にやりたい教育援助の仕事に取り組む時期だって思ったんです。いつかは途上国の人たちのためになる仕事をしたいって思ってたんだけど、いろんな経験を積んで、その中でもやっぱり教育が重要だって考えるようになった。それはメキシコのスラムの選挙運動を見た時から、ずっと考えてきたことでもあります。スラムの人たちが髪の毛を切ってくれるからって投票してるようじゃ、何も変わらないじゃないですか。彼らが自分で考えて、自分で投票するようにならなきゃいけない。そのためには、教育を充実させなきゃいけないって。学生時代にフィリピンのスラムにホームステイした時も、子どもたちはまともな教育を受けていなかった。そもそも親たちが、教育の必要性をあまり感じていないんです。この状況を変えなきゃ、スラムの状況はいつまでも改善されない。教育を充実させるための支援プログラムを立ち上げる仕事はできないかって、考えるようになったんです。ただ、そのためには専門的な知識が必要だった」

ＪＢＩＣは教育分野への円借款も行っていた。さまざまな教育関係のプロジェクトが進行していたが、どのプロジェクトがどの程度効果を上げているかがいまひとつよくわからない。教育分野に限った話ではない。たとえばＯＤＡで日本が途上国に援助した資金が、実際にどの程度相手国のためになっているか。それを評価するのが実際問題として難しいのは、海外援助の門外漢でも容易に想像がつく。

教育関係の援助に関しては、特にその傾向が強かった。たとえば僻地の学校のために校舎を建てる。それがどの程度、その地域の子どもたちの教育に役立っているのかというごく基本的なことでさえ、きちんと評価されていないのが現実だった。

りんが大学院で学びたかったのは、その評価の方法だった。そしてりんが調べた限りでは、その分野において世界で最も優れた研究をしているのがスタンフォード大学で国際教育政策学の講座を指導していたマーティン・カーノイ教授だった。

「定性的な評価も大切だけど、定量化する必要性をすごく感じていたんです。教育改革と言っても、何が本当に効果があるかがわかっていない。教育援助の効果の定量化をやりたいということを、願書に添えるエッセイに切々と書いたんです、ものすごく具体的に。それで合格したんだと思う。TOEFLの点数とかも、スタンフォードの足切りラインにぎりぎりひっかかるくらいの点数だったから。大学院に入ってみて、なるほどと思いました。みんな漠然としてるんですよね、スタンフォードの大学院でも『何やろうかなあ』みたいな人が結構多いんです」

りんは修士論文のテーマまで決めていた。世界銀行とJBICが共同出資したTEEP（第三次初等教育プロジェクト）の効果を、定量、定性の両面から評価するという論文だ。TEEPでは、いくつかのプロジェクトを複合して行っていた。その第一が、校舎をつくったり、改修したり改築するなどの建設面での支援。第二が、教師の訓練。第三が、教科書の配布。第四が、教室の再編成。一クラス60人とか80人とかの大教室を分けて、一クラスの人数を減らす作業だ。

ＴＥＰの対象となった学校では、対象となっていない学校に比べて、実際に子どもたちの成績が上がっていた。りんはカーノイ教授の講座で学んだ統計学の重回帰分析の手法を使って、そのいくつかのプロジェクトのうちで、どれがいちばん効果を上げているかを定量化するつもりだった。調査のためには、もちろん現地に足を運ばなければならない。

「データを貰うにしても、ｅメールで送ってくれってわけにいかない。マニラの教育省まで行って、担当官に直接会って、データ下さい、データ下さいって、何度も話をしないと出て来ないんです、相手は役人だから。何週間も現地に泊まって、ほんとに苦労してデータを集めて、重回帰分析をしたんだけど、面白い結果が出たんです。いちばん相関関係が強かったのが、いちばん最初のハコモノ、校舎を立てるとかの建設面での援助だった。そして、いちばん効果がなかったのが、教科書を配るっていう援助。私の予想の、ほぼ正反対の結論が出たんです。ただの予想じゃなくて、関連する他の論文をたくさん読み込んでいって、私はおそらく教科書の配布がいちばん効果があって、ハコモノは効果が低いっていう結論が出るだろうって予想していたんだけど、結果は真逆だった。そこまで定量的な分析ができたところで、今度は実際にＴＥＰで援助している学校まで行って、なぜそういう結果が出たのか定性的な分析をしました。そしたら意外な事実が判明したんです」

ＴＥＰの対象になっていたのは、フィリピンでも遠隔地の山岳地帯などの最貧困層だった。調査に行ったりんも、最後は車を降りて、荷物を自分で背負わなければたどり着けないような土地ばかりだった。校舎といっても、何十年も前に建てられたもので、屋根がないとか、壁が崩れているのが当たり前だった。雨期には教室が水浸しになり、トタン屋根なのでスコールの騒音で授業がまったくできなくなる。そういう地域では、確かに屋根を修理するだけで、教育効果は劇的に上がった。

りんが最も効果が上がるのではと考えていた教科書の支援は、大きな問題があることがわかった。肝心の教科書が、あまりにも僻地なために現地にまで届いていなかったのだ。地域の中核都市のセンターに、配布されていない教科書が山積みになっていた。そういう遠隔地がたくさんあった。

「教科書が一人に1冊行き渡らない地域がたくさんあって、そういうところに教科書を送ったら、みんな家に持ち帰って予習復習するから、成績も上がると思うじゃないですか。だけど、そういう事情で、送っても届いてないとか。あまりにも豪雨なので、大切な教科書がずぶ濡れになるから持ち帰らないとか。地域によって特殊事情があって、そういうところまで考えていかないと、教育援助の効果は上がらないということがわかったんです。現地にまで足を運ばないとわからないという。学生の私が、そこまで綿密な調査ができたのは、ＪＢＩＣ時代の同僚でフィリピンに赴任してた木村出《きむらいづる》さんという先輩が、コーディネイションを引き受けてくれたからです。データを集めるにしても、山奥の村まで行くにしても、私一人ではとてもアレンジできないから、彼がすごく助けてくれた。この元同僚が、私が書き上げた論文を、フィリピン政府の教育省の大臣に見せたんです。そしたら大臣が、すごく喜んでくれて。フィリピンでは何百という教育プロジェクトが進行していて、どれがどれくらい効果があるか調査したいんだけど、予算がなくて今まであまりできていなかった。だから、この論文はすごく参考になるって言うんです。大臣は民間出身ですごい優秀な方だったんだけど、論文を読んで、とてもいいアイデアを思いつくんです。教科書が途中の街までしか行ってないのは、そこから先に運ぶ人員や、費用が不足してるからです。だけど、そういう山奥の町や村まで行ってるトラックが、フィリピンにもひとつだけあった。それがコカ・コーラのトラックだった。それでコカ・コーラに頼んで、教科書も一緒に僻地の町まで運んでもらうことになったんです」

その論文は、学生への点が極めて辛いことで知られたカーノイ教授も手放しで褒めてくれた。

「マスターの論文をこんなに本気で書く学生はまずいないと言われました。この論文は博士論文のクオリティだから、君はこのまま博士課程に残ったほうがいいって、勧めて下さったんだけど、私にはそんな選択肢は考えられませんでした。この勉強を生かして私がやりたいことが他にあったから。でも、カーノイ教授のところで学んだ一年間は、ほんとに楽しかったんですよ」

こうしてりんは国際教育政策学のマスターを取得し、四度目の転職をする。

6　路上に暮らす子どもたちのために。

国連職員となることが決まったのはその年、つまり2005年の冬のことだ。翌年2006年8月、国連児童基金（UNICEF）のフィリピン支部に赴任する。

この3年間で何回、この国に来たかわからない。けれど、そこに住んで、実際にこの国の人々のために仕事をするとなると、気持ちはまた違った。思えば不思議な縁でつながっていた。5歳の時、生まれて初めて足を踏み入れた外国も、このフィリピンだった。

UNICEFのオフィスは、マニラ市の中心部にあるビジネス街、マカティ地区の最新のオフィスビルの31階にあった。周囲には高層ビルが建ち並んでいる。

空調の効いたオフィスからその景色だけを眺めている限り、日本やアメリカの大都市にいるのと何も変わらない。実際にこの地区で仕事をしているエリート層は、東京の大手町やニューヨークのミッドタウンのビジネスマンやビジネスウーマンと、よく似たメンタリティでほとんど同じような生活をしていた。いや、生活費や人件費が安いおかげで、むしろより裕福な生活をしているかもしれない。

けれど、7000余りの島嶼から成り立つこの国の果てまで旅し、スラムに寝泊まりしたことのあるりんはよく知っていた。

ここから見えるのは、この国のごく表面でしかない。

いや、ここからだって、その気になってよく目を凝らせば、高層ビルの谷間で物売りをする子どもたちの姿が見える。ビルの向こうに広がるスラム街には、さらにその何千倍もの貧しい子どもたちが暮らしていた。

昔、初めてメキシコシティのスラムに足を踏み入れた時、いつか自分はこういう世界を変えると密かに心に誓った。ついにその「いつか」が来たのだ。

15万人を超えると言われるストリート・チルドレン、路上に暮らす子どもたちが、りんのこれからの仕事相手だった。

りんが配属されたのはＣＮＳＰ（Children in Need of Special Protection）、すなわち特別な保護を必要とする子どもたちのための部署だった。

この部署では、フィリピン国内で大きな社会問題になっていた4つの問題に担当者を振り分けて取り組んでいた。

まず第一の問題が、15万人とも言われるストリート・チルドレン。第二が少年犯罪、対象となる子どもは10万人に達していた。第三が内紛地域などで子どもたちが兵士にリクルートされる児童兵の問題で対象者は数万人。第四が児童の人身売買、売春目的だけでなく最近では臓器売買の犠牲者になる子どもたちの数も増加していた。

どれもあまりにも深刻で大きな問題なのに、人員は極めて限られていた。UNICEFのフィリピン支部の職員は全部で約100名。けれどCNSPの部署には、りんを含めて5名の正規職員と、アシスタント2名の7名がいるだけだった。イラン人のフォルーク・フォヨーザットという女性がリーダーで、他の正規職員の4名がそれぞれひとつの問題を担当する。りんはストリート・チルドレンに関するプロジェクトを担当することになった。ストリート・チルドレン教育のプロジェクトを手がけたいという、りんの希望が聞き入れられたのだ。最初こそボスのフォヨーザットの補佐をする形だったが、りんの仕事が的確で迅速なことを見届けると、フォヨーザットは仕事を次第に新人のりんに任せてくれた。

りんは一人で15万人の子どもたちの教育問題を担当することになったわけだ。

UNICEFの職員は全世界に約5万人いる。けれど、それだけの人員をもってしても世界はあまりにも広く、そしてUNICEFの関わる仕事は多岐にわたっていたのだ。

りんがいくら有能でも、一人で立ち向かえる仕事ではもちろんない。UNICEFは現地のNPOと協力し、ストリート・チルドレン保護のためのプロジェクトをいくつも進めていた。その中でも、最も力を入れていたのが教育に関するプロジェクトだった。

路上生活をする子どもたちがその境遇から抜け出し、きちんとした収入を得られる職業に就くためにも、教育は不可欠なのだ。

大学時代に中西助教授のゼミで、フィリピンのスラムにホームステイした時も、りんは教育を受けたくても受けられない子どもたちをたくさん見てきていた。また、子どもの教育に関心のない親たちが、スラムにはたくさんいることも知っていた。

スラムの子どもたちも、ストリートで暮らす子どもたちも、幼い頃から働くことを余儀なくされていた。5歳、6歳で働いている子は珍しくない。働くと言っても、それはたとえばゴミの山の中からリサイクルできる物を探し出して、業者に売るというような仕事だ。稼げる金は、ごく僅かだ。それでも、彼らが生き延びるためには必要な仕事だ。学校などへ通わせるより、その僅かな金のために子どもを働かせざるを得ない親も少なくなかった。

成長しても読み書きができないから、まともな職業に就くことができない。いつまでも悲惨な境遇から抜け出せない。そういう子どもたちが親となり、今度は我が子を僅かな金のために幼い頃から働かせる。ストリート・チルドレンがそのままストリートで家族を持ち、ストリート・ファミリーとなる。そのひどい悪循環が、果てしのない貧困の連鎖を生んでいた。

その悪循環を断ち切る鍵が、教育だった。

りんがスタンフォードの大学院で国際教育政策学のマスターを取得したのも、つまりはそれが理由だった。教育こそが、自分がかつて見た、あのスラムの人々の生活を根本的に変える方法だと彼女は信じていた。

悲惨な境遇にある子どもたちの教育は、まさにりんがずっとやりたかったことだ。彼らが読み書きを習い、本を読み、自分たちの置かれた状況を知り、政治に関心を持つようになれば、きっと選挙での行動も変わるに違いない。高校時代にメキシコで見た、髪の毛を切ってくれる政党に投票するスラム街の人々の姿が彼女の目に焼き付いていた。彼らが本当に自分たちのことを考えてくれる政治家を選ぶようになれば、スラムの生活だってもう少しは良くなるはずだ。選挙権だけでは、本物の民主主義は維持できない。民主主義を支えるのは国民の知性であり、もっと端的に言えば識字率なのだ。

その後、たくさんのことを学び、世間というものを知るにつれ、ものごとがそんな簡単に運ぶわけではないことも理解したけれど、それでもやはり教育の充実が、この問題を解決する根本的な鍵になるはずだという、りんの信念は揺るがなかった。

「実際にNPOやUNICEFの支援で教育を受けて、奨学金をもらって大学に通っているストリート・チルドレンもたくさんいます。そういう子たちに会って話をすると『自分がこんなふうになれるなんて思わなかった。こんな人生を歩めるなんて奇跡だと思う』って、目に涙をためながら話してくれたりするわけです。

この問題に取り組んで、素晴らしい成果を上げている団体もありました。たとえばオロンガポ市のタタグというNGOは、支援を受けて大学に行った元ストリート・チルドレンの若者たちが、自分たちでこの団体の運営に参加しているんです。一所懸命地元の貧困層地域を回って、子どもたちが教育を受けられるように親たちを説得したり、ストリート・エデュケーターって言うんだけど、路上生活をしている子どもたちに、自分たちの安全を守り、社会生活に必要な知識を教える仕事をしているんです。ボランティアではなく、お給料をもらいながら。自己完結してるんですね。タタグは単に子どもたちを教育するだけでなく、そこで教育を受けた子どもたちが働くための受け皿にもなっているわけです。

彼らも最初は石を投げられたり、つばを吐きかけられたりしたそうです。『子どもを学校に通わせていったい何になるんだ』って。それでも彼らは一所懸命親たちを説得して、活動をどんどん広げていきました。地域の母親の会を組織して、子どもの教育についての啓蒙活動を行ったり、アーリーチャイルドスクールと言って、２、３歳くらいから教育を始めたり。それくらいの子どもたちは、まだ仕事ができないから稼げないいんですね。だから親たちも、それほど抵抗なく学校に通わせる。そうすると子どもたちに、学校に通う習慣がつくわけです。ほんとにいろんなことを考えて活動してる。たとえばそういうＮＰＯを支援して、子どもたちのためのプログラムを展開していくのが私の仕事でした」

支援と言っても、その内容は時に、とても些細なものだった。

このタタグというＮＧＯの職員とりんが話していた時に、もっとたくさんの子どもたちが学校に通うようにする方法はないかという話題になった。親たちを説得して、学校の良さを頭で理解させても、必ずしも子どもたち全員が学校に来るわけではない。学校に通う習慣のない子どもたちにとって、学校は窮屈な箱でしかなかったりする。学校に行きたいという気持ちにさせる、何かが必要だった。

りんがタタグのスタッフの一人に、「どうすれば来るようになるかな」と訊ねると、「メリエンダを出せば、絶対来る」という答えが返ってきた。メリエンダとは、スペイン語でおやつ。スペインには、食事の間に間食をする習慣がある。この旧宗主国の習慣がフィリピンには今も残っていて、メリエンダを子どもたちに出せば、もっとたくさんの子が学校に来るようになる。それは子どもたちだけでなく、親たちにとっても子どもを学校に通わせるモチベーションになると言うのだ。

「おやつと言っても一つ30円くらいの蒸しパンなんだけど、それを子どもたちに出したいって言うわけです。子どもたちはもちろん喜ぶし、親たちにとっても、子どもが蒸しパンひとつでも学校で食べてくれれば、それだけ食費が浮くことを意味するから。それなら学校に行かせようかということになる。信じられないかもしれないけれど、ほんとにそれくらいのことで就学率が上がるんです。そのための費用を、一回のメリエンダのために何千円というくらいの額なんだけど、UNICEFから支出することにしました。そういうことを、いろんな地域の事情に合わせて、コツコツと積み重ねていくのが私の仕事でした」

ストリート・チルドレンとひとくちに言っても、地域によって子どもの置かれている状況は異なっていた。オロンガポ市では、市場で働く子どもたちが圧倒的だった。彼らは朝の3時くらいから市場で働いていた。午前中に仕事が終わるから、この地域では昼過ぎに非公式の学校を開いた。マニラ市の子どもたちは、昼間は働いている。首都圏中から集まったゴミ拾いが彼らの主な仕事だからだ。彼らには夜中に公園で最低限の読み書きを教えたり、極めて重要な公衆衛生教育をした。

前にも書いたように、そういう活動をしているNPOを資金面で援助するのがUNICEFの主な役割だった。りんがいた当時、ストリート・チルドレンのためのプロジェクトに使えるUN

ＩＣＥＦの年間予算は１０００万円前後だった。何らかの形でＵＮＩＣＥＦの教育援助の手が届いていたストリート・チルドレンの数は約1万人だったから、単純計算で一人あたりに使えるお金は年間１０００円でしかない。予算は極めて限られていた。

その限られた予算を、いかに効果的に使うかが、りんの重要な仕事だった。わずか１０００円のお金でも、場合によっては、一人の子どもの人生に影響を与えるような効果を上げることだってあるのだ。

それがとても大切な仕事であることは、りんも充分に理解していた。ストリート・チルドレンの中には、あまりにも過酷で危険な労働をさせられている子どもたちもいれば、臓器売買や売春を目的とする人身売買の危険に晒されている子どもたちもいた。

路上に暮らす子どもたちの所在を常に確認し、彼らの安全を守るという意味でも、誰かがそれこそ命がけで取り組まなければならない仕事だった。だからりんは夢中でその仕事に取り組んだ。それまでその職に就いたＵＮＩＣＥＦの職員の誰にも負けないくらいに……。

それでも、どんなに一所懸命に仕事をしても、いや一所懸命にその仕事に取り組めば取り組むほど、りんは心の底から、ひとつの動かしがたい疑問が湧いてくるのを抑えられなかった。

「自分がやっていることは、焼け石に水をかける種類の仕事なのではないか？」

7 問題を根本的に解決するには?

「誰かがこの仕事をしなければいけないことは確かだし、それは自分でもよくわかっていた」と、りんは言う。もし誰もこの仕事をしなくなってしまったら、人知れずこの世から消し去られてしまう子どもの数は増えるだろう。あるいは、大学に行って、自立の道を進むことができたはずの子どもに、その道を閉ざしてしまうことになるかもしれない。だから、誰かはこの仕事をしなければいけないし、実際にUNICEFの中にはそのために自分の一生を賭しているような職員もいた。彼らは尊敬に値する人々だった。

そういう意味で、りんはその仕事に意義を認めてはいた。

けれど、その一方で、りんは無力感に苛まれていた。

どんなに頑張っても、現状では15万人いると言われるストリート・チルドレンのうちの1万人にまでしか手を伸ばせなかった。1万人に一人1000円の予算で、なんらかの教育支援をするというのが、ここで自分にできる精一杯の仕事だった。

にもかかわらず、ストリート・チルドレンの数は増え続ける一方だった。

路上で暮らす子どもたちが成長して家族を持ち、ストリート・チルドレンはストリート・ファミリーになっていた。失業や内戦、あるいは親の育児放棄によって、孤児になり、新たにストリート・チルドレンとなる子どもたちも少なくなかった。

子どもたちを守るためにも、これが必要な仕事であることはわかるけれど、同時にこういうことをいつまで続けても、本当の解決には至らないことも明らかだった。

ストリート・チルドレンの問題には、特有の難しさがあった。少年兵士や少年犯罪の問題なら、たとえば法律を整備するとか、取締りを強化するとか、あるいは具体的にその被害に遭っている子どもたちを保護したり、少年刑務所を整備するというような、〝対策〟を講じることができた。もちろんそれで問題のすべてが解決するわけではないけれど、少なくとも解決の方向に向けて進むことはできた。

ストリート・チルドレンに関しては、そういう〝簡単〟な対策は通用しなかった。子どもたちが路上で暮らさなければならないのは、フィリピンという国家が抱える貧困、あるいは矛盾に根ざした問題だからだ。

たとえば低家賃の団地を建設し、路上生活者を定住させることは可能かもしれない。けれどそれだけで、彼らの問題の本質である貧困が解決するわけではない。単に定住させるだけでは、どんなに立派な公営住宅を建設しても、それは結局のところ新たなスラム街をつくるだけのことになってしまう。それはたとえば、旧植民地からの移民問題を抱えたフランスですでに〝実証〟されていたことだ。

ストリート・チルドレンの問題を根本的に解決するには、彼らを生み出す母体である何万何十万という貧困層を社会の経済基盤に組み入れるための職を創出する必要がある。それはフィリピンという国の産業構造、あるいは富の再配分のシステムの大幅な変更を意味する大事業だ。事業というよりも、革命という言葉のほうがむしろふさわしいかもしれない。

当然のことながら、UNICEFの一職員が関与できる性質の問題ではない。それはフィリピンの内政問題であり、国連職員の関知すべき事柄ではないのだ。

それがよくわかるだけに、りんにはなおさら自分の現在やっていることが、徒労でしかないように感じられて仕方がないのだった。山火事の最中に1本の立木を守るためにバケツリレーで水を運んでいるような気持ちになることもしばしばだった。

何度も繰り返すけれど、だからといってりんがUNICEFでの仕事を疎かにしていたわけではない。りんの側から見れば、むしろこの問題の本質は、りんがエネルギーの塊であるというところにあった。

UNICEFの職員として、ストリート・チルドレンの保護という目的のために、自分に許された範囲でできることはすべてやっていた。すでにUNICEFと協力関係にあるNPOだけでなく、援助する意義のありそうな団体をフィリピン全土から徹底的に発掘し、新たなプロジェクトをいくつも立ち上げていった。

自分の担当する仕事だけでなく、他の担当者の仕事にも手を伸ばした。少年犯罪や少年兵の問題は、りんのチームの他の職員の担当だったのだけれど、彼らが忙しそうにしていると、彼らの出張の肩代わりを買って出た。少年たちが収監されている刑務所を視察して更生プログラムについての評価をし、戦闘地域に出張して、ゲリラ組織にリクルートされた少年兵たちの救援プロジェクトの有効性を調査してレポートを書いた。

そこまでやっても、りんの類い希な事務処理能力をもってすれば、すべての仕事が月曜日から金曜日のＵＮＩＣＥＦの就業時間内に収まってしまった。

「あの時代は、社会に出て初めて、毎日定時に家に帰って、週末は休むという生活をしていました」

と、彼女は言う。少し物足りなさそうに。

大学を卒業してからずっと、全速力で走り続けるような仕事の仕方をしてきた。スタンフォードの大学院にいた1年間も、脇目も振らずに自分の研究テーマに打ち込んだ。大学が休暇になると調査のためにフィリピンの奥地に入った。２００５年のジョブズのあの有名なスピーチを聞き逃したのもそのせいだった。もっとも彼女には、ジョブズのスピーチを聞く必要はなかった。「あなたの心と直感は、どういうわけか、あなたが本当になりたいものをすでに知っている」というジョブズの言葉通りの人生を生きていたわけだから。

それを事業として考えれば、りんに任されていた年間予算１０００万円がどの程度の仕事量か、ビジネスマンなら充分に想像ができるだろう。

自分にはこんなにエネルギーと時間が有り余っているのに、そしてストリート・チルドレンのためにやらなければならないことは今自分がやっていることの何十倍も何百倍もあるのに、そのほとんどが予算と人員の壁に阻まれた。

それだけはどうにもならなかった。それが国連職員としてのりんの限界だった。

つまりそれが、りんの無力感の本当の理由だった。

もちろんりんのことだから、もてあました時間を無駄に使いはしなかった。

アフターファイブと週末は、積極的に地元の人たちの輪に加わった。

UNICEFのオフィスと彼女の住まいのあったマカティ地区は、フィリピンのウォール街と呼ばれるビジネスの中心地だ。りんの交友関係も、高級官僚や経済界の大物の子息、外交官、実業家、元大統領の孫、アーティストに芸能人など、いわゆる富裕層が増えていった。

路上やスラムで暮らす人々とは対極の世界に属する人たちだ。

UNICEFの活動の多くが、ボランティアや寄付によって支えられているわけで、彼ら彼らとのつきあいはりんの仕事上も重要な意味を持っていたけれど、それ以上に彼女にとって有益だったのは、フィリピン社会の構造がはっきりと見えたということだろう。

貧困層と富裕層の間には、恐るべき深い谷が存在していた。

あたかもフィリピンという国の中に、ふたつの相容れない世界が存在しているかのようだった。ふたつの世界の間には、橋と言えばいいか、階段と言えばいいか、とにかくそういうたぐいのものはほとんど架けられていなかった。

かろうじて、りんたちのような国連や援助機関の人々が、その断崖に細い橋を架けるほとんど絶望的な努力を続けているだけだった。

「それ以前に、調査でフィリピンに行ってた時には貧困層しか見てこなかった。だけどUNIC

ＥＦで、その対極の富裕層の人たちと知り合って、フィリピン社会のむちゃくちゃな格差をこの目で見てしまったわけです。ストリート・チルドレン一人に私たちが使えるお金は１０００円で、それだって彼らにとってはものすごく大きなお金なんだけど、一方にはそんなお金は端金ですらないというような生活をしている人々がいる。

私たちだって、経済的にはそっちの側に属していたわけです。外国からフィリピンに来ている人たちは。商社の人も、マスコミの特派員も、国際機関の職員も。東京の丸の内みたいなところの広い高級マンションに住んで、私は単身だから必要なかったけど、メイドさんや運転手や庭師を雇って裕福な生活をしていた。

最初の頃は、議論もしました。議論って言うか、こういう現状を『どう思う？　どう考えてる？』みたいな質問を、よくしてた。そういう外国人や、フィリピンの若いお金持ちが週末に集まるサロンみたいなところがあるんです。ちゃんと反応してくれる人もいるけれど、それはほんのごく一部だった。ほとんどが『今の生活に不足はない』とか、『チャリティーで支援してるからそれでいいんじゃない？』って反応なんです。『根本的な解決のためには社会の構造が変わる必要があるんじゃないの？』って言っても通じない。

本来ならば、それは外国人がどうのこうの言うべき問題じゃないっていうのはわかるんです。それは彼らの社会の問題だから。だけど考えちゃうじゃないですか。彼らもきっと私みたいに、もっと若い時に私と同じような経験をしていたら、物の見方が変わるかなとか。やっぱり私には、カナダでの高校生活で目を開かされたところがすごく大きかったから。彼らを教育するって言ったら傲慢だけど、この国にも若い時にそういう経験ができる学校がもしあったら、これを変えられるんじゃないかとか。貧困層教育だけじゃなくて、富裕層教育も必要なんじゃないかとか。ほんとにいろんなことを考えました。実際には今フィリピンでは、アヤラ財団という屈指の実業家ファミリーが、誰にでも手が届く廉価で良質な私学をチェーン展開してものすごくインパクトを出しています。そういう人たちにあの頃出会っていたらと、考えることはあります」

UNICEFでの仕事を続けながらも、りんはさまざまなアイデアを頭の中で巡らせるようになる。ある意味で、自分がこういう状況に追い込まれることは、スタンフォード大学で予想していたことでもあった。

スタンフォードに行く前は、教育援助の仕事といえば、世界銀行や国連のような公的機関に所属して取り組むものだとばかり思っていた。それ以外の方法を知らなかった。

けれど、この西海岸の起業家精神にあふれた大学には、りんの想像もしなかったさまざまな援助のアイデアと実践があった。

たとえばスタンフォード大のビジネススクール（経営大学院）にはNPOマネジメント科があった。そこではいかにして社会的起業をするかに始まって、NPOを経済感覚、企業感覚を持ちながら運営する方法や、優秀な人材を集める方法についてなどなど、さまざまな専門的な授業が行われていた。

大学院で、NPOをマネジメントする方法を講義しているのだ。それのひとつだけ取っても、りんには新鮮だったけれど、それだけではなかった。

スタンフォードにいると、アメリカには数多くの民間の教育研究機関や財団があって、さまざまな教育支援活動を行っていることがよく見えた。当時世界で最も大きな教育支援機関はゲイツ財団で、莫大な資金を運用しながら途上国に次々に学校を建設し、何十もの教育プログラムを進めていた。そのいくつかは目覚ましい効果を上げていた。

それはりんの想像もしなかった世界だった。援助は公的機関が行うという固定観念はあっさり覆された。教育援助においても、ベンチャーを立ち上げるようにNPOを立ち上げ、既存の組織とは一線を画した活動を行っていくことは可能なのだ。そういう新しいタイプのNPOには、資金集めにしても、プロジェクトの内容にしても、国際機関の既存の援助活動に比べ、遙かに斬新でダイナミックなものがたくさんあった。

大学院で修士論文を書き上げ、就職活動を始めた時、りんはそういう民間の研究機関への就職もかなり真剣に考えていた。ある社会起業家のためのファンドに詳しい話を聞くために、ニューヨークまで出かけたりもした。

最終的にはUNICEFを選んだわけだけれど、心の片隅にはあの時考えたいろいろな思いがくすぶっていた。国際機関には予算上の制約がかなりあることも、どうしても従来型の支援や援助を行う傾向が強いことも、そしてそういう組織では自分のような人間はたくさんの壁に突き当たるであろうことも予想していたことなのだ。

その予感が当たったというわけだ。

やはり自分にはベンチャー的な手法で、もっと柔軟にこの問題と取り組む方法を探すほうが性に合っていたのかもしれない。

UNICEFでの仕事が2年目に入る頃、りんはしきりにそのことを考えるようになった。

アイデアはいくつかあった。

りんの目から見ると、フィリピンという国の問題は、富裕層と貧困層の間に大き過ぎる格差があって、そこに橋が架かっていないところにあった。

それならば、自分がその架け橋をつくることはできないだろうか。

「それはフィリピンだけではなく途上国一般の問題なんだけど、格差があまりにも大きくなり過ぎていて、底辺の人にはチャンスがないんです。中間層にとっても、そうなりつつあります。本当に能力があって、やる気があって、成功するかもしれない人たちが、ぜんぜん日の目を見ない状況がある。たとえばフィリピン大学を出ても、就職がカフェのアルバイトくらいしかないという国なんです。

失業率が高くて、縁故採用が当たり前で、社会的なコネや後ろ盾がない限り、成功のチャンスはほとんどゼロ。ベンチャーキャピタルなんてものも、少なくとも当時は介在していなかった。だからフィリピンの人はみんな外国に出ちゃうんです。だけど、それじゃいつまで経っても、フィリピンの社会は変わらないじゃないですか。フィリピンのUNICEFには、現地採用のフィリピン人のスタッフもたくさんいたんだけど、彼らでさえチャンスさえあれば外国に出ちゃう。それを悪いことだとは思わないけれど、やっぱり外国からこの国にやってきて、この国を少しでも良くしたいと思っている私たちからすれば、やりきれない思いはありました。だけど、フィリピンを離れる彼らは責められない。フィリピンにいても、チャンスがまったくないんだから。

それなら、そのチャンスを私たちがつくることはできないだろうかって考えたんです。やる気がある人にチャンスを与えられるような、ベンチャーキャピタルがアジアの途上国でできないもんだろうかって。それで協力してくれる友人たちと、その計画を練っていたんだけど、日本にちょっと帰った時に、友人の岩瀬大輔《いわせだいすけ》君の紹介である人に会ったんです。岩瀬君は大学時代の友人で、その人の出資を受けてライフネット生命保険というインターネット系生命保険会社を起業していました。彼は投資顧問会社のCEOで、やる気のある若者の話を聞いて協力してくれる人だからって。それが谷家さんだった」

こうしてりんは、谷家衛と出会う。

2007年の夏、場所は西麻布のレストランだった。

8 「僕は君にもっとふさわしい仕事があるような気がする」

この本の冒頭でも触れたように、谷家衛は灘高から東大法学部を経て、ソロモン・ブラザーズ・アジア証券に入社、同社にてアジア地区における最年少マネージング・ディレクターに就任し日本およびアジアの自己勘定取引部門を統括していた。その後転職してチューダー・キャピタル・ジャパンの創立に中心的メンバーとして参加、2002年にそのチューダーへのMBOを行い、あすかアセットマネジメントを設立する。

ちなみにソロモン・ブラザーズは、他に先駆けて1970年代からいわゆる金融工学を積極的に導入し大きな成長を遂げた投資銀行だ。

第二次世界大戦中の連合国の原爆開発計画、いわゆるマンハッタン計画に淵源を持つ金融工学は、冷戦の終結とともに職を失ったNASAの物理学者や数学者が大量にウォール街に流入した1980年代頃から急速な発展を遂げた分野だ。「ロケットサイエンティスト」と呼ばれた彼らが、高度な数理モデルとコンピュータを駆使して、現代の複雑な資本主義経済下における最適な投資戦略を立案し、企業価値を測定し、リスクヘッジを行うなどの、いわゆる金融工学を発達させたと言われている。

谷家は法学部出身で、つまり「ロケットサイエンティスト」ではないけれど、その経歴を見る限り、明らかにこのタイプの現代型のエリート集団に属していた。門閥や社会的地位ではなく、頭脳の明晰さによって現代資本主義経済という予測不能の荒海を航海する船団のリーダーとなるタイプの人々だ。

「30代でチューダー・ジャパンをMBOしてCEOに就任した凄腕のトレーダーで、岩瀬君のライフネット生命を立ち上げた時は、百何十億円っていうお金を集めたって話も聞いてました。どんな人が来るんだろうって思いますよね。初対面だし、紹介してくれた岩瀬君はドタキャンして来ないし。緊張してたと思う。私は友人たちから遅刻魔って言われてるんですけど、その時ばかりは約束の時間に西麻布のレストランで待ってました。そしたら、少し遅れて谷家さんがやって来た。スーツ姿に、リュックサック背負って。『すみません、すみません。ごめんね、ごめんね』って。私より確か一回りくらい歳上って聞いてたけど、なんだか大学生みたいに若々しくて、髪の毛はボサボサで。でも、すっごい笑顔がチャーミングな人だなあっていうのが、第一印象。どんな風にプレゼンしようかって身構えていたんだけど、それで一気に緊張感が薄れて、とても和やかなディナーになったんです。昔からの友人みたいに、いろんな話をしました」

類は友を呼ぶというけれど、谷家とりんは似たもの同士だったようだ。

話の口火を切ったのは、もちろんりんだ。

いつもの恐るべき早口で、初対面の挨拶もそこそこに話を始めた。

「上と下の階層がはっきり分かれているから、途上国は日本と違ってチャンスがない。私はそこに架け橋を架けたい。アジアの社会起業家に投資するファンドをつくりたいんだ、っていう話をしました。なぜ、そんなことを考えるようになったかを」

その「なぜ」について、すでに読者はよく知っている。

りんは自分の過去を話した。東京の高校を中退してカナダのピアソン・カレッジに留学したこと。大学を卒業し、さまざまな職に就き、現在はフィリピンでストリート・チルドレンの教育援助の仕事をしていること。貧しい子どもたちが教育を受け、正しく選挙権を行使するようになれば、きっと社会は変わると思っていたこと。

それはメキシコのスラム街での選挙活動を初めて見た十代の頃から、りんがずっと考え続けてきたことだった。ある意味で、それ以降のりんの人生は、その十代の頃の着想を実現するための長い道のりだったとも言える。

自分の幸運は、自分のためだけに使うべきものではない。自分の人生は、この世界をより良く変えるためにある。メキシコシティのある広場で、日記帳にスペイン語でそう記した時から、いつの日か自分はきっとそれをやり遂げると信じていた。

けれど、その「いつの日か」が現実になり、つまりフィリピンでＵＮＩＣＥＦ職員として自分がずっとやりたかった仕事に携わるようになって、それがそんなに簡単に解決する話ではないことに気がついた。路上で暮らす子どもたちを守るためにも、必要な仕事であるのは間違いないけれど、問題が解決するわけではない。正直言って、どれだけこの活動を続けたところで、そんな日が来るとは思えなくなった。

「自分自身の問題も含めて。自分自身が悩んでいるという話もしました。20代まではフラットなオーガニゼーションで、自分がある程度自由にできる組織の中で、ガンガンやってきた。だけどあの頃は世界に何万人もいるUNICEF職員の一人で、下から数えたほうが早いみたいなポジションで、そのことでも悩んでたんです。地位が低いことに悩んでたわけじゃなくて、ここでは自分の能力を出し切れないいって感じていたんです。残念だけど、この組織の中では自分の能力が生かせない。もっと根本的に、世の中を変えることにつながる仕事がしたいんだ、って。それから、私の計画について話をしました」

りんの計画とは、アジアの途上国での社会起業を後押しする社会的投資ファンドの設立だ。途上国はさまざまな社会問題を抱えている。その社会問題を解決するためのベンチャー企業に投資するファンドを立ち上げて、途上国の人々が自分たちで社会問題を解決する手助けをするというわけだ。この投資は、二極化されたアジアの国々で、中間層や低所得者層の若者たちに社会起業に参加するチャンスを与えることにもなる。りんは、このアイデアにかなり自信があった。

「谷家さんと初めてお目にかかったその夜、私は一人じゃなくて、当時非常に若くしてマッキンゼーのパートナーになっていた友人も同席してたんです。JBIC時代にフィリピンの鉄道公社の案件で、マッキンゼーの経営コンサルタントに協力を依頼したという話を前にしましたけど、その時協力してくれた人です。アジアの社会起業家への投資ファンドを立ち上げるというアイデアは、彼を含めて何人かの友人たちと話し合っていたことだったんです。そのマッキンゼーの友人は、インドやパキスタンまで出かけて、社会起業と言っても、どんなニーズがあるのかとか、どういう投資先があるかまでリサーチしてくれていた。だから、単なる机上の空論じゃなくて、かなり実現性のある計画だった。その頃はまだ日本にはお金がたくさんあって、投資先を探している状況だったから。こういう橋を架けるようなベンチャーキャピタルは、すごく面白いと思いませんか、谷家さんも参画してもらえませんかみたいな話をしたわけです。

谷家さんは、何度も頷きながら話を聞いてました。また、ああいう目をしてるじゃないですか。ほんとに子どもみたいに純真な目で、こういう風にテーブルに両肘をついて身を乗り出して、『うん、ぅん。わかるよ』っていぅ感じで、聞いてくれてたんです」

谷家が非常に熱心にりんの話を聞いていたのは事実だった。りんの話が実際に面白かったというだけでなく――。りんの経歴は、谷家がこの何年間かずっと温めていたあるアイデアに、不思議なくらいぴったりと符合していたのだ。

りんとしては当然のことながら、その谷家の熱意にあふれた表情から、自分のプレゼンに興味を持ってくれたと誤解した。

そう、それは誤解だった。

話半ばで、それまでひたすら聞き役に徹していた谷家が、りんの話を遮った。

やや興奮した表情だったのは、今まで彼がずっと探していたものが、ついに見つかったからだろう。彼は、まさにりんのような人材を探していた。

けれどそれは、りんの予想もしていなかったことだった。

話は面白いと思うけれど、僕は君にもっとふさわしい仕事があるような気がする。そう前置きして、谷家はこう言った。

「それよりも、一緒に学校をつくる気はない？」

9　ついに全力疾走できる仕事に巡り合った。

「熱心に話を聞いて下さってるのかと思いきや、谷家さんは『僕は学校をつくりたい』って言うわけですよ。『一緒に学校をつくってくれる人を探していた。それを、あなたがやってくれませんか？』って。私の話を聞いて、この人だって思ったと。私は、何を言ってるんだろうこの人は、って思いました。今までの私の話聞いてたのって。あんなに一所懸命説明したのに、その話にはほとんど触れず、学校をつくろうって言うんですよ。話も面白かったし、いい時間は過ごせたんだけど……。

正直言うと、その時、自分がどう考えたのかよく憶えていないんです。最初から、谷家さんの申し出を受けようと思っていなかったことは確かです。だけど、谷家さんの話が頭を離れなかった。その後すぐにフィリピンに帰ったんだけど、たぶんずっとそのことを考えていたんだと思う。彼がつくりたいって言ったのは、ただの学校じゃなかった。『アジアの貧困層の子どもたちにも門戸を開いたインターナショナルスクールを日本につくりたい』って、谷家さんは言うわけです。面白いアイデアだと思った。もしかしたらそういう方法もあるかもしれないって。フィリピンに戻って3日くらいして、谷家さんにメールを送りました。『先日はご馳走様でした。学校をつくるという話に興味があります』って」

＊＊＊

西麻布の貸しオフィスで、小林がそこまで話したところで時間になった。夕方の6時になったところで、彼女はこれから保育園に長男を迎えに行かなければならなかった。朝保育園に送るのも、夕方迎えに行くのも彼女の役割だった。

最初に内幸町の谷家のオフィスで話を聞いてから、半年近くが経っていた。その間に何度も取材を重ねていた。1回の取材はだいたい2時間。すでに延べ十数時間話を聞いていたが、小林の恐るべき早口をもってしても、彼女の濃密な半生を語り終えるのにはまだ足りなかった。

彼女は恐ろしく多忙な日々の中からなんとか取材の時間をひねり出し、その2時間目一杯話し続けてくれた。疲れた顔を見せたことは一度もない。いつも熱心に、どんな質問に対しても丁寧に答えてくれた。自分がこれからつくる学校のことが、話したくてたまらないという様子だった。

私としては、まだ存在していない学校のことより、小林りんという人物に興味があったので、取材はどうしても彼女自身の話に偏りがちだったけれど。

毎日何十本ものメールを読み、返信をしなければならないので、朝はいつも4時に起きるのだそうだ。当時3歳の長男と夫のために朝食を準備し、自分が出かける準備をし、その西麻布の貸しオフィスに「出社」して打ち合わせをし、人に会い、会議や講演をし、また打ち合わせをし、また人に会う。学校の設立のためにやらなければならないことは山ほどあるが、そのほとんどすべてに彼女自身がなんらかの形で関わっていた。平成のこの世にゼロから学校をつくるというだけでも、ほとんど前代未聞の大事業だ。しかもその学校は、いまだかつてこの日本に存在したことのないユニークな学校なのだ。毎日のように不測の事態が持ち上がっていた。さまざまな能力を持つ、優秀なボランティアのスタッフが何人も彼女を助けてはいたが、重要な決断を下す場面では彼女が必要だった。

かつて籍を置いたインターネット系ベンチャー企業ラクーンで、社長の小方が担っていた役割を、彼女はまさにそこで背負っていた。

つまり、彼女は学校をつくるというそのプロジェクトの中心にいた。

りんは、自分が心の底から信じられる仕事に出会えたのだ。

しかもその仕事は、りんの持つすべての能力を注ぎ込んでもまだ足りないくらい、大きな仕事だった。

「私はずっとマルチ・タスク型だったんです」

ある時、小林がそう言った。

マルチ・タスクとは、コンピュータで複数の仕事を同時に並列して行うシステムのことだ。いくつものアプリケーションが開いたコンピュータのディスプレイのように、彼女はいつもたくさんのことに同時に夢中になっていた。

大学を卒業してからの10年間で彼女は（大学院も含めて）5回も〝職〟を替えた。極めて優秀な人材の集まる〝職場〟だ。どこもせいぜい2年間しか在籍していないが、そのすべてで大きな成果を上げている。それも彼女のマルチ・タスク能力のゆえだ。

そういう彼女が、学校をつくるというこのプロジェクトに取り組むようになってから、他のことをやっている暇がなくなったと言うのだ。しかも、とても嬉しそうに。

自分が心からその価値を信じられるというだけでなく、仕事のやり方も今までずっと追い求めていた理想だった。それは、自分の持てる力のすべてを注がなければとてもやり遂げられない仕事だった。

りんは、ついに全力疾走できる仕事に巡り合ったのだ。

しかもその最中に、彼女はひとりの男の子を産み、育てていた。

「子育ては、夫と、それから双方の両親に、全面的に頼ってしまいました」と言って彼女は笑うけれど、それは並大抵のことではなかったはずだ。

学校をつくるというこのプロジェクトを進めるために、りんが会った人の数は5000人を超えている。寄付を募るために、大きなお腹を抱えて、大企業のお偉方に会い、講演をしていた時期もある。

りんはその間に生まれた長男を、ほぼ母乳で育てた。生まれて2ヶ月くらいまでの赤ん坊は、だいたい2時間に一度は授乳しなければならない。けれど多忙のあまり週末でさえ会議があって、その2時間ごとのスケジュールが守れないこともしばしばだった。そういう時夫は、息子を抱いて彼女の貸しオフィスに駆けつけた。

「そういう時に限って、会議がなかなか終わらないんです。会議室のドアの外で、お乳が欲しくて泣いてる息子をおろおろと抱きながら、俺いったい何やってるんだろうって思ったことが何度あったことか」

東京駅の丸の内口にあるJPモルガンのオフィスで、りんの夫、小林繁肇《しげとし》が冗談めかしてそう話してくれたことがある。

ジョン・レノンのように子育てに没頭できたなら、それもまた仕方がなかったかもしれない。けれど、彼はJPモルガンの現役トレーダーなのだ。目まぐるしく変化する世界市況を読みながら巨額の債券の売買を成立させていく彼の仕事は、必要とされる才能からしても、動かす資金の大きさも、求められる結果の大きさも、普通の仕事とはとても言えない。一流のプロスポーツ選手と比べても遜色はないはずだ。

土曜の夜、ナイトゲームでホームランを打った4番バッターが、翌日の日曜日、お乳を欲しがる幼い我が子を抱いて、妻の仕事場で彼女の仕事が終わるのを2時間も3時間も待っていたとしたら、世のスポーツ新聞はどんな記事を書くだろう。それが週末のスター選手の役割だったとしたら……。りんの夫は、そういうことをずっとやり続けたわけだ。

あるいは読者はどうして、そこまで彼女が学校づくりに夢中になったのかと、不思議に思うかもしれない。彼女はすでに何年間も、無給でその仕事をしていた。

「このプロジェクトを成功させるには、それしか方法がなかった」

彼女は本当になんでもないことのように、そう語る。

眼前に立ちはだかる巨大な壁をよじ登るのにも似た、その困難な仕事に真正面から立ち向かいながら、初めての赤ん坊を出産し、夫や両親たちの助けを借りながらとはいえ、立派に育てあげていた。単に肉体的な負担だけ考えても、それがどれだけ大変かは、経験のある人ならよくわかるはずだ。

世界を変えようとする変革者の顔から、世界中どこでも共通の母親の慈しみにあふれた顔に戻り、息子を保育園に迎えに行くりんの背中を見ながらふと思った。

子育ても学校づくりも、彼女にとっては同じものだったのかもしれない。

たとえ世界中の人が反対しようと、りんはそれをこの世に生み出そうとしていた。

第4章

学校づくりの夢が動き出す。

1 「学校、つくります」

「一緒に学校をつくらないか」と谷家に持ちかけられてから、りんが実際にその仕事に取り組む覚悟を決めるまでには、1年の月日がかかった。

何よりもまず、彼女はフィリピンのUNICEF事務所の職員だったから。最初の2年間は日本の外務省からの派遣という形をとっていたが、その期限を延長するオプションを使って仕事を続けてもらえないかというオファーを上司から受けていた。

自分がこのままこの仕事を続けていくことに疑問を感じ、新しい道、次のステップを模索してはいたけれど、それが簡単に辞められる仕事ではないのも事実だった。それに何よりも、「そんなに簡単に辞めていいの?」と問う、心の声もあった。

「世界のために何かしたいという、17歳の夏に夢見た仕事にやっとめぐりあったはずなのに、それをまたもや簡単に諦めてしまって良いのだろうかっていう迷いは、やっぱりかなりありました。周囲の友だちも、『また転職?』っていう反応だったし。それに、そもそも今の世の中、学校をつくるなんてことが本当に可能なのか。前例がないだけに、本当のところはわからないじゃないですか。ニーズはあるのか、制度的にはどうなんだ、資金は集まるのか……。疑問がたくさん浮かんで来た時期だったと思います」

だから、谷家とは何度でも話し合う必要があった。

2007年の夏に初めて谷家と出会ってから、りんは谷家と頻繁にメールのやりとりをするようになる。夫を東京に残しての単身赴任だったから、りんは月に1度くらいの割合で日本に帰っていた。その帰国のたびに谷家と会い〝学校〟の話を煮詰めていった。

谷家の人柄については、夫の繁肇が受け合ってくれた。同業でなおかつ大学の先輩ということもあって、夫はすでに谷家と面識があったし、その実力もよく知っていたのだ。

実際、谷家は学校を設立するための資金として、20億円程度を調達する段取りをつけていた。だからもちろん、それは机上の空論ではなかった。りんが首を縦に振れば、すぐにでもプロジェクトはスタートするはずだった。

それだけに、りんは慎重にならざるを得なかった。

当初、谷家はりんにその学校の校長になるように働きかけていた。

りんはスタンフォード大の教育学修士号を取ってはいたものの、学んだのはあくまでも教育政策であって、実際の教育の現場に立ったことは一度もない。そういう意味では教育の素人だった。こんな素人に、そんな日本で初めての学校の責任者が務まるのか。りんが不安に思うのも無理はない。

けれど同時に、話せば話すほど、りんはそのプロジェクトに惹きつけられた。

最初に「あなたはこの仕事のために生まれてきたような人だと思う」と谷家に言われた時は、

ピンと来なかったけれど、時間が経つにつれ、その言葉の意味が心に染みてくる気がした。日本の高校を中退してカナダに旅立った日から今日までの遍歴は、まさにこのためだったのかもしれないとさえ思った。

日がたつにつれ、考えれば考えるほど、その確信は強くなった。

UNICEFの職員として、来期もストリート・チルドレンのプログラムを担当してくれないかという上司のオファーを最終的に断ったりんが、日本に帰国したのは2008年8月終わりのことだった。

りんは、その前後の気持ちを自分のブログにこう書き記している。

[帰国します]　2008年7月の小林りんのウェブサイトより。

8月24日の便で、最終帰国することになりました。飛行機を予約した途端になんだか実感が沸いてきて、あと2ヶ月足らずの残されたフィリピンでの日々を、いとおしささえ覚えながら一日一日大切に過ごしています。

マニラでの全てを共有してきた親友。決して足を踏み入れないであろうと思っていたダイビングの世界に魅了された日々。フィリピン各地で出会った輝かんばかりの笑顔の子どもたち。

詩歌的に美しいフィリピンの自然と、日常に抱かれた貧困。

発展途上国に「住む」ことによって、この2年間で多くを学びました。貧困問題の根深さや、宗教や文化の強大なインパクトを肌で感じ、少し開発に対する考え方も変わりました。次回は、私が「次の一手」に選んだ（或いは生涯プロジェクトになるかも知れない）仕事にふれさせて頂きます。

［学校、つくります］　２００８年9月

富裕層に有利な税制、選挙のたびに買収される貧困層の票、未来に失望し母国を去る中間層…。フィリピンで見た現実は、「識字率の向上と教育を通して民主主義の確立と貧困削減に貢献したい」というこれまでの考え方を、根本からchallengeするものでした。

Universal educationはもちろん大切です。しかし、構造的に貧富の格差が再生産されるような国において変化が起るためには、やはりトップが変わらなければならないと感じます。優秀なだけでなく、自らの既得権益を手放してでも国民全体のバランスのとれた幸せのために制度設計できるような政治家。権力に屈したり汚職に手を染めることなく、自らの力で道を切り拓いていける企業家。母国への愛情と歴史への敬意を持ちながらにして、新たな文化を創造できる芸術家。そうした人々の存在なしに、国の永続的な発展はないのではないでしょうか。

そんな思いから、アジアの子どもたちに全人格的な教育のできる学校をつくりたい、と考えるようになりました。しかも、ここ日本において。アジアの将来のリーダーたちに日本を知り愛してもらうために。そして、日本の子どもたちにも彼等と共に学び、国際感覚豊かで誇れる日本を担う人材に育ってもらうために。次回アップデート時には、学校の理念や概要について触れさせて頂きます。

2 〝助ける〟のではなく。

「第一印象ですか。まず、すごいエネルギーがある人だなって思いました。りんちゃんは、エネルギーの量がとにかく尋常じゃない」

場所はこの本の冒頭で話した、内幸町のビル内の谷家の会社のオフィス。谷家は、りんの話から想像していた通りの、気さくで飾らない人物だった。

「女性を形容するには妥当じゃないかもしれないけど、まるで雑草みたいな人です。どんな環境からでも這い上がってきそうな感じ、とでも言えばいいか。初めて会った日、話をしながら、この人は何をやっても成功するだろうなと思ったことを憶えてます。学校をつくりたいと考え始めた2001年頃から、僕はやってくれる人を探していたんだけど、条件に合う人がなかなか見つからなかったんです。りんちゃんに会って、まさにこの人だと思った。モルガン・スタンレーで不動産の仕事を経験し、ベンチャー企業に行ってゼロから事業を興す起業の面白さを知り、JBICで円借款の実務を手がけ、スタンフォード大学院で教育学の学位を取って、UNICEFでストリート・チルドレンの教育プロジェクトをいくつも立ち上げて……っていう彼女の経歴は、まさに新しい学校をつくるというこの仕事に打ってつけだと思いました。ビジネスパーソンとしても極めてタフで優秀だし、起業家としての資質も経験もある。教育援助のプロフェッショナルで、人脈も豊富という。こんな人もいるんだなあと、正直驚きました。まるでこの仕事をやり遂げるために、キャリアを積んできたんじゃないかっていうくらい、ぴったりの人だった」

谷家が思い描いたのは、さまざまな国や民族の、さまざまな階層や境遇の子どもたちが一緒に学ぶ日本の学校だ。

近年のインターネットや物流の発達によって、世界の国々は緊密に結びつき、いわゆるグローバルな社会が実現しようとしている。けれど、その一方で富の集中による社会の二極化が、世界のいたるところで進行している。

その結果として、教育の多様性が失われつつある。身も蓋もない言い方をすれば、金持ちの子どもの通う学校と、貧乏人の子どもの通う学校が分かれつつある。人種差別が激しかった時代のアメリカ合衆国で、白人の子の通う学校と、黒人の子の通う学校が峻別されていたように。

人類がその長い差別の歴史から学んだことは、差別はまず何よりも差別する側を脆弱にするということだ。社会学的には、多様性こそが人類の進歩と発展の原動力なのだ。歴史上飛躍的な発展を遂げるのは、例外なく多種多様の文化や人種の流入があった国だ。

逆に言えば、多様性を失った文化は衰弱する。

学校も同じことだ。どんなに優秀な子どもを集めても、それが均質で似たもの同士の子どもばかりだったら、刺激のないつまらない学校になってしまうだろう。人を真に成長させるのは、異質なものとの出会いであり、衝突であり、葛藤や軋轢なのだ。均質な学校は、そういう要素がどうしても不足してしまう。

谷家が自分の子どもを通わせているインターナショナルスクールで感じたのも、つまりはそういうことだった。

「アジアのハングリーな子どもたちを奨学金で迎えるインターナショナルな全寮制学校をつくる。最初から明確にそういう表現を使ったかどうかは忘れてしまいましたけれど、りんちゃんと何度もメールのやりとりをしたり、帰国した時に会って話しているうちに、基本的なコンセプトが固まっていったんです」

スーツにリュックサックの取り合わせは、確かにりんの言っていた通り、霞が関に居を構える投資顧問会社のＣＥＯとしてはかなり斬新と言うべきかもしれない。それがシリコンバレーなら話はまた別だけれど。

それは、とても彼に似合っていた。別の言い方をすれば、彼の思考の柔軟さと、それから彼のポジションを明瞭に示していた。

彼には成功をひけらかすつもりも、その必要もないのだろう。周囲に合わせる必要もなければ、誰かに気を遣う必要もない。それはつまり、彼が生まれてこの方ずっと、その優れた才能で道を切り開いてきたということを意味している。

何よりも印象的なのはその柔らかな笑顔と、理解力にあふれた視線だ。

そういう人らしい、率直で開けっぴろげな口調で谷家は話した。

「僕、どういうものが世の中で伸びるのかっていうことを考えるのが趣味なんです。それは仕事と関係する部分もあるにはあるけど、純粋に自分の楽しみでもある。儲かるかどうかは、二の次です。何が、この世の中で成長するか。それを考えるのが楽しい。それで投資をずっとやってきて気づいたのは、投資ってある意味単純で、本質的に大切なことは二つしかないということでした。ひとつは、投資するのはマクロで伸びる分野じゃなきゃいけないということ。そしてもうひとつは、誰がそれをやるか。極論すると、そのふたつに尽きてしまうんです。それじゃ、これからの時代に誰が成功するんだって考えた時に、今の世界状況で間違いなく最も有望なのは、アジアのハングリーで優秀な人材だと僕は思う。

その実例を、今までにたくさん見てきました。たとえば、ISAKのアドバイザーにもなって頂いたマッキンゼーのエアン・ショーさんは、カンボジア難民の出身です。彼はカンボジアからフランスに亡命して、パリで教育を受けて、今やマッキンゼー・シンガポールのシニアパートナーに登り詰めた。それから僕が投資しているアメリカのベンチャーのCEOは、ベトナム人です。彼はいわゆるボートピープルとしてアメリカに渡り、教育を受け、弁護士になって、ベンチャー企業を立ち上げた。今では日本とシリコンバレーに会社があって、ブラジルとドイツの従業員を使って仕事をしています。ソロモン・ブラザーズ時代にも、貧困層の出身でとても優秀な部下がいました。そういう例は枚挙にいとまがない。共通してるのは、彼らはたくさましさがぜんぜん違うってことなんです」

どこかの国で戦争や内乱があって、大量の難民が生まれ、難民キャンプで悲惨な生活を強いられる。あるいはりんがその目で見たように、南米やアジアの途上国の大都市周辺には、何十万何百万人という住民が暮らす巨大なスラム街があって、子どもたちは教育を受けることもできず、幼いうちから働かされ、あるいは犯罪の犠牲になっている。

一日数ドルというお金で生活しなければならない人々、汚染された水を飲み、都会の廃棄するゴミの中からわずかな生活の糧を拾う子どもたち——。

テレビや新聞やインターネットのサイトでそういう人々のニュースを見た時、我々の心に浮かぶのは、憐憫や同情の気持ちでしかなかったりする。

我々は彼らのことをどうしても、何も持たず、将来になんの希望もなく生きている人々というイメージで見てしまいがちだ。

けれど、それは豊かな国に暮らす人間の思い上がりだ。

彼らは何も持っていないわけではない。

彼らは強いモチベーションがある。幸せになりたいという、強烈な動機を持っている。それは、長い平和と繁栄の中で、我々が見失いつつあるものだ。ハングリー精神が失われているのは、スポーツの世界だけの話ではない。

谷家は話を続けた。

「その投資銀行の時代に、僕はアジア地域の投資責任者をしてたんだけど、僕は昔から英語ができなかったんです。でも、それでも大丈夫だった。日本の市場がいちばん伸びている時代だったから。外国の人がみんな僕の話を一所懸命聞いてくれたから、英語ができなくてもなんの問題もなく仕事ができた。

だけど、僕のアジア圏の部下たちは、インドネシア人も中国人も韓国人も、みんな英語ができないと問題外だったんです。チャンスすら与えてもらえなかった。日本人だけが特別だった。残念ながら、僕の子どもの時代は日本人もそうなるでしょう。他のアジア人と同じように、英語ができなければグローバルに活躍できない、チャンスも与えられない。自分の子どもの時代にはそうなるだろうという思いを、はっきりとした危機感として持っていて、それで自分の子どもは、インターナショナルスクールに入れました。

だけど、それで気づいたことがひとつある。自分が知っているハングリーで優秀なアジア人は、そこにはほとんどいなかったんです。インターナショナルスクールに子どもを通わせている親たちは、基本的に富裕層で、子どもたちはみんな何不自由なく暮らしてるわけです。それ自体は別に悪いことじゃないです。

でも、自分自身への反省として言うんだけれど、彼らはなんでも持っているようで、実は成功のために最も大切なものをほとんど持ち合わせていない。何を持っていないかというと、それがハングリー精神でありモチベーションなわけですよね。それは、僕が投資の判断をする時に考える重要な二番目の条件、つまり誰がやるかっていう時の、その誰かに必要とされる重要な資質であるわけです。知識よりも知能指数よりも、大切なのはハングリー精神です。ベンチャー企業への投資を始めて、そのことを身に染みて知りました。

インターナショナルスクールには、いいところもたくさんあるけれど、それが欠けているんです。別の言葉で言えば、多様性が決定的に不足している。日本の普通の学校よりは、いろんな目の色髪の色をした、いろんな国籍の子どもたちが集まっているけれど、民族が違っても、生活水準が同じなら、人間の中身もだいたい同じなんです。こういう学校じゃなくて、もっとマインドの強い、ハングリー精神を持った友人たちと一緒に、自分の子どもを学ばせたかったなと思ったのが、そもそものきっかけです。そういう学校はないかと探しても、日本には一校もなかった」なければつくってみようと思ったのは、彼が優れた投資家だったからかもしれない。

もちろん、学校は投資の対象にはなり得ない。公益性の高い学校法人の利益は、学校の経営に還元すべきものだからだ。

これからどんな事業が伸びるかを考えるのが趣味の彼としては、その伸びるはずのものを見つけてそのままにしておく気持ちにはなれなかった。そういう学校ができれば、日本はもとよりアジア全体、ひいては世界のためにもなるという確信があった。

たとえばアメリカの大学は、さまざまな奨学金制度を設けて、世界中から優秀な学生を集めている。日本で主流の返済義務のある奨学金ではなく、返済の必要がない本当の意味での奨学金だ。この制度によって、世界各国の優秀な人材がアメリカで教育を受け、それぞれに人脈をつくり、それぞれの国に帰っていく。

その人脈は、その学生の財産であると同時に、アメリカの財産でもある。母国に帰った優秀な若者たちが、さまざまな分野で優れた業績を上げる確率は高いし、また指導的な地位に就くことも多い。ごく自然な成り行きとして、優秀な人材のネットワークが、アメリカを起点に結ばれることになる。
アメリカ合衆国が、なんの瑕疵もない理想の国家であるなどとは言わない。それでも知ることは、好きになることだ。疵もあるが、アメリカには多くの美点もある。アメリカで学び、アメリカで暮らし、アメリカに友人をつくった外国からの留学生たちの多くがアメリカを理解し、アメリカを好きになってそれぞれの国に帰っていく。それもまた、アメリカの大切な財産だ。帰国せずに、アメリカで職に就く若者もいるだろう。その場合はその人材そのものがアメリカの財産になる。アメリカの大学や研究所で活躍する外国出身の研究者や教授たちが、どれだけの数に上るかを数えればそれは明白だ。

「日本にもそういう学校をつくらなきゃいけないと思うんです。まだ、日本に力があるうちに。日本で学んだアジアの学生たちが、日本で人脈を育み、日本を好きになって帰国していく。そういう学校があったら、日本人は世界中の人たちからもっと理解され、日本のイメージだって良くなるに違いない。そういう意味で、これはある種の投資でもある。そして投資するなら、経験から言ってもやはり強いマインドを持った、モチベーションの高いアジアの若者たちです。それは、日本の若者にもすごくいいことだと思うんです。彼らと机を並べ、寝食をともにすることは、裕福で『何も欲しいものがない』という日本の若者たちに、きっと強い刺激と影響を与えることになる。世界を知るという意味でも、世界の抱える問題を自分の問題として意識するようになるという意味でも」

アジアの国々にとっても、それは重要な意味を持っている、と谷家は言う。日本で学んだ彼らが、自国で成功する可能性はかなり大きい。

途上国とはつまり、これから経済成長する国ということだ。その経済成長がどのような経緯を辿るか、その時にどんな産業が必要となり、その産業の成長のためには何が必要かは、先進国である日本はすでに経験済みなのだ。

我々はそれを彼らに教えることができる。途上国の発展が、日本での経済成長とまったく同じ経緯を辿ることはないだろう。たとえば日本が高度経済成長を遂げた時期と現在とでは、世界情勢がかなり違っている。それでもその違いを考慮し、過去のさまざまな事例を参考にすれば、かなりのところまでは彼らの国で、これから先どういう経済状況が出現するかが予測できる。ある意味では、歴史年表を持って、過去に旅するようなものなのだ。

日本で学んだ優秀な彼らがその年表を持って自国に帰れば、かなりの確率で大きな成功を手にするだろう。それはその国の進化と成熟を促進することだ。あるいは日本の過去の失敗に学び、経済成長の過程で生じる歪みや弊害を経験せずに、より理想的な社会をつくることだってできるかもしれない。

「りんちゃんがやろうとしたこと、膨大な数のストリート・チルドレンや巨大なスラム街の問題を解決する糸口になるかもしれない。そういう話をずいぶんしました。それは、貧困層の子どもたちにも豊かな教育の機会を与え、彼らを貧困から救う手助けにもなるでしょう。そのためにも奨学金制度を整えることは絶対条件でした。りんちゃんも、そのことは強く主張していました。もちろんそうは言っても、奨学金を渡せるのは、最初はごく僅かな人数でしかないかもしれない。

それでも少なくとも彼らの希望にはなる。さらにこれがうまくいけば、同じような試みをする学校が増えるかもしれない。

　それは彼らを助けるというよりも、むしろ僕たちのためです。そういう意味では、大袈裟ではなく世界のためなんです。なぜなら彼らこそが宝物だから。彼らの強い意欲、彼らの能力を、ストリートやスラムに埋もれさせてしまうことは、世界の損失と言ってもいい。彼らに日本に来てもらうこと、彼らに日本の子どもたちと一緒に学んでもらうことは、何よりもまず日本という国にとって無茶苦茶価値のあることなんです。

　国際交流という意味でも、海外の富裕層の師弟と関係を持つよりも、よほど安全だし、すごいネットワークができ上がるはずです。この学校にとっては、彼らこそ最大のコンテンツなんです。彼らがいてくれるからこそ、僕らの学校は世界で最初の、世界を変革する学校になれると思う。彼らから学ぶことはたくさんあるし、逆に彼らが将来成功して、日本のさまざまな分野との架け橋になってくれるかもしれない。僕らが助けるんじゃない。むしろ日本が彼らに助けてもらうんだと思う。僕は心からそう思ってます」

　彼らを助けるのではなく、彼らに助けてもらうのだという谷家の考え方は、世界の未来を考える時に極めて重要な視点だ。国際的な教育援助への取り組みを、一変させる画期的なアイデアと言ってもいいと思う。

3　有望な人材は途上国の子どもたち。

現代の人類は、数多くの〝解決不能〟な問題を抱えている。

エネルギー問題にしても、地球温暖化にしても、あるいは食糧危機にしても、少なくとも現段階では〝確実〟な、あるいは本当に〝有効〟な解決策は見つかっていない。世界中で拡大し続けるスラムの問題もそのひとつだろう。

その根源、あるいは根本にあるのは人口問題だ。

キリストの時代、西暦1年前後の全世界の人口は3億人前後だった。歴史人口学の学者たちの多くは、それからの1000年間は人口はほとんど変動しなかっただろうと考えている。その最初の1000年が過ぎた頃から、世界の人口は増え始める。最初はゆっくりと。250年間で1億人程度の増加率だった。

その後、増加率は徐々に加速する。

10億人を超えたのは1800年頃と推定されている。それから100年経った1900年初頭の世界人口は16億人。100年間で6億人の増加だ。

しかもそれは、ほんの序の口だった。20世紀に入ると、世界人口の変化は増加などという生やさしい言葉では表現できなくなる。人口爆発が始まったのだ。

20世紀の最初の50年で、25億人に達した。

37年後、1987年7月11日に（あくまでも国連の推計だけれど）世界人口は50億人を超えた。国連人口基金はその日を世界人口デーに制定したが、そのわずか11年後、1998年には60億人を突破した。現在の地球の人口は70億人を遙かに超えている。2050年には90億人を突破すると予測されている。

20世紀前半にフランスの人類学者レヴィ・ストロースが恐れたように、人類が「自らの増殖で破滅する」可能性は刻々と高くなっている。

いや、おそらく、このまま有効な対策を講じることができなければ、そういう未来はほぼ確実にやって来る。少なくともそれは、さまざまな分野の研究者の多くが主張する、極めて蓋然性の高い世界の未来像だ。

にもかかわらず世の中の多くの人は、この問題をそれほど真剣に受け止めていない。それを遠い未来のことと考えているのか。それとも人類が何か途轍もない発明か発見をして、どんな問題でも解決すると素直に信じているのだろうか。

いや「世の中の多くの人」などという言い方はやめよう。

おそらく豊かで安全な先進国に暮らす我々の多くにとって、それは結局のところ〝他人事〟なのだ。どこか遠くの国の、あるいはテレビ画面の向こうの、不幸な国の不幸な人々の物語であり、同情することはあっても、本気で向き合うことはない。

すべての先進国の住人たちがそうだとは言わない。りんのような人もいるわけだから。りんのUNICEFの同僚たちにしても、あるいは途上国での社会活動に従事する数多くのNPOやNGOのボランティアにしても。けれど、そういう人々は、この問題の大きさに比べれば絶望的なくらい少数だ。

そういう意味で、大多数の〝我々〟にとってそれは〝他人事〟でしかない。

他人事だからこそ、我々はスラム街やストリート・チルドレンの問題に本気で向かい合おうとしない。人口爆発が続いている以上、時間が経てば経つほど問題解決が困難になるのは明かなはずなのに。その問題を解決しない限り、人類を待ち受けているのは過酷な未来社会でしかないのに。

人類がこの問題を解決できるか否かは、おそらく、どれくらいたくさんの人間がこの問題に本気で取り組めるかどうかで決まるのだろう。

そのための人材として、途上国で様々な社会問題に苦しめられている子どもたちほど、有望な人材はいないはずだ。少なくとも彼らの間に、そのための有望な人材、あるいは才能がたくさん眠っていることは間違いない。

なぜなら、彼らはある意味で、我々の〝過酷な未来社会〟を今の現実として経験しているわけだから。

彼らが今そこで直面しているのは、このまま有効な手を打つことができなければ、将来の我々の子どもたちが経験するに違いない〝未来〟だ。

彼らにとって、それはどこか遠い世界のことでも他人事でもない。目の前にある、解決しなければならない自分自身の問題だ。世界中で広がる格差の問題や、エネルギーや水や食糧の問題を解決しない限り、我々がそう遠くない将来に経験することになるかもしれない〝欠乏〟を、彼らはその生身の心と体で経験している。

彼らこそ、我々が近い未来にほぼ確実に遭遇する困難の当事者なのだ。

そしてまた、彼らと机を並べて学ぶ、日本をはじめとする先進国の子どもたちも、その当事者になる。

なぜなら、完全な大人になってしまう直前の、世界の現実を充分に理解できるくらいには精神が発達しているが、柔軟な感受性を失っていない時期の子どもたちなら、一緒に学ぶ友人たちの経験を自分の問題として受け止められる可能性が極めて高いから。

他ならぬ、りん自身がそうであったように。

りんがスラムで経験したことを、その後もずっと忘れずにここまでやって来ることができたのは、まさにその若者特有の感受性と共感する心のゆえだった。

そういう意味で、りんはあのメキシコのスラム以来、ずっと当事者だった。

その1年の間に、何度も話し合いを繰り返す中で、自分たちがつくるインターナショナルスクールを全寮制の高校にしようと決めたのも、つまりはそれが理由だった。

高校時代こそまさに、大人になる直前の理性と柔軟性を備えた時期と言えるだろう。もちろん個人差はあるけれど、中学生では少しだけ幼いし、大学生では少し遅いかもしれない。

お互いの個性を真正面からぶつけ合い、ある時は影響を受け、またある時には影響を与え、人格を磨くには、やはり授業だけでなく、日々の生活をともにする全寮制が理想だった。

それはりんが自らの経験で、確信を持って言えることでもあった。

こうして「アジアの多様な子どもたちにも奨学金制度で門戸を大きく開いた、全寮制高校のインターナショナルスクール」を日本に開校するという基本方針が固まる。

そして2008年の8月24日、りんは帰国する。

それこそ間違いなく、彼女の運命だったと私は思う。

その証拠に、運命はまさにその時期に合わせて、彼女に大きな試練を用意していた。

試練とはつまり、偉大なものごとを完成させるために必要不可欠な、ジグソーパズルのピースの別名だ。

もっともたいていの場合、そうと気づくのは後になってからのことだけれど。

4　資金は用意されていたが……

教育の素人が、まったくのゼロから始めて、ひとつの高校をつくるのに、いったいどれくらいの歳月と労力を要するものなのか、りんには見当もつかなかった。簡単ではないことは確かだけれど、りんはあまり深刻に考えなかった。

なにしろ、こういう学校は絶対に必要なはずだから。

少なくともりんと谷家の知る限り、それはいまだかつて日本に存在したことのない前代未聞の学校だった。にもかかわらず、よく考えてみれば、存在していなかったことが不思議なくらい、それは現在の日本とアジアにとって重要な意味を持つ学校だった。学校をつくる許可を出してくれるのが文部科学省か教育委員会かわからないけれど、りんには相手が誰であろうと説得できる自信があった。

もうひとつ、ある意味ではより重要なことだけれど、学校の設立資金の問題もクリアしていた。

「お金の心配はないから」

谷家は最初からそう言っていた。

どんなに素晴らしい理想であろうと、現実の社会でそれを実現するには、資金の問題抜きには語れない。こういう学校を設立するには、大雑把に見積もって十数億円という莫大な資金が必要だ。それだけの資金を用意するのは、当然だが並大抵のことではない。

けれどその問題は、最初から存在していなかった。

というよりも、資金があったから、この話が生まれたと言ってもいい。

谷家は、夢想家ではない。

優れたトレーダーとして現在の地位を切り開いた彼が、現実的な資金の問題を考えることなく、初対面のりんに話をもちかけるはずもない。

「学校をつくろう」と彼が言ったのは、設立に必要な資金の概略についてはすでに調査済みで、その資金を調達できるからこその話だった。

谷家はその巨額の資金を自分の個人的な資産から支出するつもりだった。自らが大株主となっていたベンチャー企業が株の上場に成功し、手元には学校を設立するのに必要十分な資金があったのだ。

学校であれなんであれ、それが社会に必要な事業で、そのための潤沢な資金が用意できるなら、何を迷う必要があるだろう。

ましてりんは、その仕事に自分の人生をかける覚悟を固めていた。

学校設立までに、どんな困難が待ち構えているかはまだわからない。尋常な困難でないことは充分に予測できたけれど、楽天家のりんとしては、何も恐れるものはなかった。

まさに満を持して、りんは帰国したわけだ。

そこに運命が彼女に用意した、試練が降りかかる。

まるで正確に時期を計っていたように。

2008年9月15日、アメリカのサブプライム住宅ローン問題に端を発した、リーマン・ブラザースの倒産がいわゆるリーマンショックとなって世界経済を大津波のように呑み込んだのだ。りんが帰国して3週間目のことだった。

「これはお恥ずかしい話ですけど」

谷家はそう前置きをして、その顚末を話してくれた。

「最初は充分な資金があったんです。ボストンコンサルティングの若い起業家と、不動産会社をつくったんです。不動産の連帯保証にビジネスとして初めて取り組んだ会社です。それまでの日本にそういう会社はなかったから、とてもうまくいきました。設立から2年で上場したんだけど、僕はその会社の三番目の株主だった。そういう会社が他にもうひとつあって、学校を設立するくらいの資金は充分に用意できたんです。友人には『ペーパーマネーだよ』って言ってたけど、サブプライムローン問題のあおりで地価が急落してその会社は倒産し、ほんとにペーパーマネーになってしまった」

事態がはっきりしたのは、2008年9月半ばのことだ。

日本に戻ったりんが、いよいよ自分の生涯をかける仕事に取り組むべく、谷家と打ち合わせをした時、その話になった。

学校設立のための資金を用意することができなくなった。諦めたくはなかったけれど、こうなった以上、諦めるしかなかった。UNICEFでの職を辞して帰国したりんに、この仕事のために払う給料すらなかったのだ。

その話に、りんがどんな反応をするか、皆目見当もつかなかったけれど、実際に彼女が示した反応は、谷家の想像から最も遠いところにあった。

つまりりんは、ほとんどなんの目立った反応も示さなかったのだ。

今までずっと話をしてきた、そのままの調子でりんは言った。

「わかりました。それじゃ、お金はこれから私たちで集めましょう」

そんなことは、本当になんでもない、ごく些細な、取るに足りない予定変更でしかないというように。十数億円という資金を用意することを、まるで町内会費を集めるのとさして変わらないことだとでもいうように。

30歳そこそこの、若い女性がそう言ったのだった。

投資家として、今まで巨額の資金を動かして生きてきた谷家でさえ、いやそうであったからこそなおさら、それだけの資金調達が、どれだけ難しいかを熟知していた。

これがもし、利益を生む事業なら、また話は違うかもしれない。投資した金が利潤を生んで還ってくるという話なら、そしてその事業にそれだけの成功の可能性があるなら、何億何十億という金を集めることも、もしかしたら不可能ではないかもしれない。

けれど学校は、営利事業ではない。学校への投資が、それに見合った金銭的利益を生むことはない。私財を投げ打ってという言葉があるけれど、投資と言うよりはむしろその私財を投げ打つ行為に近い。これは投資ではなく、寄付なのだ。そんなことをしてくれる人がいるだろうか。投資家として冷静に考えれば、それは不可能だと言うべきだった。

そうしなかったのは、りんの態度があまりにも自然で自信に満ちていたからだ。

この人なら、もしかしてその不可能を可能にできるのではないか。

まるでファンタジーのような話だったけれど、谷家はいつの間にか、自分がそう信じ始めていることに気づいた。

「ブルドーザーのような人って言ったら、りんちゃんに怒られるかな。だけど、彼女はそんな感じだった。目の前にどうしても越えられない壁があるとするでしょう。普通の人なら、その障害をどう避けて進むかを考える。だけど、彼女は違うんですよね。そのまんまブルドーザーのように真っ直ぐ進んで、その壁を突き崩してしまうんです」

まるでヒーローを語る少年のように、瞳を輝かせながら谷家はそう語った。

「だからこれはほんとに勝手な話なんだけど、もしりんちゃんが本気でそれに取り組むつもりなら、それに乗って是非この話を進めたい。そう思ったんです」

5　バトンはりんに手渡された。

谷家が「勝手な話」と言うのは、この話を進めるということは、つまりりんが無給で働くことを意味したからだ。学校ができるまでに何年かかるかまだわからない。何年かかっても、自分は無給でこの仕事に取り組むとりんは言った。

学校をつくることを考えたのは谷家だ。

けれどこの時から、そのバトンはりんに手渡されたのだと私は思う。

なぜならこの時点で、りんがもし諦めたら、この話は終わると決まったからだ。

それは、谷家という人物の真価が発揮された時でもあった。

長年温めてきた自分の夢を、すんなりと手渡したわけだから。

谷家がそこで手を引いたということではない。彼とりんとは、その後も二人三脚で、学校をつくるという、少なくともこの時点でほぼ夢物語と化した夢の実現のために、力を合わせてきた。

それでもやはりこの時から、学校づくりの核心はりんが担うことになった。

それは、谷家という投資家ならではの行動だったとも言える。

資金があったとしても、おそらく彼はその主導権をりんの手に委ねるつもりでいたはずだから。

谷家の個人的な投資は、いつもそういう形を取っていた。若い才能に出会った時、彼はその若者を自分の部下にするのではなく、彼らをトップに据えた。

りんがかつてベンチャー企業で学んだように、大きなものごとを成し遂げるためには、その成功をどこまでも信じ切るリーダーがいなければならない。

そしてそれは、実際にそのものごとを成し遂げる人物であるべきなのだ。

だとしたら、それは投資家ではなく、投資を受ける人間だ。

そういう意味で、谷家はりんに自らの夢を投資したのだと思う。

まったくのゼロから学校をつくるという、荒唐無稽な夢を心の底から信じていたのは、この時点では少なくともこの世に、小林りんただ一人だった。

「私はこのプロジェクトのために生まれてきたんだと思う」

りんはその頃、何度も谷家にそう言っている。

「どんな大きな失敗をしても、その失敗を糧として前進する限り、それは失敗ではないって言うじゃないですか。それとよく似た話だなと思ったんです。私だってそれがそんなに簡単じゃないことはわかってました。だけど、たとえ何年かかろうと、10年かかろうと20年かかろうと、私が諦めずに続けていけば、いつかは必ず学校ができる。だから私は絶対に諦めない。そう心に決めたんです」

もちろん、それは簡単な仕事などではなかった。

なにしろその時に存在したのは、〝学校をつくる〟という曖昧模糊とした目標だけだった。

そもそも〝学校〟は、どうやってつくるのか。何をすればいいのか。

そういう最も基本的なことさえも、まったくわからなかったわけだから。

しかもその上、十数億円の設立資金をどこからか集めなければならなかった。


日本に戻って、「学校をつくる」と決めたその時から、りんはさまざまな人に会い始める。特に最初の10ヶ月間は、ひたすら人に会い続けた。

「最初にやったのが、2008年12月に谷家さんのお家でやったクリスマス会かな。そこで建築家の鈴木エドワードさんに『理事をやってもらえませんか』っていう話をしました。彼自身もインターナショナルスクールの出身で、私たちの話に共感してくださったんです。学校の規模から、だいたいこれくらいの資金が必要だっていう概算を出してくれたのも彼でした。それからチームをつくろうという谷家さんのアイデアで、2009年2月に設立推進協議会を立ち上げ、ソニー（アドバイザリーボード議長）*の出井伸之さん、日本アイ・ビー・エム（最高顧問）*の北城恪太郎さん、オムロン（取締役副会長）*の立石文雄さんの3人に発起人になっていただいたんです」

現在の日本において、新設校をつくる母体はそのほとんどが学校法人だ。あるいは学校法人格は持っていなくても、大手の塾など教育に携わる財団や組織だ。それぞれに実績もあれば、社会的信用もある。そして、政財界に一定の支援者や支持者を持っているのが普通だ。

ところがこの時、りんたちにそういう実績や信用は何もなかった。

教育業界における彼らは、古い言葉を使うなら、〝どこの馬の骨かわからない〟新参者だった。

＊いずれも立ち上げ時の肩書

彼らがどんなに素晴らしいアイデアを語ろうと、何億円という単位の寄付を集めるのは難しい。チームはそのためにも必要だった。

この学校設立のための発起人の顔ぶれが、ひとつの社会的信用になるからだ。社会的に信用されている人たちが支持しているという事実が、これが単なる若者の思いつきではなく、本気で応援する意味のあるプロジェクトだということを裏付けてくれるはずだ。

とはいえ、その最初の一歩でさえも簡単ではなかった。

出井や立石のような、昔から谷家やりんをよく知る人の中には、ほとんど二つ返事で引き受けてくれた人たちもいたけれど、それはむしろ例外だった。

「なにしろ最初は、彼女たちがどんな学校をつくろうとしているのか、その姿形がまったく見えなかった」

と、語るのは、当時朝日ネットの代表だった山本公哉《やまもときみや》だ。

「誰かのパーティで小林さんと会って、『リーダーをつくる学校』をつくりたいっていう話を聞いたんです。2008年くらいのことです。コンセプトが明確だし、面白い話だなとは思いました。リーダーをつくりたい。だから学校をつくるんだなんて話は、それまで聞いたことがなかった。

ただ、あの時点では、それ以上の具体的なことが何も固まっていなかった。たとえば、どういう人物像を指してリーダーと言っているのかが僕にはよくわからなかった。彼女のリーダー像がまだかなりシンプルだったんです。『リーダーという概念自体が、すごく多様性があるんじゃないですか』って、その時彼女に言ったことを憶えてます。集団を率いたり、権力を行使したりするだけがリーダーじゃない。たとえば何か、世の中のためになるものを発明することでも、ある種のリーダーになれるんじゃないかとか。リーダーがいてフォロワーがいてという流れだけではなく、フォロワーになることを決めた人間も、ある種のリーダーである場合もあるよね、というような話をしました。

僕の印象では、彼女は『ああ、なるほど』と言いながら聞いてくれたような印象がありましたけど、それは裏を返せば、彼女はまだそこまで、リーダーとはなんぞやということを突き詰めて考えていなかったということでもある。

だから、彼女の話を聞いた印象は、漠然としているなあと思いました。学校をつくると言っても、その姿形がぜんぜん見えなかった。ただ、その話をする小林りんさんのエネルギーは感じましたけれど。可能性は感じたけれど、まだコンセプトもそれほどしっかり煮詰められていなかった。ところが、その初めて会った日の翌日くらいに、彼女から『もう一度、お目にかかれませんか？』というメールが来たんです」

メールには「学校の設立推進協議会の理事になって頂けないか」とあった。山本は断るつもりで、りんと会った。場所は銀座の交詢社の中華料理店だった。

「漠然とした話だったし、その理事が、何をやるかがまったくわからない。しかも、僕は朝日ネットを２００７年の12月に東証一部に上場したばかりで、忙しかった。断るつもりでいたんだけど、そこで熱く語るりんちゃんを見ているうちに、断ることを考え直したんですね。あまりにも熱かったから。もう一度考えてみますとお返事をして、今でも忘れませんけど、その後、彼女にメールを書いたんです。『やるからには覚悟を決めてやります』って。自分に意味のあるお手伝いができるかどうかもわからなかったけれど」

山本のような人はむしろ例外だった。

彼が感じた通り、その最初の時点では、それはプロジェクトというよりむしろ漠然とした夢に近かった。りんには社会的信用のある人の応援が必要だった。けれど、社会的信用のある人がそんな夢みたいな話に、簡単につきあってくれるはずもない。

彼女は何人も、いや何十人もの人に会い、何十回も自分の〝夢〟を語った。

探さなければならないのは理事だけではなかった。新たな出資者や、実際の仕事を手助けしてくれるボランティアも探さなければならなかった。

それは後からふり返れば、さすがのりんも二度とそんなことが自分にできるとは思えないような、困難で苦労に満ちた険しい道のりだった。

けれど挑戦者にはひとつ有利なことがある。

やってみなければ、それがどんなに大変なことかわからないのだ。

遠い道を行く人のように、いつかは必ず目的地にたどり着けることを信じて、一歩一歩前に進むしかなかった。

6　幕張インターナショナルスクール。

2009年の初めのこと。

千葉県総合企画部国際室の入江信明《いりえのぶあき》に、その話を持って来たのは千葉県庁の同僚だった。国土交通省の友人から、幕張インターナショナルスクールの担当者の話を聞きたがっている人がいるから相談に乗ってもらえないかというメールが入ったというのだ。

メールには、入江に面会を求めているのはその国交省の役人の大学時代の同級生で、人物については自分が保証しますと書かれていた。所属も肩書きもなく、小林りんという名前だけが記されていた。組織ではなく、個人として話を聞きたいということらしい。

個人という資格では、信用が得られないことを心配したのか、役人は自分の他にもう一人、ある県の知事の名をメールに記していた。彼も自分も、小林りんの大学時代の同級生で、人柄については二人が全面的に保証しますということだった。

国交省の役人と知事が人柄を保証しているということよりも、その念の入った紹介の仕方に、入江はある種の感銘を受けた。少なくともこの小林りんという人は、友人にそういうことをさせる信頼の厚い人物らしい。

「私は学校をつくりたいと考えています。インターナショナルスクールであり、法律に定められた一条校でもある学校です。今日はその一条校をつくる方法を教えて頂きたくお邪魔いたしました」

県庁を訪ねて来た小林りんは、入江が勧めた椅子に腰をかけるとそう言った。

幕張インターナショナルスクールの開校が3ヶ月後に迫っていた。

それは、入江がその数年間無我夢中で取り組んできた仕事だった。3年前、そのプロジェクトの担当者となった当初は、本当にこの仕事をやり遂げられるかどうか半信半疑だった。その後も何度諦めかけたかわからない。

公務員の仕事は、一般的に想像されているほど、決まり切った単調なものばかりではない。営利を追求する企業とは性質や方向性は異なるにしても、前例やマニュアルなどどこにも存在しない初めての挑戦的な仕事も少なくなかった。ニューヨークのJETROへの派遣など、千葉県庁に入庁した時から、どういう巡り合わせか国際関係の部署に配属されることが多かった入江にとっては特にそうだった。

もっとも、学校をつくるというプロジェクトが困難だったのは、それまでどこの県職員も取り組んだことのない仕事だったからではない。それがインターナショナルスクールであり、なおかつ学校教育法一条の規定に基づく一条校だったからだ。しかも、設立資金の半分以上は民間の企業からの寄付を集めなければならなかった。

全額税金で負担できなかったのは、財政上の問題というより、その学校の性格によるものだ。簡潔に言えば、その学校は、国際都市をつくるという意気込みで千葉県が開発を進めていた幕張地区に、ＩＴ企業をはじめとする海外の先進企業を誘致するための、一種の社会的インフラとしての役割を担うことになっていた。

成田国際空港と都心部のほぼ中間に位置する幕張地区は、交通も至便で、高層のテナントビルに象徴されるように、ビジネス環境も整っている。都心に比べればオフィスの家賃も安価だ。日本への進出を考える海外の企業にとってかなり魅力的な場所だが、欠けているものがあった。

企業の社員の子どものための学校だ。東京には約40校、神奈川県にも10数校のインターナショナルスクールがあるというのに、幕張地区はおろか千葉県全体を見渡しても、ただの一校もインターナショナルスクールがなかったのだ。

中高生なら幕張から都心のインターナショナルスクールに通わせるのはそれほど難しくないけれど、小学生やその下の年齢の子どもには負担だ。ビジネス環境は整っていても幼い子どもを通わせる学校がないということで、幕張が敬遠される可能性があった。逆に言えば、そういう子どもたちのためのインターナショナルスクールを千葉県が主導してつくることは、このビジネスエリアの開発に地元の地方自治体がどれほど真剣に取り組んでいるかを示すことでもあり、それはすなわち誘致のための大きな宣伝にもなる。

当然のことだが、それはインターナショナルスクールでなければならなかったし、それゆえに県立校とするわけにはいかなかった。県や市ももちろんある程度の資金は支出するけれど、この産業振興の恩恵を受ける産業界からの寄付を募り、学校法人をつくるという方向性で進めなければならない話だった。

とはいえ、税金からお金を出してつくる学校である以上は、県民の子どもにも門戸を開いておく必要がある。海外からの帰国児童や、英語教育のため就学を希望する日本人の子どものために、それはインターナショナルスクールであると同時に、学校教育法の第一条に規定される正式な日本の学校、すなわち一条校でなければならなかったのだ。

日本の法律上は、一条校でなければ義務教育の履修とは認められない。小学生や中学生の年齢に相当する児童を一条校でないインターナショナルスクールに通わせることは、厳密には法律違反にあたる。県が主導してつくる学校が、県民に法律違反をさせるわけにはいかないから、どうしても一条校でなければならなかったのだ。

一条校として認められるための条件は厳しい。校舎や教室、校庭など、学校の設備に関する基準も厳しいし、文部科学省の学習指導要領に沿った授業を行わなければならない。教師は原則として日本の教員免許を有していなければならないなど、ことにインターナショナルスクールにとっては、クリアが難しい規定が山ほどある。

たとえばインターナショナルスクールである以上、教師は英語圏の出身者か、少なくともネイティブスピーカーと同等の英語力がなければ勤まらないが、そういう人物でなおかつ日本の教員免許を有している人材はゼロではないとしても、必要十分なだけ集めるのは現実的には不可能に近い。法律を変えるか、法の運用を変えてもらうか、あるいは法律を精査して、なんとか抜け道を探すか……。いずれにしても、簡単に越えられる壁でないことは確かだ。この件ひとつだけ取ってもかなりの難問だけれど、一条校のインターナショナルスクールをつくるまでの過程は、いわばそういう難問だらけの道なき道だった。

その困難さを身をもって経験していただけに、これまでに学校運営に携わったこともないのに、県庁の打ち合わせ机の向こう側に端然と座り、ただ素直に「学校のつくり方を教えてほしい」と訴えているこの小林りんという人物が、入江には不思議に見えた。

幕張インターナショナルスクールの設立には、カリフォルニア生まれで自身も帰国子女だった当時の堂本知事の強い支持があった。それでも、県の職員として、行政の後ろ盾がある中でこのプロジェクトを担当してきた自分でさえ、同じことをもう一度やれと言われても、はたしてできるかどうか不安になるくらいの大仕事だったのだ。

小林によれば、少なくとも今のところ、このプロジェクトを支える組織は何もないという話だった。この人ほとんどたった一人で、この巨大な壁に挑もうとしているのだ。

まず、そのことに入江は感動した。

しかも、こんなに若い女性が。

いや、若いからこそ、挑めるのかもしれない。

無謀とは、思わなかった。

なぜなら、彼女の話はとてもしっかりしていたから。

なぜ、自分はこの学校がつくりたいのか。小林はその話をするために、自分が今まで歩んできた人生の道のりを語った。

少女時代に抱いた問題意識から始まって、さまざまな職業を経て、UNICEF職員となり、フィリピンで活動してきたこと、そこで見たこと、考えたこと、迷ったこと。そして、その結論として、こういう学校をつくらなければならないと考えるようになったこと。

それは、単なる思いつきではなかった。彼女は、ただの夢を語っているわけではなかった。さまざまな経験を重ね、いくつもの仕事の現場で働きながら、行き着いたひとつの思いだった。学校をつくろうと考え始めたのは、最近のことかもしれないけれど、その思いは彼女のこれまでの人生経験にしっかりと裏付けられていた。

7　私立学校とは、〝思い〟の塊。

「現場を知らずに、夢だけを話している人には危うさがあるじゃないですか。地に足が着いていないというか。あんなに若いのに、彼女の話にはそういう危うさがなかった。大学を卒業してからたくさんの経験をされて、いろんな仕事の現場を知って、言うなれば社会の壁や現実を理解した上で、学校をつくるという結論に辿り着かれたんだなあと思いました。行政の私がやっても何度も諦めかけたくらいだから、個人である彼女にとって、それがどんなに大変なことかは言うまでもない。小林さんもおそらくそれはよくわかった上で、腰を据えてこの仕事に取り組もうとされていた」

入江はりんの第一印象を、そういう風に語りはじめた。

幕張インターナショナルスクール開校に向けて奔走していた頃、彼はある学校関係者から厳しい言葉を投げかけられたのだそうだ。

「私立学校とは、こういう学校がつくりたい、こういう教育を提供したいんだという人たちが、私財を投げ打って、お金が足りなければ、寺子屋からでも始めるようなつもりでつくるものなんです。そういう思いの塊なんです。そういう思いで、私たちは学校をつくっている。けれど、県がつくろうとしている学校からは、そういう思いが見えません」

言われてみれば、なるほどそうだった。外国人の子どもを受け入れるとか、国際化をはかるとか、そういう効果はいくらでも言えた。けれど、そこに思いがないと言われると返す言葉がなかった。打算と言ったら言い過ぎかもしれない。けれど、子どもたちの人生を大きく左右する学校を、自分たちがあたかも国際化のための道具のように考えていたのは事実だ。学校をつくると言いながら、子どもたちのことを第一に考えていなかった。

りんの話を聞いて、入江はその時の忸怩たる気持ちを思い出したと言う。自分と彼女には大きな違いがあった。学校をつくるという彼女の計画は、自分たちが持ち合わせていなかった、まさにその思いから始まっていた。

「彼女はフィリピンで教育支援の仕事をしていた時の話をしてくれました。そういう支援活動で１日１ドルで暮らす子どもの生活を、１日２ドルとか3ドルにしてあげることはできるかもしれない。だけど、それはいわゆる対症療法であって、問題の根本的な解決法にはならないことを、自分はフィリピンで知ったと。それを10ドル１００ドルと大きく上げていくためには、貧困という問題を根本から解決するには、国のリーダーを育てなければならない。そういうリーダーを育てるための学校を、私はつくりたいんだと。そういう意味のことを仰った。そういう思いがあって、だから学校をつくりたいんだと。そこには、打算も何もなかった。小林さんには、私にはなかった強い思いがあったんです。

正直なことを申し上げます。その時、すぐに彼女にそれができると思ったかと言われれば、難しいと思いました。行政という後ろ盾があっても、あれだけ大変だったわけですから。だけど、この人なら何年でもやり続けるだろうと、10年経っても、15年経っても、やり続けているだろうと思った。最初は10人の学校かもしれない。一条校ではないかもしれないけれど、きっとこの人は学校をつくるだろうと。それがどういう形であっても、やり遂げるだろうという感じは受けました」

もう少し言えば、たとえ何年かかったとしても、どんな形であろうと、この人には学校をつくってほしいと入江は思った。

相手が誰であろうと、入江は自分の知っている限りのことは教えるつもりでいた。幕張にインターナショナルスクールをつくるために奔走してきたこの数年の間に、たくさんの人に助けられてきた。その恩を返すためにも、自分の経験は誰にでも惜しみなく伝えるつもりではあった。けれど、そういう義務感とはまた別の何か、入江の心の琴線に触れる何かをりんは持っていた。

入江はその大きな夢と、その夢をもしかしたら実現してしまうかもしれない彼女の経験と能力に、そして何よりもその驚くほど強い意志に、月並みな表現を使えば、感動したのだと思う。そして、心からその成功を祈ったのだ。

「彼女にはしっかりした考えがあって、決して揺るがない強い思いがあった。素晴らしいアイデアじゃないですか。貧しい国の貧しい子どもたちと、豊かな国の豊かな子どもたちが一緒になって、世界をより良く変える人間になるために勉強するなんて。是非、このプロジェクトは成功して欲しいと思いました。だから、私の経験がもしもお役に立つなら、なんでもお話ししようと思いました」

行政の人間らしく、入江のりんへの説明は簡潔だった。

一条校のインターナショナルスクールを設立するには、何をしなければいけないか。煩雑な手続きの内容から、関係する諸法規、交渉すべき省庁や役所の部署にいたるまで、入江は順を追って、的確に説明してくれた。

説明は簡潔だったけれど、なすべきことは気が遠くなるほど膨大だった。

8　開校までのロードマップ。

「小林さんには、学校の開校までにはこういう流れがあったんですよということを、ひとつひとつご説明しました。財団とは何かとか、財団をつくるにはどうしたらいいのかとか。だからそんな大それた話ではないんです。私は自分がわかっていることで、彼女が知っているとためになりそうなこと、知っておいたほうがいいだろうなと思われることをお話ししただけですから」

入江は控えめな口調でそう語るけれど、それはまさにこの時のりんが最も必要としていた情報だった。彼女にとって幸運だったのは、高校と小学校という違いはあるにせよ、りんがこれから突き当たりそうな壁や、陥る可能性のある落とし穴を、3年という時間差で、入江が経験していたということだ。前人未踏の高峰に挑もうとしたら、その山に登ったばかりの人と出会ったようなものだ。

入江はその登山を、構造改革の特区を申請するところから始めた。こういう自由なカリキュラムの学校をつくるということを特区申請したのだ。

構造改革特区は、小泉純一郎首相の時代に始まったいわゆる規制緩和策の一部で、認可一号は群馬県太田市の外国語教育特区だった。義務教育である小中学校で、原則としてすべての授業を英語で行うことを可能にする特区だ。この認可に基づき、小中高一貫教育のぐんま国際アカデミーが2005年4月に開校している。

「文部科学省の方からは、『これ特区じゃなくても、今の制度の中でもできるよ』という話もあったんだけれど、私たちには特区に認めてもらうことがシンボルとして大切だったんです。基本的にすべての授業を英語で行ってもいいという特区です。こういう流れを国も認めているんだよということを、はっきり示したかった。構造改革特区というのは、地方発のいろんなアイデアをトライ&エラーでいいからやってみて、うまくいったものを全国に普及させて、日本の国力を上げていくという発想なわけじゃないですか。だから、『ともかく我々はこういうことをやってみたいので、その承認をください』ということで、特区を認めてもらったわけです。その上で、企業さんや学校関係者に集まってもらって、これは国も認めるプロジェクトですということで、千葉県にインターナショナルスクールを設立するための協議会をまずつくりました。知事に会長になって頂いて、みんなでやりましょうという旗振りをするわけですね。

要は、このプロジェクトは県庁だけじゃない、産業界だけじゃない、学校だけじゃない、千葉県全体みんなで進めようというプロジェクトなんですよという形をつくる。その協議会をつくったら、次は設立準備委員会をつくる。協議会はいわば応援団、できるだけたくさんのメンバーを集めたほうがいいから、私たちの時はメンバーが50~60人くらいになっていました。その全員が実際に集まって議論するのは効果的ではないから、協議会の中のコアメンバーで準備委員会をつくって、実際の活動はここでやるわけです。それから寄付金集めを始めました。

千葉県や千葉市からもお金は出ることになっていましたけど、企業さんからの寄付も集めなければできないんですね。このお金集めがとにかく大変だった。目標に達したのはだいたい一年後、平成19年の8月の最後の土曜日にある企業さんから、ある程度まとまった額の寄付の内諾を頂いて、なんとか目処が立ちました。あの土曜日のことは、忘れられないですね。それまではいつこのプロジェクトが廃止になってもおかしくなかった。県が主導しても、そういうものなんです。みなさんの賛同がなければ、学校なんてとてもつくれない。

それで、お金の目処が立ったところで、校舎の設計を始めました。土地に関しては、我々には幕張に用地がありましたから心配なかったんですが、小林さんの場合はその土地探しもしなきゃいけないですよね。土地を探して、校舎を設計したところで、今度は学校をつくることを認めてもらわなければいけない。私学審議会に学校設立計画書を提出して、審議して頂くわけです。大まかな校舎の設計図と、それから企業さんからの寄付の内諾書を提出して、お金はこれだけ用意できます、こういう校舎を建てますというのをお見せして、私学審議会で認めていただいて、ようやく財団がつくれる。財団をつくって、そこを寄付の受け皿にしないと財務省から指定寄付金の控除を受けられないんだけど、このハードルが厳しいんです。同時進行で、学校長の決定をして、事務職員や教職員の採用、さらには生徒募集をしていくわけです。

これはほんとの大筋ですが、もう少しそれぞれについて細かく、小林さんにお話をしました。『これで学校設立までのプロセスがわかりました』って、小林さんには仰っていただけたので、多少はお役に立てたのかなとは思いましたけれど」

多少どころではない。入江がりんに示したのは、学校設立までの詳細なロードマップだった。りんが入江と会ったのは、その一度だけだった。その後、何度もメールのやりとりをしたけれど、実際に面と向かって会ったのは、その時だけだ。

けれどそれからも、二人の関係はずっと続いた。

「何か困ったことがあると、入江さんにメールを書いてました。十通近く書いたと思う。一年後にメールを書いても、すぐに返信が来る。どんな質問に対しても、事細かに必要な資料をすべて添付して、ものすごく適切な答えが返ってくる。なんていうか、すごいんですよ。たとえば財団寄付行為について質問すれば、財団を登記するに当たって、寄付行為はこうしましたとか、法務局でこういう手続きをしましたとか、詳しい説明と資料がメールに添付されて届く。校舎の建設コストが知りたくなってメールを書くと、詳細なコストが全部送られてくる。ただの説明じゃなくて、どういうところで私が躓いているかを理解して、どうすればそれをクリアできるか適切なアドバイスが添えられている。ほんとに助かったし、今思っても不思議なくらい入江さんは助けてくれた」

入江が、まず最初にりんがやるべきこととして挙げたのは人集めだった。

「これは一人でできることではないし、また一人でやるべきものではない。まず、同じ目的を共有できるチームをつくらないといけません。その分野の専門家で、なおかつこのプロジェクトに賛同し、協力してくれる人たちのチームが必要になります。多ければいいってものじゃない。チームを運営することにエネルギーが費やされてしまいますから。核となる何人かの人たちが要るということですよね」

問題は、人を集めるにしても、支払う給料はないということだった。りん自身も無給だったけれど、この仕事のために一緒に働いてくれるスタッフも、少なくとも当面は無給ということになる。だから、同じ方向を向いていて、なおかつボランティアでこのプロジェクトに協力できる人を集めなければならなかった。

それは、もちろん大変なことではあったけれど、少なくともこの最初の段階では、りんと谷家のプロジェクトを推進する力になった。

このプロジェクトに心から賛同できなければ、無給で自分の時間を使って、この仕事に取り組むなんてとてもできる相談ではなかったからだ。

お金がなかったことが、逆に思いを同じくする仲間を集める結果になった。

それからのりんは、会う人ごとに学校の話をするようになった。自分と谷家が、どんな学校をつくろうとしているかを、なぜそういう学校をつくらなければならないのかをりんはさまざまな人に語り続けた。

世界のさまざまな国の、多様な子どもたちが一緒に学ぶ、奨学金制度の充実した全寮制のインターナショナルスクールを日本につくる。

それは、今の日本にとって、いや世界にとって必要なことなのだ。

そう確信してはいたけれど、それは言うなれば冬の花芽のようなもので、谷家と二人でその話をしていた時には、まだ硬い小さな蕾みでしかなかった。

その話を誰かにするごとに、そしてその誰かから共感を得るごとに、りんと谷家自身の中で、自分たちの考えていることへの確信が強くなっていった。

この学校は、なんとしてでもつくらなければならない。

誰かに話せば話すほど、その思いは強くなった。

9　集う人々。

香坂早苗《こうさかさなえ》が、その人に初めて会ったのは2007年のことだ。社会人になって8年の歳月が過ぎようとしていた。そろそろ子どもの頃からの夢だった教育の仕事に携わりたいと考えていた矢先のことだ。

そういう時期に、友人から一人の女性の名前を聞かされる。その女性はフィリピンのUNICEF職員としてストリートチルドレンの教育に取り組み、街角や公園に出かけていって、正式な学校に通えない貧困層の子どもたちのために、非公式な教育プログラムを実施する活動をしているという話だった。

香坂はその女性に話を聞きたいと思った。メールを送ると、すぐに「次に日本に帰国した時にお目にかかりましょう」という返事が届いた。夫を日本に残しての単身赴任で、1ヶ月に1度は東京に帰っているという。

その最初の出会いから、香坂はその女性の生き方に興味を持った。

「なんていうか、真っ直ぐなんですよ。今でも彼女のパッションは、私はそこにあると思うんですけど、教育を通じて社会を平等にしていくっていうところに集中している。人間って、生まれたときのチャンスはバラバラですよね。能力があるのに、環境が整っていないために能力が発揮されない子どもがたくさんいる。たとえばそういう子どもたちに道筋をつくってあげることに、彼女は根本的に興味があるんだと思う。その思いを貫いて、現実にそういう仕事をしているのがすごいと思いました。そのエネルギーに圧倒されたというか。

仕事に対する姿勢も素晴らしかったけど、ミーティングの後に彼女は自分の友人を呼んでたんです。友だちに会える時間がないからって。その友だちが来たら、ぜんぜん違うんですよ、彼女の雰囲気が。さっきまで私と真面目な話をしてたのに、わーってすごい弾けて。大学時代のお友だちだったと思うんですけど、急にテンションが高くなって、人生もエンジョイしてるんだなっていうのが、それでわかって。こんなにすごいキャリアを築いていて、自分が本当に興味があることをずっとやってきた人のエネルギーはあるんだけど、それとはまた違う面もあって、本当にフルで人生を楽しんでいる人なんだなと。こういう人もいるんだって、まず彼女という人間に興味を持ったんです」

香坂が興味を持ったその女性とは、もちろん、りんのことだ。

フィリピンのUNICEFでの仕事について質問されると、りんは自分の思いを率直に打ち明けた。つまり、それは子どもたちを守る大切な仕事だけれど、この世界を変える仕事とはまた別のものだ。だから、今はそこで自分にできる限りの仕事をしているけれど、いつまでもそこにいることはないと思う、と。

りんがフィリピンから帰国して、学校をつくるために奔走し始めるのはその1年後のことだ。

入江が指摘したように、一人でできる仕事ではない。自分と同じように、この仕事にボランティアで取り組んでくれる仲間を集めなければならなかった。

そのりんの呼びかけに応えたのが香坂だった。彼女は自分の仕事を終えた後の夜間や、休日の時間の大半を費やして、ボランティアでりんの仕事を手伝い始める。

そういう無償の協力を引き受けてくれたのは、彼女だけではなかった。

「他にもたくさんいたんですよ、そういう仲間が。まだ十代の頃に中国語のクラスで机を並べていた旧友や、アメリカの大学院時代に姉妹のように仲良かった友人。たまたま私の話が載った新聞記事を見て『産休中だから手伝えることあればやりますよ』ってメールくれた人、『こんな学校ができるなら自分の子どもたちを通わせたいから話聞かせて』って言われて会った人。フィリピンから帰国する時に私が書いたブログを読んで、連絡をくれた人もいました。『りんさんが書いていた〝次の一手に選んだ仕事〟って何ですか？』って。

へー、そんな学校が本当にできるなら、私も手伝うよって。みんなが、それぞれにできる範囲で、できる限りの能力と気持ちを持ち寄って、プロジェクトを紡ぎ始めていた時期だったと思います。彼女たちの助けがあったからこそ、学校をつくるという単なる夢物語を、実現性のあるプロジェクトへと具体化することができたんです」

りんはしみじみとした口調で、当時のことをそう語ってくれた。

りんたちは２００９年2月に立ち上げた設立推進協議会を、その2ヶ月後に一般財団として登記する。ただし、一般財団では寄付の控除が受けられないから、さらに公益法人に認定してもらわなければならない。これが、かなりの難題だった。幕張インターナショナルスクールの時代には、学校設立準備財団という制度があったが、２００８年12月から施行された公益法人制度改革の新制度でこれがなくなって、公益法人に一本化されたからだ。

「その認定要件が、かなり厳しかったんです。窓口は内閣府なんだけど、提出する書類がたくさんあって、私たちの手に負えるものではなかった。プロにお願いしようと思って調べてみたら、けっこうな費用がかかることがわかって、困っていた時に『そんなの簡単よ』と言って手伝ってくれたのが、中室《なかむろ》さんだった」

りんが中室さんと呼ぶのは、教育経済学の専門家で慶應義塾大学総合政策学部准教授の中室牧《まき》子《こ》のことだ。

「彼女は慶應大学の竹中平蔵ゼミの出身で、日銀から世界銀行に行って、コロンビア大学の大学院でPh.Dを取り、私が会ったのはちょうど日本に帰って来て東北大学の助教になったばかりの頃だった。彼女の存在も大きかった。友人の紹介で知り合ったんだけど、話をよく聞いたら、専門は教育経済学、教育の効果を定量化するという研究をしてきた人で、まさにぴったりの人選だった。公益法人から学校法人になる時の申請も、外国人の教師を雇用するための特例校制度の申請も、ほとんど彼女がボランティアでやってくれた。まるで魔法みたいにさらさらっと」

りんはそう話してくれたけれど、中室本人の話はかなり違う。

まず第一に、中室には「そんなの簡単よ」なんてりんに言った覚えはない。第二に、中室は書類仕事が好きでもなければ、それほど得意でもなかった。第三に、簡単も何も、どの役所にどんな書類を提出すればいいかまったくわからなかった。

当然のことだ。

なにしろりんたちがつくろうとしているのは、この日本にはいまだかつて存在したことのない高校だった。しかも、日本の法律に基づく一条校だ。どうすれば、そんな学校をつくることができるのか、それは学校設立に関わるさまざまな役所、文部科学省や内閣府や県庁のお役人たちでさえも、実のところよくわからなかった。

学校をつくる方法は、ヒアリングをしたり、話し合いをしたりしながら、りんたちと関係省庁や県庁の担当者が一緒に考えたというのが本当のところなのだ。

中室はこう語る。

「私が手伝い始めたのは、ＩＳＡＫの話が、まだ単なる構想だった頃ですね。りんさんと初対面の時、私はすでに彼女のことをよく知ってたんです。私の昔のボーイフレンドが、慶應大学のＳＦＣ（湘南藤沢キャンパス）でりんさんと同級だったから」

１９９３年6月にＵＷＣを卒業して帰国したりんは、94年春に東京大学に入学するまでの半年、慶應大学のＳＦＣに籍を置いていた。

「そのボーイフレンドが、やたらとりんさんの話をしてたんです。りんさんは結婚する前で、まだ渡邊だったんだけど、『いやあ、渡邊りんっていうすごいのがいてさ』って話から始まって。毎日のように『りんが』『りんが』って。

慶應を卒業する時には、私の人生でもう渡邊りんという名前を聞くのは充分だっていうくらい聞いてたんで、初めて友人に紹介されて彼女に会った時には、ちょっと微妙な感じでした。ついにこの日が来たかと。これがあの渡邊りん、かと。

りんさんは、もちろんそんなことは知らない。彼女はひたすら、学校をつくる話をしてました。とにかくあの頃は人手が足りなかったから。私に『手伝ってほしい』ということだったんだと思います」

全寮制のインターナショナルスクールをつくろうとしていることまでは理解できたけれど、その先がよくわからなかった。具体的なことが、まだほとんど何も決まっていなかったからだ。手伝ってほしいと言われても、彼らが何をしたいのか、自分が何を手伝えばいいのか、よくわからなかったと中室は言う。

「たぶん最初は、りんさんもよくわからなかったと思う。ただ、彼女のパッションに動かされて、『じゃあ手伝うわ』って言ってた。私が手伝い始めたのは2010年の初め頃だったと思います。その頃には、仕事が、たとえば学校の財務モデルづくりとか、いくつかのチャンク（塊）に分かれていて。『今、誰々さんが、これこれこういうことをやっていて』という話の中で、誰もまだほとんど手をつけていなかったのが、許認可の話だったんですよね。

私、日銀出身だから。私だけが多分パブリックセクター出身という感じだったから。じゃあ私がそこのチャンクをやりましょうかっていう話になっただけのことなんです。振り返ってみると、私にはまったく向いてなかったと思います。お役所向けの書類を書くのが得意だなんてとんでもない。そういうことが向いてなかったから日銀を辞めたわけであって、今でも充分その仕事で役に立てたかはよくわからないんです」

たとえば公益法人として認定されるには、民間有識者からなる第三者委員会の審査を経なければならない。認定の要件はいくつかあるけれど、公益目的の事業比率が50％以上であること、それからその事業を遂行する「技術的能力」があることなどを納得させる必要があった。事業を遂行する「技術的能力」とは、りんたちのケースで言えば、つまり具体的な計画に基づいて確実に学校を開校できることを納得してもらうということだ。

「あの頃は、3年後の開校を目指してました。その3年間の計画の全体像を、りんさんにばーっと話してもらって、それを書類に落としていくという作業をするわけです。難しかったのは、公益法人の認定制度が、例の公益法人制度改革で始まったばかりで、こうすればいいっていう前例がなかったんです。だからまずは、人脈を辿って公益法人改革にずっと関わっておられた内閣府の偉い方のところに行ってお話を聞いて、みたいなところから始めました。書類を書くにしても、役所の人に相談して、『ここを直してください』とか指摘されながら、あっちを直しこっちを直ししながら、ほとんど手探り状態で書いていくという感じでしたね。

3年計画の書類を出した時、なぜか1年目と3年目をまったく同じものをコピーして提出してしまって、担当の人にむちゃくちゃ怒られたこともあった。『魔法みたいにさらさらっと』なんて話では、まったくなかったんです」

10 「夢見て行い、考えて祈る」

「夢見て行い、考えて祈る」は、著名な臨床免疫学者で、大阪大学の名総長と言われた山村雄一が遺した言葉だ。

仕事を始める動機は、夢がいいと彼は言う。

夢は大志と言い換えてもいいかもしれない。

若い頃は誰でも夢を抱く。けれど、その夢がたいていい実現しないのは、どうすれば実現できるだろうと考えてしまうからだ。

夢を抱いたら、まず思い切って果敢に行動する。

「夢見て行い」とは、そういう意味だ。

夢を実現するためにはまず行動して、それから初めて考える。

自分のやり方は間違っていないか、他にもっといい方法はないか、本当にこの夢を追いかけていいのか……。考えることはいくらでもある。よくよく考えて、必要であれば行動を修正して、やれるだけのことをやったら、あとはただ祈るのみ。

人事を尽くし、天命を待てということだろう。

若い研究者たちに、山村はこの言葉を遺した。けれど、山村の言葉は、研究者だけでなく、これから何か大きなことを成し遂げようとするすべての人の指針になる。

りんは山村を知らなかったけれど、彼女の歩いた道筋はまさに「夢見て行い、考えて祈る」という、彼の言葉の通りの道だった。

新しい学校をつくることが、りんと谷家の夢になった時から、りんは動き始めた。

自分たちと一緒にこの学校を支えてくれる理事を探し、たくさんの人に会って学校をつくるためには何をしなければならないかを調べ、現場の作業を手伝ってくれるボランティアを集めた。

結局は理事を引き受けることになった朝日ネットの山本が、最初にりんから話を聞いた時、彼女の話をあまりにも漠然としていると感じたのも当然のことだ。中室が、自分は何を手伝えばいいのだろうと思ったのも無理はない。

りんの話は漠然としていたに違いないから。

「リーダーを育てるための全寮制のインターナショナルスクールをつくる」という以上のことは、何も決まっていなかった。学校をつくるには、膨大な作業が必要なことだけはわかっていたけれど、では具体的に何をすればいいかはまだよくわかっていなかったはずだ。

りんが動き始めた時、それはまだ漠然とした夢でしかなかった。

けれど彼女は考える前に、動いたのだ。

りんと谷家は、この学校の開校の目標を最初は4年後の2012年としていた。すぐに開校目標は、2013年に延期されたのだが、それにしても5年しかなかった。考える暇もなく、動かなければならなかったのも事実だけれど、りんがそうしたのは、それが彼女のやり方だったからだと思う。

彼女は子どもの頃から、ずっとそうして来た。留学を志した時も、大学を卒業して仕事に就いた時も。その後、何度か職を替えた時も。いつもまず動いて、それから考えた。あるいは考えるために、動いたと言ってもいいかもしれない。

それは彼女がせっかちで飽きっぽかったからでもある。

彼女は頭はいいが、いわゆる考え深いタイプではない。考えることよりも、行動することのほうが好きだ。考えるのは、行動の結果としていろいろ不都合も生まれてきて、考えざるを得なくなるから考えるのだ。

けれど、そういう彼女の性格が幸いした。

動いている間に、「学校をつくる」という漠然とした彼女の夢は、少しずつ具体的になっていった。ある意味で言えば、漠然とした夢だったからこそ、たくさんの人がその夢に自分の夢を重ね、夢の実現に参加できたのだと思う。

漠然とした夢でも、それはいい加減な夢ではない。

その学校はただの学校ではない。世界を変える学校でなければならなかった。

なぜならそれは、この世界を変えたいという思いを抱きながら、ここまでずっと歩いてきたりんが、ついに巡り合った「世界を変える」ための現実的な方法だったから。

りんはその軸だけは、揺るがせなかった。

学校をつくるために駆け回りながら、その土台の上に、具体的な学校の姿を築き上げていった。彼女一人でそれをしたわけではない。みんなでやったのだ。

漠然とした夢には、たくさんの隙がある。

たとえば山本が最初にりんに会った時に、「リーダーを育てるというが、あなたは何をもってリーダーとするのか？」と問うたように。りんは、うまく答えられなかった。そこまで深く考えていなかったからだ。けれど、つまりはそういう隙があったからこそ、山本はりんのプロジェクトに参加するようになったのだと思う。

りんたちはそれから何度も議論を繰り返し、リーダーを育てるということの意味、そもそもリーダーとは何なのかという問題を考え続ける。

漠然とした夢から始めたがゆえに、彼らは考え続けなければならなかったわけだけれど、それが結果としては大きな果実を結ぶことになる。

香坂が苦労して損益計算書をつくり、中室が公益法人の認定を受けるための膨大な書類を書くことで、おぼろげだった学校の姿がはっきりとした形を取り始める。

それも同じことだ。

「学校をつくる」という夢をかかげ、りんが走り始めてしまったからこそ、その後を追いかけるようにして、たくさんの人が動き始めたのだ。

作家の司馬遼太郎は、織田信長は合戦に向かう時、真っ先に自分が馬に乗ってたった一騎で駆け出したという話を書いている。家臣たちは必死でその後を追いすがり、信長が進むにつれて五騎十騎と少しずつ軍勢が揃い、やがて大きな軍団となって敵と相対したのだそうだ。

りんと戦国武将を比べるのはおかしな話かもしれないけれど、なんだかとても似ている気がする。谷家が指摘したように、前方に大きな障害物があっても、彼女はブルドーザーのように真っ直ぐに進んでその障害物を突き崩していった。

それができたのは彼女の周囲に、いつの間にかたくさんの仲間が集まっていたからだ。

そのすべての人の話を書く余裕はないけれど、その中には香坂や中室のように、極めて優れた能力を持った専門家がたくさんいた。弁護士や公認会計士もいた。

その全員が、ボランティアでこの困難な仕事を引き受けたのだ。

興味深いことは、もうひとつある。

香坂にしても中室にしても、あるいは理事会のメンバーとなった出井や北城や立石にしても、ほとんどの人が、少なくとも最初のうちは半信半疑だったということだ。

半信半疑というより、ほとんど不可能ではないかと思っていたらしい。絶対に不可能だとまでは言わないとしても。

「たぶん無理なんじゃないか」

というのが、大方の見方だった。

それでも彼らは、りんを手伝った。

実現の可能性は低くても、りんの夢に手を貸すことに意味があると信じたからだと彼らは言う。

けれど、私は少し違う見方をしている。

確かに、理性的に考えれば、それは極めて成功の可能性の低いプロジェクトだった。

経済的に恵まれない子どもたちにも門戸を開いた、全寮制のインターナショナルスクールで、しかも日本の法律で認められた一条校をつくる。

それだけでも、かなり高いハードルだけれど、問題はそれだけではなかった。

その夢の実現に向かってりんは走り出し、たくさんの人の協力を得て、いくつもの障害を乗り越えてはいたのだけれど、最大の難問が解決の兆しすら見せていなかった。

概算で十数億円という資金調達の目処が、まったくついていなかった。

いかに崇高な目的を掲げた学校でも、資金がなければ絵に描いた餅でしかない。

奇跡でも起きなければ、学校はつくれなかった。

そして現実の世界では、奇跡などまず起こらない。

だから、奇跡と言うのだ。

けれど、もしかしたら、彼女なら、その奇跡を起こせるのではないか。

口に出して言う人はいなかったけれど、みんなそれを心のどこかで信じていたのだと私は思う。

りんが、本当のところ、この問題をどう考えていたのかはわからない。

ただ彼女は、これを運命と感じていた。

運命を信じるということは、自分を信じるということだ。

彼女に与えられた最大の使命は、信じることだったのだと思う。

「たぶん無理なんじゃないか」

ほとんどの人が内心そう思っていたけれど、それでもりんを助けたのは、彼女がどこまでもその夢の実現を信じていたからだ。

自分は信じることができなくても、りんは信じていた。

そういう彼女を信じることで、彼らもまた夢の実現を信じたのだ。

How might we create a positive home at ISAK?
Using diversity as a strength

第5章

壁を乗り越える。

1　小さく始めること。

「まずはサマースクールのようなものから始めたら？」

りんにそうアドバイスしたのは、ある会社の社長だった。りんよりもひとまわり上の世代の女性だ。

いつものように、りんが自分の遍歴を語り、なぜこの学校をつくりたいのかという話をしていた時のことだ。

りんは激しく反発した。

その提案はつまり、「学校なんて、あなたにはつくれませんよ」と言っているのに等しかったから。社長が本当にそう思っていたかどうかは別として、少なくともりんはそう言われた気がした。

学校をつくろうと決めたその時から、りんはあらゆる手段を使って話を聞いてくれそうな人に会い続けた。フィリピンから日本に戻った2008年秋から2014年の春までに名刺を交換した人の数は最終的に5000人を超えた。

誰かの紹介で会った人もいれば、飛び込み営業のように電話番号を調べていきなり電話をかけてアポイントを取った相手もいる。

共通の知り合いがいたほうが丁寧に話を聞いてくれる可能性が高いから、可能な限りは人脈を辿って紹介者を介するようにしたけれど、それができない相手でも、躊躇することはなかった。「飛び込み営業」は、ベンチャー企業にいた頃にさんざんやっていたから慣れたものだ。経費をかけられなかったから、雑誌を読み漁って、自分たちの会社に興味を持ってくれそうな記事を書いている記者に片っ端から電話して、取材依頼をしたものだ。どこの誰かもわからない相手からの電話に、まともに応対してくれる記者はめったにいなかったけれど、それでも中には話を聞いてくれる人がいた。

りんのやり方はいつも同じだった。谷家がいみじくも言ったように、彼女はいつもブルドーザーのように真っ直ぐ相手に向かって行く。

いつも誠心誠意話した。そして、断られても断られても、諦めなかった。

話を聞いてくれさえすれば、説得する自信はあった。100人中100人を説得するのが難しいのはよくわかっていた。でも100人に一人、いや1000人に一人でもいい……。

この学校ができれば世界は変わる。自分や谷家や、理事会のメンバー、ボランティアの仲間たちが確信しているように、そのことを信じて、資金を提供しようと言ってくれる一人に出会えればいいのだ。その人に巡り会えるまで諦めなければ、いつか絶対に学校はつくれる。

そう思って、ひたすら人に会い続けた。基本的に、ほぼ徒労に終わったけれど。

りんの思いを否定されたわけではない。

それどころか、りんが会った人のほとんどが、りんの話に賛成してくれた。「そういう学校が必要だ」というところまでは、誰もが認めてくれたと言ってもいい。

ただ、問題はその先だった。

明確な理由を言って断る相手もいれば、りんの気持ちを考えてくれてのことだろうけれど、曖昧に返事を濁す相手もいた。

時期尚早と言う人もいた。日本では難しいだろうと言う人もいた。新しい学校をつくるのではなく、既存の学校を変えたほうが早いと言う人もいた。

「そういう学校は、すでに外国にあるんじゃない？」

「学校である必要あるのかな？　塾じゃだめなの？」

「話は面白いけど、実現するのは難しいと思う」

「協力したいのは山々だけれど、すでに他の教育機関に寄付をしている」

数限りない人たちからはっきりと、あるいは遠回しに、同じことを言われた。

表現はそれぞれに違ったけれど、要約すれば結論はほぼ同じだった。

総論には賛成だけれど、各論では反対というわけだ。

話を持ちかけたのはこちらだし、もちろん断られるのは覚悟の上だった。

なにしろ頼んでいるのは、純粋な寄付なのだ。それも億の桁の金だ。

幕張インターナショナルスクールをつくった入江から、大企業に十万円単位の寄付をお願いに行っても、なかなか了承してもらえないという話は聞いていた。

そんな莫大な資金を、簡単に「はいわかりました」と出してくれる相手がいると思うほうがどうかしている。自分がやっているのは、巨人と間違えて風車に戦いを挑むのと大差ないことなのかもしれない。

諦めるつもりはまったくなかったけれど、そういうネガティブな思考に囚われることがまったくなかったと言えば嘘になる。

いや、自分の心を真っ直ぐに覗き込めば、そこにあるのは希望よりはむしろ不安のほうが大きかったかもしれない。

彼女だって、生身の人間だ。何度断られても、まったく気にしていないという顔をしていたけれど、周囲にはいつかはわかってもらえると言っていたけれど、内心は不安でいっぱいだったし、深い部分では傷ついてもいたに違いない。

それだけに、「サマースクールから始めれば?」というそのアドバイスに、りんは激しく反発したのだった。

その話にはもうひとつ伏線があって、資金がなかなか集まらないことが明らかになった時に、理事たちの間からも、もう少しこぢんまりとした学校から始めてもいいんじゃないかという意見が出ていたのだ。学校法人でなくても、どこかの廃校を借りて、まずは私塾をやってみたらどうだろうと言う人もいた。

けれどそうなれば「アジアの多様なバックグラウンドを持つ子どもたちにも門戸を大きく開い

た、全寮制高校のインターナショナルスクール」などという話はどこかへ消えてしまう。

りんはそういう意見に強く反対していた。

「一週間二週間じゃ何も変わらない。長い期間、寝食をともにして理解する多様性とか、身につく価値観とか人間力とかあるじゃないですか。一週間二週間という短期間、異文化の子どもたちを出会わせて何かをするみたいな試みは、他にいくらでもある。私がやりたいのはそういうことじゃないと、思っちゃったんですね。ほんとに青臭い話だけど」

りんがつくりたかったのは、世界中から集まったさまざまな境遇の子どもたちが、成長期の貴重な時期をともに暮らし、ともに学ぶ「学校」という安定した環境だ。

塾やサマースクールをやるために、自分はＵＮＩＣＥＦを辞めたわけではないという思いもあった。路上で暮らす子どもたちのために考えていたいくつものプロジェクトを、後任に託してフィリピンを離れたのは、そんなことのためじゃない。

りんが激しく反発したのも、無理はない。

彼女は追い込まれていた。


「要するに私は、意固地になってたんです」と、現在のりんは言う。

「今の私が若い人に相談されたら、その女性と同じことを言っていたと思う。もっと冷静に、自分のことを見つめて、今の自分にできることから始めたほうがいいって」

その社長はつまり、「サマースクールである程度の実績を積めば、学校をつくる道も開けるかもしれない」と言ったのだった。

りんは、そんな悠長なことはしていられないと思ったけれど、冷静に考えてみれば、その人の言ったことは理屈が通っていた。

りんたちのしていたことは、一軒の家も設計したことのない建築家が、自分に高層ビルの設計をさせてくださいと、誰彼となく頼んで回っているようなものだった。

ほとんどの人が、りんの話に総論賛成で各論反対だった最大の理由は、よく考えてみれば、自分たちに信用がなかったからなのではないか。

早い話が、自分たちは教育の業界ではまったくの素人だった。

設立推進協議会には社会的信用のある人々が顔を揃えてくれたけれど、何も具体的なことをやっていない自分たちが、「世界に例のない」学校をつくると言っても、どれだけの人が信用してくれるだろう。

「前にも言いましたけど、よく考えてみれば、その頃の私の話ってすごく漠然とした話でしかなかったんです。『リーダーを育てる学校』と言っても、そのためにどんな教育をするのかとか、どんな教師を集めるとか、具体的なことはほとんど決まっていなかった。多様なバックグラウンドを持つ子どもたちを世界中から集めて共に学ぶ場をつくるという構想を語ることはできても、それじゃあ実際にどんな教育をするんですかと質問された時に、お目にかけられるものは何もなかった。私の中にはしっかりとしたビジョンはあったけれど、それは結局のところビジョンでしかなかった。他の人から見れば『そんなもの机上の空論だ』って言われたって仕方がない状態だった。

そんな私たちを信じて、その幻みたいな学校のために何億円も寄付してくれる人がいると考えるほうがどうかしてる。そんなこと当たり前ですよね。私は、そんなことさえ気づいていなかった。その社長さんは、そういう私を見て心配してくれたんです。今ならそれがよくわかる。

高校時代からの親友にも『そのサマースクールをやるべきだ』って強く言われました。BEENOSの創業者の佐藤輝英《てるひで》さんです。彼は私と同じUWCのイタリア校に留学していて、その頃はすでにIT系のベンチャー企業を上場させたりしてたんだけど、その前にすごく苦労をしてるんですね。最初は会社を大きくボーンと立ち上げて、うまくいかなくなって、ビジネスモデルを大転換して、泣く泣く大量の従業員を切ったという経験があって。ほんとに苦労して、どん底からもういちど這い上がった。

『僕もそれをやったからわかる。最初は絶対に小さく始めたほうがいい。ビジネスは小さく始めて、修正をどんどん加えながら、大きく成長させるほうがうまくいく。学校だって同じじゃないか』って、彼は言うわけです。何度も、何度も。それで、だんだん考え直すようになった」

遠回りでも、まずはサマースクールから始めてもいいんじゃないか。

そう思い立ってりんが準備を始めたのが、2009年5月のことだった。

2　海外の全寮制学校を視察する。

頭で考えることと、具体的に何か形のあるものをつくることはまったく別のことだ。サマースクール開校の準備を始めて、最初に理解したのはそのことだった。

言葉で「サマースクールをやります」と言うのは簡単だ。

自分はサマースクールや塾を開くためにフィリピンから帰ってきたわけじゃない、なんて息巻いたけれど、実際にそのサマースクールを開校するには、やらなければならないことが山ほどあった。

まずサマースクールで実際にどんなことをするかを決める必要がある。具体的な詳細については、そのサマースクールの教員に任せるにしても、何をするかが決まっていなければ、そもそもどんな教員を招けばいいかがわからない。さらには教員を招くための資金集め、サマースクールの生徒募集、会場探し、などなど。学校をつくることに比べれば、それはほんの小手調べみたいなものだけれど、現実にそれをやるとなると、とても簡単などと言えるものではない。

サマースクールで教えることの中身については、みんなでプランを出し合った。けれどその第一歩から躓いた。なかなか、これというプランが出てこなかったのだ。

一般的なサマースクールでは、たとえばスポーツをしたりアウトドア体験をしたり、農業を体験したりという体験型の授業が行われることが多い。夏休み中の1週間とか2週間という短い期間で、初対面の子どもたちを集め、何か彼らの興味を惹くようなことをしなければならないわけだから。いつもは経験できないことや、印象に残る体験をさせてあげようとすれば、そういう内容になるのは自然だろう。

けれど、自分たちが開催するのが、そういう一般的なサマースクールでいいのだろうか。

そう言ったのは、谷家理香《りか》だった。

彼女は谷家衛の妻で、学校をつくるというこのプロジェクトに、そもそもの発端から夫とともに深く関わっていた。2人の子どもを学校に通わせている母親としての意見には、なるほどと納得させられることが多かった。

これはただのサマースクールではない。自分たちがこれからつくるISAKという学校の雛形であるべきだというのが彼女の意見だった。

言われてみれば、確かにそうだった。

どんなに子どもたちを楽しませることができたとしても、ISAKがどんな学校か、どんな授業をするのかが伝わらなければなんの意味もない。サマースクールに参加する子どもたちも、その親たちも、いちばん知りたいのはそのことのはずだ。サマースクールの授業ではできる限り、ISAKで将来行われることになる理科や社会や数学の授業を疑似体験できるものにしたほうがいい。そのほうがきっと、サマースクールに興味を持ってくれる親や子どもが増えるに違いない。

それはＩＳＡＫ開校に向けての準備にもなる。

こうしてサマースクールのプランの大枠が決まったところで、りんは海外の全寮制学校の視察を始める。大きなお腹を抱えての旅だった。

２００９年の８月から２０１０年の11月までの約１年間に、彼女は合計４回海外のボーディングスクールの視察をした。

２０１０年１月にりんは長男を出産している。だから２００９年の視察の時には大きなお腹を抱えていた。２０１０年は生後半年の息子を抱いての旅だった。かなりの強行スケジュールだったけれど、行かないわけにはいかなかった。

それぞれの学校がどのように運営されているか、どんな教師と生徒がいて、どんな授業を行っているか。寄付金はどうやって集めているか、生徒の募集はどうしているか。知りたいことはたくさんあった。

２００９年８月にはハワイ、10月にはアメリカ本土、２０１０年８月にはスイス、11月には中国の学校を視察した。

「どの視察もそれぞれに学ぶことはありましたが、やっぱり印象深かったのは２００９年の秋にアメリカの全寮制高校を見て回った時かな。ボランティアの一人だった甚上直子《じんじょうなおこ》さんと谷家さんの奥様の理香さんが同行してくれたんだけど、私のお腹は大きくなり始めてたし、まるで珍道中だった」

珍道中ではあったけれど、実りは大きかった。

その時視察したのは西海岸のケイト・スクール、東海岸のグロトン・スクール、フィリップス・エクセター・アカデミー、フィリップス・アンドーバー・アカデミーの4校。いずれも世界にその名を知られた名門ボーディングスクールだ。

ボーディングスクールは日本語に訳せば、全寮制学校もしくは寄宿学校。学校によっては自宅からの通学を認めるところもあるけれど、原則として生徒は学校の寮に入り、生活をともにしながら学ぶ。授業は1学級10名前後の少人数教育で、それぞれに個性のある教育方針で生徒の育成にあたっていた。

たとえばFacebookのマーク・ザッカーバーグの母校フィリップス・エクセター・アカデミーでは教科書を使っていなかった。教師と生徒がハークネス・テーブルという楕円形のテーブルを囲んで話をする。その対話が授業なのだ。

教師は問いを投げかけ、生徒たちはその問いに対し、ああでもない、こうでもないと議論をする。もちろん前提として宿題が出されていて、生徒たちは議論ができるように、本を読んだり、調べたり、考えたりしてきているわけだけれど、どこまでも対話によって授業は進む。

そういう意味では、「授業」という言葉はこの学校の「授業」を説明するには的確ではないかもしれない。ここでの教師の役割は、知識を授けることではないから。

教師はあくまでも何かを教えるのではなく、議論の全体を見守り、議論が深まるように導くファシリテーター、進行役なのだ。授業のための下調べや対話を通じて、生徒たちは当然ながら知識も身につけるわけだけれど、そこでより重視されるのは、考えることそのものであり、また自分の考えたことを表現し、他者の考えを理解する能力だった。エクセターではあらゆる教科を、数学の授業さえも、この対話形式で進めていた。

ケイト・スクールでりんたちが感銘を受けたのは、この学校の生徒や教師たちが形成するコミュニティの質の高さだった。

ロサンゼルスの北西120キロ、高級別荘地で知られたサンタバーバラの海を一望する小高い丘にあるこの全寮制高校の広大で緑豊かなキャンパス（にもかかわらず生徒数は1学年100名程度だった）に足を踏み入れた瞬間から、りんたち3人にはその学校が特別な学校だということがわかった。キャンパスですれ違う生徒や教師の投げかけてくる挨拶の言葉や笑顔は、表面的ではない心からのものだった。

単に勉強を教えるだけではなく、先生同士、生徒同士、先生と生徒の間に、とてもいい関係が築かれていることが肌で感じられた。ケイト・スクールはひとつの理想的なコミュニティを形成していた。そのコミュニティによって、生徒が良い意味で守られていた。思春期の子どもたちを預かるわけだから、いろいろ難しい問題もあるに違いない。そういう生徒のひとつひとつの問題に、先生やスタッフが、きめ細かく丁寧に向き合っている様子が印象的だった。

りんたちは授業を参観し、校内を見学し、教師や生徒たちから話を聞くだけでなく、生徒たちの親たちに集まってもらって、グループ・インタビューを繰り返した。我が子を全寮制高校に通わせている親たちが、どういう教育を求めているのか、学校に対してどんな要望があるのかを探るのも、この旅の重要な目的のひとつだった。

砂漠の旅人が、オアシスの井戸の水をむさぼり飲むように、りんたちはこれらの名門全寮制高校からさまざまなことを学んだ。

「どの学校についても言えることなんですけど、全寮制高校というのは、『教育において大切なのは学問だけじゃない』と信じているコミュニティなんです。それは先生たちと話して、特に強く感じました。先生たちの価値観では、彼らの仕事の中で、ティーチングは3分の1なんです。残りの3分の2はコーチングとボーディング。つまり教えること、スポーツのコーチをすること、それから寮生活、この三つが同じように大切だっていうのが、全寮制の学校の先生たちの基本的な考え方なんです。教師の役割は、授業だけじゃないんですね。スポーツのコーチングを通して生徒たちのチームワークとかメンタルタフネスを見ることも、寮で生活をともにして生徒の倫理観や生活の価値観というようなものを見ていくことも、教師の大切な仕事だと。だから、先生は全部できるんですよ、基本的には。学科指導、生活指導みたいな分業じゃなくて、すべてを見なければ先生は生徒のことを理解できないから、スポーツも寮生活も授業と同じように大切にするし、先生たちは全部その中に入って行って生徒たちと関わるんだということは、どの学校の、どの先生も言うんです」

授業だけでは教えられないことがあるのは、りんがカナダの高校に留学した時から感じていたことだった。授業も素晴らしかったけれど、やはりさまざまな国から集まったさまざまな人種や階層の友人たちとの寮生活から学んだことは大きかった。結局のところ、彼女が今こういう人生を歩んでいるのも、あの時の経験が発端だった。

「多様性ということを肌で感じ、そこから何かを学んだり、本当に何かを考えたりするためには、一緒に授業を受けるだけじゃなくて、一緒に生活をするのがいちばんだと、だからどうしても全寮制にしたいと思っていたので、そのボーディングスクールの先生たちの話はやはり心に残りました。私たちの学校の教師も、やっぱり全寮制学校の経験者とか、そのネットワークの中から雇用することを考えたほうがいいなということは、すごく思いました」

この視察には目前に迫るサマースクールの教員探しという、もうひとつ大切な目的があった。教師たちへのインタビューをしながら、これはという人に声をかけた。

やってみて初めて気づいたことだけれど、サマースクールはそういう意味でもとても大切な役割を果たしてくれた。

これがもし学校を開校するから、教師として来てもらえないかという話だったら、それほど簡単に話は進まなかったはずだ。どんな学校ができるかよくわからない状態で、自分たちの夢を語っても寄付がなかなか集まらないのと同じ結果になったに違いない。日本ほどは転職に抵抗のない欧米の教師にとっても、それはやはりかなり大きなリスクだ。

けれどサマースクールなら、夏休みの1週間か2週間だけのことだ。今勤めている学校を辞める必要はないし、サマースクールに参加すれば、りんたちがどんな人間で何をやろうとしているのかがよくわかるだろう。

それはりんたちにとっても同じだった。話をするだけでは、教師の本当の資質はわからない。彼らがどんな授業を行うかを、サマースクールで確かめることができる。

3　最初のサマースクール。

ＩＳＡＫの第一回サマースクールは、２０１０年7月19日から30日までの12日間、軽井沢で行われた。対象は中学生。ＩＳＡＫは高校だから、サマースクールには中学生とその両親への広報活動という意味合いもあった。

参加した中学生は34名。参加者の募集はほとんど口コミで行った。この第一回目の参加者の多くは、日本国内のインターナショナルスクールに通う子どもたちだった。海外からの参加者は8名だったけれど、その中にはネパールやチベット、インド、ミャンマー、フィリピンなどから参加した子たちもいた。

さまざまな国のさまざまな人種、階層の子どもたちが一緒に学び、生活すること。ひとことで言うなら〝多様性〟は、ＩＳＡＫのアイデンティティだ。そしてこのサマースクールはＩＳＡＫがいかなるものかを、大袈裟に言えば、世界に発信する最初の機会だった。

開発途上にある国の貧困層の子どもたちのサマースクールへの参加は、そういう意味でも重要だった。りんのスタンフォード時代の卒業生や、中学生の子どもがいた谷家夫妻の友人関係、さらには海外視察で意気投合しサマースクールの講師を引き受けてくれたアメリカ人教師のネットワークを使ってなんとか集めた8名の外国からの参加者だった。

「なにしろ初めてのことで、実績も何もなかったから、最初の年は参加者を集めるのが大変でした。私のピアソン・カレッジ時代の恩師に連絡して、彼の30何年間かの教師人生でいちばん優秀な人を紹介して欲しいって頼んで紹介してもらったのが、マーク・パルファーという理科の教師。この先生はチベットの難民キャンプとか、インドのシャンティバーバンという最下層の子どもたちのための全寮制学校で教えたことのある人で、インドやチベットの学校は彼が紹介してくれました。ミャンマーの学校は、スタンフォード大学の卒業生リストでボランティア・イン・アジアという組織を見つけて、そこの人たちと話して、ミャンマーにいい学校があるよということで紹介してもらったり。谷家さんの奥さんのネットワークで、インターナショナルスクールに通わせている親御さんたちに声をかけてもらったりもしました。さまざまなバックグラウンドの子たちに参加してもらうために、自分たちのあらゆるコネクションを使って参加者を募集したんです。だから、正直言うと、この最初の年の参加者の多くは、知り合いや、知り合いの知り合いのお子さんたちでした。もちろんそれは意図するところではなかったけれど、なにしろ最初の年だから、とにかくサマースクールを開催することを優先しました。

参加費用は12日間で約15万円。初年度なので赤字覚悟でした。それでも、たとえばインドやミャンマーの人たちに15万円は大き過ぎる金額だから、貧しい国から参加する子どもたちには奨学金を出しました。誰に奨学金を出すかは、理事の間でもかなり意見の相違があって、この時はかなり揉めました。奨学金はお金のない人だけに出すべきだという意見と、優秀な子には財政状態に関わりなく奨学金を出すべきだという意見に分かれたんです」

そういう意見の対立も含めて、サマースクールはＩＳＡＫの開校に向けての大きな原動力となることが明らかになる。

いくつもの、というよりも無数の収穫があった。

何よりも大きかったのは、世界の一流の教師たちがＩＳＡＫの開校を目指す仲間になってくれたということだろう。この最初のサマースクールにはアメリカから4人の講師を招いた。前述した科学と環境学を専門とするマーク・パルファー、ケイト・スクールからは歴史学者のジム・マスカー、数学のケリー・ヒション、そしてスタンフォード大学からデザイン・シンキングのリッチ・クランドル。彼らは「リーダーを育てる学校をつくる」というりんたちの発想に共鳴して日本にやって来たわけだけれど、サマースクールでその方針に沿った授業を実際に行うという経験は、彼らにとっても刺激的だったようだ。

何もかもが未経験のことだったから、手づくり感満載のサマースクールで、かなりのドタバタもあったけれど、それだけに理事も教師もスタッフも含めてみんなが心を合わせることができた。全員が、計画の立案から雑事までなんでも引き受けた。大学の准教授や世界で活躍するアナリストが、クルマを運転し、子どもの送迎や、弁当の配達までしていた。そして、ひとつの夢に向かって走る仲間になった。

本当に細かなこと、たとえば森や藪にはたくさんブヨや蚊がいるから虫刺され対策をしなきゃいけないとか、屋外活動を計画する時は常に雨が降った場合の代替案をつくっておかなければいけないというようなことから、子どもたちに本当の意味での成長をもたらすには、どんな授業やカリキュラムを行うべきかというような重要なテーマにいたるまで、実際にＩＳＡＫを開校するために必要な試行錯誤、あるいは議論や話し合いを、幾度となく繰り返した。

そして、このサマースクールが終わった後に行った反省会が、後のＩＳＡＫの姿を決める上で大きな役割を果たすことになる。

りんにしてみれば、あんなに抵抗のあったサマースクールが、ＩＳＡＫという大きな建物の礎石とでもいうべきものになったのだ。

4　なぜ、教師たちは夢中になったのか？

「その先生たちも含めて、サマースクールの最後にみんなで反省会をしたんです。この段階までは教育の素人だけで考えていた話だった。だけど、教育のプロフェッショナル、一流の教育者たちとここで出会って、学校設立に関わるすべての話、学校のカリキュラムはどうあるべきかとか、校長先生はどういう人を採用するべきかとか。寮を運営するにあたって、どういうルールをつくるのが子どもにとっていちばんいいかとか、ありとあらゆることを話したんです。もちろん教員の採用についても。たとえば、先生のお給料をどれぐらいの水準にするべきなのかとか。素晴らしい先生にたまたま会えたけど、こういう人たちをもっと集めるにはどうしたらいいかとか、学校のミッションとかビジョンとか、丸2日間話し続けた。素晴らしい経験でした。あれが、ひとつのターニングポイントになった」

サマースクールを手伝った甚上直子は、当時をそうふり返る。

りんたちだけでなく、教師たちも熱心に話していた。

彼らにとっても、新しい学校をゼロからつくり上げる経験などめったにあるものではなかったから。ゼロからスタートするのは大変だけれど、そのかわり過去の歴史やしがらみに囚われることなく学校づくりができる。どんな一流の学校でも、それぞれに制約や限界を抱えているわけで、必ずしも、自分の思い描く授業ができているわけではなかった。

けれどＩＳＡＫには、そういう制約はなかった。

なにしろ、これからつくる学校なのだから。「多様性を生かし、リーダーを育てる」という漠然とした指針があっただけだ。

リーダーという言葉については、ここで少し説明をしておいた方がいいかもしれない。

現在のＩＳＡＫは、次のような教育理念を掲げている。

「アジア太平洋地域そしてグローバル社会のために
新たなフロンティアを創出し変革を起こせるチェンジメーカーを育てる」

チェンジメーカーとは、変化をもたらす人ということだ。丁寧に言えば、社会に良い変化をもたらす人ということになるだろうか。

りんと最初に会った日、彼女は「自分たちが考えるリーダーとは、地位やポジションではなく、社会にポジティブな変革をもたらす人のことです」と言っていた。そういう意味では、ＩＳＡＫにおいてリーダーとチェンジメーカーはほぼ同義語と言ってもいいだろう。

リーダーというわかりやすい言葉ではなく、チェンジメーカーという説明の必要な言葉を使っているのは、りんたちが理想のリーダーとは何かということを考え続けた結果だ。

リーダーという言葉は、時として誤解を招くことがある。

組織の上に立って、みんなを引っ張っていく人がかならずしも良いリーダーとは限らない。極端に言えば、組織を悪い方向へと導いてしまうリーダーもいるわけだから。

自分たちが育てるのは「地位やポジションとしてのリーダーではない」といくら説明しても、たとえば政治家や起業家のような、いわゆる社会的リーダーを育成する学校だと勘違いされるおそれがある。もちろん、そういう方向を目指す生徒はいるかもしれないけれど、それがISAKの目的ではない。

ISAKは、一握りのエリートを育てる教育機関ではない。育てるのは社会のあらゆる場所で、そこに生きる人たちのために、新しい何かを生み出せる人間、世界を変える人材だ。

そのことを明確にするために、現在ではチェンジメーカーという言葉を使うことが多くなっている。

ただ、そうなるのは後のことで、ISAKの草創期においては、りんたちは理想のリーダーとは何かということを考え続けながら教育方針を練り上げていった。

だからこの本でも、リーダーという言葉を使うことにする。ただしそれは、何度も繰り返すけれど、あくまでもりんたちが理想とするリーダーであり、単なる組織のトップやボスを意味するわけではないことを付言しておきたい。

「リーダーを育てる学校をつくる」というテーマをかかげてはいたものの、実際にはどういう教育をするのか。あるいはそこで培うリーダーシップとはいかなるものか。前にも書いたように、その中身は曖昧漠然としていた。

それは逆に言えば、その中身を具体的に考えるところから、参加できるということでもあった。サマースクールの授業は、つまりその具体的な第一歩だった。

教師たちがそれぞれに、リーダーを育てるというＩＳＡＫの理念を念頭に置いて組み立てたオリジナルの授業だ。子どもたちもそうだけれど、教師たちにとっても、そんな授業は初めての経験だった。

子どもたちが、その授業をどう受け止めたか。子どもたちにどんな影響を与えることができたか、あるいはできなかったか。どうすれば、もっといい授業ができるか。話すべきテーマは無数にあった。

さらに翌年の5月には、バンクーバーで〝合宿〟を行って議論を深めた。

この〝合宿〟には、サマースクールの時は来日できなかった他の教師や、ヘッドハンティング会社のコンサルタントも参加した。欧米には教員のヘッドハントを専門とする企業があって、りんたちはＩＳＡＫの校長をリクルートするために、そういう会社のひとつと契約を結ぶことにしたのだ。

「日本と違って、欧米の学校の校長は、教師の延長ではないんです。校長を目指す人はアドミニストレーティブ・トラックといって、キャリアの初期から学校経営に関わる仕事を積み重ねていく。学校のマネジメントの専門家なんですね。教員の採用も、基本的には校長の仕事です。それだけに校長先生選びはとても重要で、ヘッドハンティングの会社の人たちにお願いしたんです。

彼らが私たちの代わりに世界中を回って、私たちの学校のプレゼンテーションをして、候補者を集めてくれるわけです。だから、私たちの言っていることを心底信じてくれている人たちじゃないと絶対だめなんです。普通は、その人たちが学校に来て、何週間も話し合いをしてからリクルートに出るんだけど、私たちにはまだ学校がなかったものだから、そのバンクーバーの合宿に来てもらって、みんなで缶詰になって、リーダーシップとは何かとか、学校の中核に何をすえるべきかという話を煮詰めていった」

りんたちだけでなく、教師もヘッドハンティング会社のコンサルタントも、ＩＳＡＫという未来の学校の開校に夢中になっていた。

サマースクールはそれから毎年開催されることになる。回を重ねるごとに、参加を希望する子どもたちの国と数は増えていった。

ＩＳＡＫサマースクールの内容が高く評価されるようになったからだ。

それはすなわち、りんをはじめとするスタッフや教師たちが熱心にサマースクールに取り組んだ結果でもある。

それにしても、なぜ彼らはそんなに夢中になったのか。

実は、理由がある。

子どもたちの変化だ。

「一週間二週間では何も変わらない」

最初りんはそう言って反発していたけれど、それは大きな間違いだった。

5　多様性のもたらすもの。

「あそこでは、子どもが成長していくのがはっきりと見える瞬間が何度もありました。あの短い期間で。それが本当に興味深かった」

中室はサマースクールを手伝った時の経験をそう語る。

サマースクールのプログラムのひとつに、カントリー・プレゼンテーションがある。

夕食後のくつろいだ時間のイベントとして、子どもたちがそれぞれ自分が親近感を持っている国、地域、あるいは文化の紹介をする。〝自分の国〟としないのは、国際社会から国家と認められていない地域、あるいは難民キャンプから参加する子どもたちもいるからだ。そのことそのものが、子どもたちのバックグラウンドの多様さを物語っている。

そのカントリー・プレゼンテーションで、パレスチナの少年が話をしたことがある。

最初に彼は、パレスチナの国旗を広げた。国旗の左端の赤い三角形を指さして、彼はこう話し始めた。

「この赤は、パレスチナ人の流した血の色です」

それから、口ごもり、自分の父親がイスラエルの支配に反対するデモに参加して、ゴム弾で撃たれ投獄された話をした。

「みなさんはパレスチナのことをテレビのニュースや、新聞で読んだことがあるかもしれません。でも、僕たちの目の前にある現実については知らないと思う。たとえば、僕が日本までやってくるのに、どれだけの時間がかかったかわかりますか」

自分たちパレスチナ人はガザやエルサレムがイスラエルに支配されているので、外国に行くにはヨルダンまで行かなければならない。検問所を通過するには、子どもでさえ、裸にされ、荷物を検査され、尋問のために20時間以上も拘束される。みんな自由とか権利とか言うけれど、僕たちには移動の自由さえないんだ……。

そこまで話して、パレスチナ人の少年は泣き崩れた。

凍りついたような静寂がしばらく続いた。誰も何も言えなかったと、中室はその時のことを話してくれた。その翌日のことだ。

「いきなり裸足で庭に出て、スタッフの一人に怒られてたような日本人の男の子がいたんです。なーんにも考えてないような子が。その子と、たまたま二人になって話した時に、彼がこう言った。『いや、俺ほんとに思ったよ。平和っていうのは、空気みたいなものなんだね』って。自分がどんなに恵まれた環境にいたかってことに、今まで自分は気がつかなかった、って。『平和』なんていう言葉、多分これまでの人生で彼は一度も考えたことなかったんだと思う。サマースクールの最初に、将来の夢を書かせるんだけど、日本の子は『サッカー選手』とか書いているわけですよ。そういう子たちが、帰る時には『国連平和維持活動』みたいな、このサマースクールで初めて知ったような言葉を書くようになっていた。人から聞いた話に簡単に影響を受けてしまうところはやっぱり子どもだなという感じですけど、『自分とその半径5メートルの範囲』でしか自分の将来の夢を考えていなかった子たちが、広く社会のために何か貢献したいと真面目に考えるようになったとしたら、その視野の広がりがもたらすものってすごく大きいと思う」

インドのチベット難民キャンプから来た子は、中国政府の圧政に抵抗して、チベット僧が焼身自殺をした時の映像をYouTubeから検索してみんなに見せた。それから、チベットの歴史の話をした。

その話が終わると、ある子が「そんなの嘘だ」と言い出したのだそうだ。

中国の名門校から来ていた男の子だった。彼の中では、そもそもチベットは存在しないことになっていた。「あれが中国のせいだなんて、あんなことは嘘だ。僕が学んできたことはそうじゃない」と、静かに涙を流しながら、彼は言った。

りんが感心したのは、その後のことだ。

「そのチベットの子と中国の子が、部屋の隅で二人で話し始めたんです。まずチベットの子が、謝っていました。自分の話し方が悪かったかもしれないと。中国人がいることに対して、自分は配慮が足りなかった。『ごめんなさい』って。で、彼が言ってたのは、僕たちが要求してるのは、独立ではないんだよと。ただ、宗教の自由と、信仰の自由と、言論の自由だけだという話を、一所懸命、拙い英語でしていました。中国の子は、中国の歴史や政治について自分は今まで疑ったことがなかったと言っていた。だけど『今日初めて、何が真実かわからないということがわかった。少なくとも自分が教わったことがすべてじゃないってことを知った』って、涙を拭きながら。そうやって就寝時間を過ぎるまで、二人はずっと話し合っていたんです」

インドから来た子は、ご飯をほんの一握り食べるだけで、いつも食事の大半を残していた。料理が口に合わないのか、それとも宗教上の理由だろうか。心配したりんが声をかけると、彼はこう答えた。

「『自分は今までの14年間の人生で、一回の食事でこんなにたくさんのものを食べたことがない』って言うんです。胃が小さくなっていて食べられないと。彼は前に話したシャンティバーバンという最下層の子どもたちのための全寮制の学校から来た子です。そこから4人の子が来たんだけど、みんな小柄で痩せてました。彼らには、お腹いっぱい何かを食べるという経験がないんです。そういう彼らに、将来は何がしたいって聞くと、『インドの汚職と腐敗をなくしたい』とか『エイズを撲滅したい』という答えが返って来る。みんなのようにお腹いっぱい食べられるようになりたいとか、お金持ちになりたいとか、そういう夢じゃないんです。

日本の子たちは『有名人になりたい』とか『野球選手になりたい』とか、最初は夢みたいなこと言ってるんだけど……。でも、どちらが偉いという話じゃないと思うんですよね。ただ、育った環境によって、見えるものが違うし、考えることも違うということなんだと思うけど、じゃあどちらが影響を受けるかというと、やっぱり日本の子どもたちのほうなんですね。サマースクールが終わる頃には、彼らのやりたいことは変わっていく。テレビゲームしてるのがいちばん楽しいって言ってたような子が、将来はアジアの国々の発展に寄与する建築家になりたいんだって、友だちと話し込んでたりする。そういうことっておそらく、教えられることではない。全寮制で、生徒たちや先生たちが世界中から来ることの意味って、そこにあると私たちは考えています。そういう問題意識を持ったすばらしい生徒たちが、世界中のいろんな環境から来ているというその段階で、すでに私たちは日本のどの学校とも絶対的に違う。それがＩＳＡＫなんです」

それは教育の多様性ということを目標に掲げたそもそもの出発点から、りんや谷家たちが想像していたことではあった。

けれど、子どもたちの反応は、想像を遙かに超えていた。

サマースクールの短い期間だけでも、彼らの視野は広がり、彼らなりに真剣に世界について考え始めていた。

そういう子どもたちの姿が、ＩＳＡＫに関わる大人たちを夢中にさせたのだ。

サマースクールの参加者の選考は応募書類と課題エッセイによる書類審査と面接で行い、海外の子どもたちの面接にはスカイプを利用している。

ネパールの少女との面接での話だ。彼女の学校に連絡を取って、スカイプ経由で面接をしたいという話をすると、学校側から、少女は実家に帰っていて8日後でないと話ができないという返事が返ってきた。

なぜそんなに時間がかかるのだろうと不思議に思いながらも、8日後にりんはパソコンの向こうの少女に語りかけた。

「あなたが今までに発揮したリーダーシップについて話して下さい」

りんが質問すると、少女はこう答えた。

「ゴミの分別収集を始めました」

あれっと思った。

スカイプで数分話しただけで、聡明な少女であることはわかっていた。

質問の意図を誤解したのだろうか。

ゴミの分別収集は、リーダーシップとは別の問題だ。しかも今や、かなりありふれたテーマでもある。小学校の低学年なら話は別だが、彼女は中学生だ。想像したより、幼いのかもしれない。

瞬間的にそういう考えがりんの中を巡った。

けれど、詳しい話を聞いて、自分の不明を恥じた。

彼女の住む集落は、学校まで片道一週間というネパールでもかなりの奥地にあった。険しい山道を辿り、川を渡り、峠を越え、一本の細い筋に過ぎないような道なき道を一週間もかけて歩いて、ようやく寮制の学校のある街に着くのだそうだ。だから、スカイプでの面接は8日後になったのだった。

電気も水道も来ていない彼女の村にも、街からの物資が届き始めていた。フィリピンでもそうだったように、グローバリゼーションは清涼飲料水のボトルを毛細血管に運ばれるヘモグロビンのように、世界中のどんな僻地のどんな小さな村にも送り届けるようになっていた。その毛細血管を伝わって、金属やビニール、プラスチックなどの未知の物質が村に流入した。

大人たちはそういうゴミを、そこら中に無頓着に捨てた。彼らにとってゴミとは、捨てればいつの間にか自然に溶け込んでしまうものだったから。

けれど少女は学校で学んで、その文明の発明品は彼らの父祖が長年慣れ親しんだ自然の産物とは違うことを知っていた。森や川に無造作に捨てられたビニール袋やプラスチック製品は、これから何十年もそのままそこにあり続けるだろう。

そういうゴミは毎年増えていた。このままでは大きな問題になる。危機感を抱いた少女は、大人たちを説得して回った。

彼女の属している社会で、それは簡単な仕事ではなかった。新聞もテレビもないネパールの奥地の村に、少女の意見であろうとそれが正しければ共同体を動かすような風通しのいい民主主義の仕組みは存在していなかった。

いや、考えてみれば。今の日本においても、それは簡単なことではないはずだ。中学生の女の子が、何百年も続いた共同体の生活習慣を変えようとしたのだ。不可能と言ってもいいかもしれない。

ところが、そのネパールの少女は根気よく、時間をかけて、文明がもたらした新しいゴミの性質について大人たちを啓蒙し、問題意識を喚起し、解決策としてのゴミの分別を提案し、ついにはそれを村全体に受け入れさせることに成功する。

なんという少女だろう。

これをリーダーシップと言わずして、何をリーダーシップと呼べばいいのだろう。

りんは、一刻も早く彼女に会いたいと思った。

「そういう子たちがサマースクールに集まってきたんです。それは、私たちが望んでいたことでもあったけれど、子どもたちの意識の高さは私たちの想像を超えていました」

6　考える力を育てる授業。

アメリカ、イギリス、スイス、イタリア、スロベニア、パレスチナ、イスラエル、インド、ネパール、バングラデシュ、チベット、ブータン、フィリピン、タイ、ミャンマー、中国、韓国、台湾、ケニア、タンザニア、シエラ・レオネ……。

２０１０年から２０１５年までの6回のＩＳＡＫサマースクールに参加した子どもたちの国籍は70ヶ国を超える。参加希望者は年を追うごとに増えていった。いくつものメディアが取り上げ、知名度が上がったということもある。FacebookなどのＳＮＳを効果的に使って情報発信をしたり、スタッフが不眠不休で世界中の学校や教育ＮＧＯに連絡を取って紹介を依頼するという陰の努力の賜物でもある。けれど、何よりも影響が大きかったのは、参加した子どもたち自身の〝感動〟だ。サマースクールに参加した子どもたちの出身校からの参加者は、翌年になるとほぼ例外なく大幅に増えた。彼らは母国の友人たちに、ＩＳＡＫの話をしたに違いない。

彼らがどんな話をしたかはわからないけれど、そのサマースクールの授業を一度でも参観すれば、想像するのはそれほど難しいことではない。

筆者自身の感想を言えば、そこで授業を受けている子どもたちが心から羨ましかった。正直、こういう授業を一度でも受けてみたかったと思う。

たとえば、理科の授業。

ある年のテーマは遺伝子だった。最初の授業でまずDNAの構造や遺伝の仕組み、DNA解析技術によって、将来の病気のリスクなどが予想できるようになっているという現状について調べる。そこまでは普通の学校の授業とそれほど大きく変わらないが、興味深かったのは、次の授業。彼らが学んだのは、そのDNA解析技術を利用した出生前検査だ。

この授業の中心は子どもたちによる討論だった。近年になって、母親の血液の遺伝子解析によって、これから産まれてくる赤ちゃんに遺伝病や染色体異常があるかどうかがある程度まで診断できるようになった。実際にその検査を受けた女性の話や、胎児に染色体異常の起きる可能性が高いという診断を受けた夫婦の話、遺伝子検査に賛成している人、反対している人のさまざまな意見をYouTubeで観たり、資料を読んだりした後に、賛成派と反対派に分けて、その遺伝子検査の是非について子どもたちに議論させるのだ。

翌年のサマースクールでは、遺伝子組み換えを取り上げた。遺伝子組み換え技術について学んだ後に、生徒たちがそれぞれ夢の遺伝子組み換え作物についてのアイデアを出し合う。それぞれの作物には、どんな長所や利点があるかをプレゼンテーションして、遺伝子組み換えによってどんな未来が開けるか、子どもたちは想像を羽ばたかせる。

それだけでは終わらない。次の授業で、遺伝子組み換え技術の利点や問題点を調べた。遺伝子組み換えの研究者や種苗会社、遺伝子組み換えに反対する環境団体、農家や消費者などの立場に分かれて討論をするためだ。

テーマは遺伝子組み換え技術によって、食糧問題を解決できるか。

種苗会社役の子どもたちは、遺伝子組み換え技術によって農作物を増産できる見通しを調べてきた。環境団体役の子どもたちは、遺伝子組み換え作物が生態系に与える危険性を訴えた。飢餓に苦しむ人々役の子どもたちが、食糧不足がどこまで深刻かを発表し、消費者の役割の子どもたちは、遺伝子組み換え作物の安全性の問題を提起する。科学者の役割の子どもたちが、遺伝子組み換え作物の安全性を確かめるためにどういう試験が行われているかを説明し、農家の役割の子どもたちは、遺伝子組み換え作物を栽培するコストについての懸念を表明する……。

中学生とは思えないような、本質を突いた深い指摘や疑問が噴出して、とても聞き応えのある討論だった。

地球温暖化や原子力発電をテーマにした年もある。授業の進め方は、基本的に同じだ。最初にそのテーマに関する最新の科学的知見について学び、それがどんな社会的な問題と結びついているか、賛成意見や反対意見を調べ、さらに子どもたちがそれぞれの立場で、その是非や問題点について議論を重ねるというやり方だ。

感心したのは、取り上げるテーマがすべて、大人たちの間でも結論の出ていない問題だということだ。もちろん教師が「これが正解です」と答えを示すことはない。そこで重視されるのは、自分の頭で考えることであり、考えるための土台となる正確な科学的知識や論理的思考力を育て、さらにはその考えたことを表現する能力なのだ。

国際交渉の授業では、子どもたちが友だちや親に何か頼みごとをする時に、どんなことをして言うことを聞いてもらうかをみんなで列挙するところから始めた。ホワイトボードに、子どもたちのさまざまな「作戦」が書き込まれていく。

自分の宝物をあげる。家のお手伝いをする。頼みごとの理由を説明して説得する。成績を上げるからと約束する。泣いて頼む。家出をすると脅す……。

あの手この手の作戦が列挙されたところで、教師はそれぞれを、簡単にできる順に並べかえてみるように提案する。比較的簡単に実行できることから、実行が極めて困難なことまでが順番にホワイトボードに並んだところで、教師は子どもたちに次の作業に取りかかるように促す。

子どもたちが調べてきたさまざまな国際交渉の例を、友好関係を結ぶとか、経済協力や経済援助をするという項目から、軍備の増強、軍事演習、さらには宣戦布告にいたるまで、実行の簡単なものから難しいものまで順番にホワイトボードに書き込んでいく。こうして友だちや親に頼みごとを聞いてもらうための作戦と、国際交渉のさまざまな手段が並べて書き込まれたところで、教師は子どもたちに質問する。

「この二つを見比べて、気がついたことはない？」

そして円滑な国際関係を築くためには、どうすればいいかをみんなで考え始める。

見事な授業だと思う。

共通して言えるのは、どの授業も基本的に対話で成り立っているということ。

もちろん授業であるからには、子どもたちはそこで今まで知らなかったことを学ぶ。知識の受け渡しは当然なされるわけだけれど、それは、たとえば典型的な日本の学校の授業のように、教科書と板書によって、子どもに知識を授けるというような形は取らない。

授業中に受け取る新しい知識ももちろんあるけれど、それ以上に子どもたちは、新しい知識を予習の段階で自分で獲得しておく必要がある。知識がなければ、考えることも話すこともできないからだ。だから、授業の前の準備が大変で、子どもたちは休み時間も、調べ物やレポートのまとめに夢中になっていた。このサマースクールにおいて、知識は暗記する対象ではなく、考えたり自分の意見を述べるために使われる道具であり、提起された問題の解き方を考えるのは、教師ではなく子どもたちなのだ。

子どもたちが積極的に、自らの意志で学び、そして考えるように、教師たちがそれぞれに工夫をこらしているのが印象的だった。

もうひとつ、大切なことがある。

そのサマースクールでの経験を、世界中の他のどの場所にもないとてもユニークなものにしていたのは、そういう議論や討論をするのが、世界中の国や文化圏から集まったさまざまなバックグラウンドを持つ子どもたちだということだ。

子どもたちはそこで、自分とまったく違うモノの見方や考え方に触れる。あるいはその反対に、遠い国から来たクラスメートと自分が同じように考え、感じることを知る。文化の違いに驚くこともあれば、まったく異なる文化と文化との共通点に目を開くこともあるだろう。

そういう経験から、学ぶこと、感じること、そして考えることは、子どもたち一人ひとりによって違う。ただ、ひとつだけ確かなのは、すべての子どもが例外なく、自分がそれまで育ってきた環境や文化が、必ずしも唯一無二の絶対ではないという、知識としてはすでに知っていたはずの真実に、本当の意味で触れるということだ。

これは、とても大きな経験だと思う。

たとえ話をすれば、その経験は宇宙船に乗って大気圏外に飛び出して、自分の目で地球を見ることにも似ている。地球がどんな色と形をしているかは誰でも知っているかもしれないけれど、実際に軌道上から地球を見下ろすのはまた別のことだ。

世界にはさまざまな人種や民族、文化があることは誰でも知っている。自分の属している文化がそのひとつに過ぎないことも。けれど、それを知っていることと、それを身をもって経験するのは、やはりまったく別のことなのだ。中国で育った子とチベット難民キャンプで育った子が、夜中まで二人で話すということは。あるいは、そういう姿をその目で見ることは。

そして、おそらく子どもたちは本能的に気づくのだ。言葉が違っても、文化や習慣が違っても、人間の喜びや悲しみに本質的な違いなどないということに。

言葉や文化の壁を乗り越えてしまえば、そこにいるのはお互い生身の人間であり、同じように笑い、同じように泣き、幸せを求めて生きている人間同士だ。

子どもたちはそこで考える方法を学ぶ。さらにその考えを表現する方法を学び、他の誰かの考えを聞くことを学ぶ。

単なる知識を詰め込んでも、人はほとんど変わらない。

けれど考えることで人は変わる。

さまざまな国の子どもたちと一緒に過ごすことで、彼らは自分が何者かを考え始める。

それは同質なものの中にいる時には経験のできないことだ。

中室が言った「子どもたちが成長する瞬間が見えた」というのは、そういうことを言っているのだと思う。子どもたちがＩＳＡＫのサマースクールを高く評価したのも、つまりはそれがいちばんの理由だったはずだ。自分の考え方やモノの見方が変わったことに、いちばんよく気づいているのは子どもたち自身に違いないから。

人生の中で自分が変わることほど、心を揺さぶる経験はない。それは大人でも子どもでも同じことだ。

だからこそ彼らは、帰国してとても熱心にその経験を話したのだと思う。

その言葉に動かされた子どもたちが、サマースクールに参加するようになった。

サマースクールに参加した我が子の変化に深く動かされ、ＩＳＡＫの開校に無私の協力をするようになった保護者もいる。詳しくは後述するが、その女性はファウンダーの一人となり、現在はＩＳＡＫの理事を務めている。

そういう風にして、わずか数年の間にＩＳＡＫの基礎が築かれていった。

7　「軽井沢に育てられた」起業家が動いた。

「私、すごく運がいいんです。いつも私が本当に何かをやりたいって思うと、必ず助けてくれる人が現れる。子どもの頃からずっとそうだった。谷家さんと学校をつくるために動き始めてからも、不思議なくらい必要な時に必要な人が現れて助けてくれた。だから学校をつくるのは私の運命なんだろうって、なかば本気で信じてました。これは私の運命なんだから、絶対に学校はできるって。資金集めは挫折に次ぐ挫折で、ちっとも進んでいなかったけれど、でもきっとなんとかなるって心のどこかで思ってた」

開校の目標は5年後だった。

ほとんどの人が、いくらなんでもそんな短期間では難しいと言った。

ところが大方の予想に反して、開校の準備は着々と進んだ。簡単なことではなかったけれど、後から考えてみれば、驚くべき勢いだった。りんをブルドーザーにたとえたのは谷家だったけれど、彼女の周囲の見方も一致していた。戦車だと言った人もいる。

人と場所と認可と資金。

開校するために必要なものは、大きく分ければこの4つだ。

「人」とは、つまり学校の中身である生徒と学校を支える教師やスタッフのこと。

「場所」は、文字どおり学校の建設用地と校舎や寮などの場所。

「認可」は、学校を設立するために必要な公的認可。

「資金」については説明するまでもないだろう。

2008年の秋にフィリピンから帰国し、この仕事に取り組むことを決めた日から、文字どおりブルドーザーのように、りんはこの4つを揃えるべく動き続けてきた。

建設用地探しも、その最初の秋から始めた。ベンチャー企業、ワタベアンドカンパニーを立ち上げたばかりの渡部《わたべ》幸治《こうじ》と出会ったのもその頃のことだ。

学校の建設場所については、理事会でもかなり話し合った。いくつもの候補地が上がったけれど、最も有望なのは軽井沢だった。

理由はいくつかある。

まず何よりも、そこには美しい自然があった。

世界中から日本にやって来る子どもたちが学ぶ場所は、この国の美しい風土の中にあるべきだ。それは学校をつくろうと思い立った最初から、りんがずっと考えていたことだ。

りんがカナダの大自然の中で学んだのは、考えてみればわずか2年間に過ぎない。けれどある意味では、その経験が人生を決めた。

メキシコのスラム街で、彼女は自分の運命と出会う。こういう世界を変えたいと彼女は思った。

いや、もっと強く、自分にはそれができると信じた。

そう信じることができたのは、ロマンチックな言い方をすれば、美しい自然の中で学んだ時間が、彼女の心の中に、世界への素直な信頼を育んでいたからだと筆者は思う。森の木々に囲まれ、広大な太平洋を見晴らすあの図書館で過ごした時間が、深い部分で彼女の精神を支える背骨になったのだ。

自然の中で過ごす時間は、人を謙虚にする。自分の存在の根っ子が、どこにあるかを教えてくれる。

そういう土地は、日本中にたくさんあるには違いないけれど、たくさんの子どもを預かることを考えれば、満たすべき条件は他にもあった。

自然環境に恵まれていると同時に、そこにはしっかり社会的インフラが整備されていなければならない。

国際空港からのアクセスも、見落としがちだが大切な条件だ。

軽井沢はそういう意味で、これ以上はない最良の選択だった。

明治時代から別荘地としての長い伝統を積み上げてきた地域であり、町の財政は豊かでインフラはとても良く整備されていた。住環境を守るための条例も整っているし、町の人々の意識も高い。長野新幹線の開通で、東京－軽井沢間はわずか1時間余になった。日本有数の高級避暑地として、海外でも知られている。

軽井沢という歴史ある土地のステータスは、世界から生徒を募集する上でも有利に働いてくれるに違いない。

もちろんそれは、逆に言えば、軽井沢に学校をつくるためのハードルが高いということも意味したわけだけれど。

町や町に暮らす人々の理解を得られなければ、学校という公共性の高い施設を建設するのは不可能ではないにせよ、事実上は極めて難しい。

地元の人々の賛同が得られなければ、町役場としては学校の建築許可を出すわけにいかない。建築許可がなければ、もちろん学校の建設などできはしない。

とはいえ、最初からりんがそういう事情をはっきりと認識していたわけではない。もっと簡単なものだと思っていた。

何千坪、何万坪という学校建設用地を探すわけだから、さすがに家探しのように簡単にはいかないのはわかっていた。最適地を見つけるためには、周到な下調べが必要だ。本格的な土地探しの前に、軽井沢全体の不動産状況について詳しい話を聞いておきたかった。

りんがワタベアンドカンパニーの渡部に会ったのも、基本的にはそれが目的だった。

渡部は、ベンチャー企業を立ち上げる直前まで、地元の不動産会社の副社長として、軽井沢でも最高の不動産取引実績を上げていた。個人向けの別荘地から、何万坪という単位の不動産取引まで幅広く手がけていた。りんに渡部を紹介した外資系銀行の友人の話では、軽井沢の不動産を知り尽くした人物という話だった。

渡部が立ち上げたのは、別荘管理サービスに特化した新しいタイプのベンチャー企業だった。

別荘暮らしは、意外と手間がかかる。最初の一日二日は、室内の掃除だの庭の草とりだのに追われて終わってしまったりするものだ。

渡部たちのサービスは、そういう作業を代行する。顧客が別荘に着いた時には、庭も部屋もきちんと掃除され、ベッドメイキングもされている。冬なら部屋は暖められているし、夏は涼しい部屋が待っている。買い物を頼んでおけば、冷蔵庫の中には食材が詰まっている。子どもたちのために、暗くした部屋にホタルを放しておいたりもする。ホテルのように、いやそれ以上にきめ細かく、ドアを開けた瞬間から快適な別荘暮らしが始められるというわけだ。

不動産業と密接につながる業種ではあるが、不動産業者そのものではない。そういう渡部の立ち位置が、りんの目的にはぴったりだった。

その段階で彼女が必要としていたのは、情報であって土地そのものではない。軽井沢全体を見渡して、最高の土地を探すつもりだった。最初から不動産業者を決めたら、その視野が狭くなるおそれがあった。

紹介者である共通の知人の別荘ではじめて渡部に会って、りんが意外だったのは、渡部が思ったよりずっと若かったことだ。その時渡部は、30歳を過ぎたばかりだった。

意外だったのは、渡部も同じだ。

「こんな若い女性だったんだって、お会いしてびっくりしました。失礼な話だけれど、なんとなく年配の女性を想像していたんです。なにしろ、自分で学校をつくるって言うんですからね」

けれど、もっと驚いたことがある。

話し始めて、30分も経たないうちに、渡部は自分にできることならなんでも協力しようという気持ちになっていた。

記憶力の良い読者なら、よく似た話をすでにこの本で読んでいることに気づいたかもしれない。冒頭のプロローグだ。混同しないように説明すると、この渡部はプロローグに登場した西武プロパティーズの渡部精一郎とは、まったく別の人物だ。親戚関係にもない。

これは余談だけれど、りんの旧姓は渡邊で三人は名字がとてもよく似ている。不思議な因縁というべきかもしれないが、人生ではそういうことが時々起きる。実を言うと、この後にもう一人、渡邊という姓の女性が登場する。その女性とりんの間にも親戚の関係はない。二人の姓が同じなのは単なる偶然だ。物語を書く身としては、話がややこしくなるのであまり嬉しい偶然ではないのだけれど……。

二人の渡部が最初にりんに抱いた印象と、その後の行動が似ているのは、彼らが同じ不動産業界で経験を積んできたからだろう。

渡部幸治もりんに会うまでは、この会見に気乗りがしなかった。はっきり言えば、うさんくさい話ではないのかと用心していた。

用心した理由も同じだ。不動産業の世界に長くいたから、似たような話を何度も聞いたことがある。ことに広大な土地取得の話には、別の目的を持った人が絡んでいることが少なくなかった。夏場の誘蛾灯に群れる羽虫のように、そういう人々が集まってくる。

軽井沢という土地のブランドの価値についてまわる有名税のようなものかもしれない。悪質な話ではなくても、資金が集まらなくて話が頓挫するとか、いつの間にか立ち消えになる話がよくあった。まして、その女性は学校をつくるという。学校なんて、そんなに簡単につくれるものなのだろうか。

渡部は言う。

「教育については素人だけど、簡単じゃないのはわかってました。りんさんも、調子のいいことは一切言わなかった。正直な人だから、お金もこれから集めなきゃいけないって、内情をぜんぶ話してくれた。そして、これは僕自身の事情だけど、自分もちょうど会社を立ち上げるところでものすごく忙しかったから、他の人の世話なんて焼いてる場合じゃないよっていう心の声も聞こえてた。だけど、なぜかその日のうちに、本気で手伝おうっていう気持ちになっていたんです」

りんが渡部に依頼したのは、土地探しの手伝いと、それから地元の人々とのパイプ役だった。彼のベンチャー企業のビジネスと、直接的な関係はない。それはあくまでも、渡部個人の単なる手伝いだった。そして、りんたちには徹底的に資金が不足していた。だからもちろん無償だ。つまり、渡部はボランティアということになる。実際、それから現在にいたるまで、渡部は一円の金もISAKから受け取っていない。

時間があり余っているならいざ知らず、自分の会社の立ち上げで、目の回るような忙しさだったにもかかわらず、渡部がほとんど二つ返事でりんの頼みを聞いたのには、いくつか理由があった。

「あの突き抜けた明るさに、まずなんか説得されてしまいました。楽天的というか何と言うか、心から人を信じるんですよね。言葉にまったく嘘がない。それからあの目。真っ直ぐ人の目を見て話すんです。海外での暮らしが長かったせいかもしれないけど、真っ直ぐに人を見る。心の底まで見つめられてるみたいな気がしました。そういう人に、お願いしますって頭を下げられたら、断るの難しいじゃないですか。

だけど、そういうこと以上に、何をおいても手伝おうって思った決め手は、彼女が本気だったからです。僕、聞いたんです。学校をつくりたいのはわかったけれど、学校ができたらどうするんですか、って。そしたらりんさんは一瞬の迷いもなく『家族と軽井沢に引っ越してきます』って答えました。

軽井沢でビジネスをしていても、住まいは東京っていう方、意外と多いんです。小売業でも、サービス業でも、それこそホテルでも。軽井沢でビジネスをしていても、軽井沢には住まない。だいたい東京とか、中央のほうに住んでおられる。それが悪いわけでは、もちろんないんですけど、りんさんが軽井沢に住むって聞いて、僕は嬉しかった。

僕がここで仕事をしてるのは、何よりも自分を育ててくれた、この町が大好きだからなんです。いろんな条件が整っているということもあるけれど、その前提として、りんさんは軽井沢がほんとに好きだから、ここに学校をつくろうとしているんだということがわかった。この人は腰を据えて、自分の人生をかけて、この仕事に取り組んでる。地べたを這ってでも、やり遂げようとしてるんだって。

成功するには、それがいちばん大事ですから。だから、僕はこの人ならきっとやり遂げると思いました。そのすぐ後に、東京でりんさんの家族に紹介されたんです。家族と言っても、まだお子さんが生まれていなかったから、夫の繁肇さんと夫婦二人だけだったんだけど。繁肇さんも『もちろん僕も行きます』って言うんです。仕事場は東京だけど自分は軽井沢から通うと。夫婦一丸なんですよね。僕はますますに嬉しくなって、ほんとに自分にできることはなんでも手伝おうって決めたんです」

渡部はそれから2年余りの間に、軽井沢内の200ヶ所を超える土地を精査する。売りに出ている土地はもちろん、そうでなくても地主と交渉の余地のある土地は残らず調べた。ひとつひとつの土地に足を運び、周囲の状況や諸条件を調べ上げ、りんたちが現地視察する価値のある50ヶ所あまりの候補地を選びだし、候補地が出るたびに東京から出張してきたりんや理事たちと一緒に見て回ったのだ。

渡部は土地探しをする一方で、学校をつくることを地元の人々に理解してもらうために、町役場や町の有力者たちとりんたちの橋渡し役も精力的にこなしていった。

土地を探し始めて、りんがすぐに気づいたのは、地元の理解と協力なしに、学校はつくれないということだった。

建物としての学校はつくることができても、学校の根をそこにしっかりおろすには、地元の人々の承認が絶対的に必要だった。そのためには、彼らの信頼を得なければならないわけだけれど、それが実際にはかなり難しかった。土地探しもかなり難航したけれど、それ以上に難しかったかもしれない。

簡単に言えば、地元の人たちも、渡部が最初に感じたのと同じことを思った。つまり、その話を聞いて信用できない話だと考えた人が、少なからずいた。

軽井沢は国内でも有数の別荘地であり、世界にも名を知られたリゾートだ。別荘やリゾート関連施設からの税収は莫大で、町の外からやって来る別荘族や観光客からの収入が町の経済のかなりの割合を占めている。そういう意味ではホスピタリティにあふれているのだけれど、それゆえにかえって外から入ってこようとする異物に対しては閉鎖的なところがあった。

それは軽井沢の景観を守るためにさまざまな条例が整備されていて、たとえば別荘を一軒建てるのにもいくつも制約があるのと同じことだ。外からの侵入者に厳しい目を注ぐのも、基本的には軽井沢の環境を守ろうとする意識の表れだろう。

豊かな自然と優れた住環境、そして評判の高さは、つまり軽井沢の観光資源だ。その環境資源を損ねるような侵入者に対しては、堅く門が閉ざされる。そうやってこの地を守ってきたからこそ、現在の軽井沢があるという自負が彼らにはあった。

りんがその問題を、当初はとても簡単に考えていたのは、この土地に全寮制インターナショナルスクールが開校することは、町の利益にもなると信じていたからだ。

りんはそれを心から信じていた。少し前に流行した言い回しを使うなら、軽井沢町とＩＳＡＫはかならずウィン・ウィンの関係を築けるはずだと信じていた。

学校の評価が高まり、優れたリーダーを世に送り出すようになれば、世界が軽井沢に目を向ける。ＩＳＡＫという世界でも例のない学校は、軽井沢の名声を世界に広めることになるだろう。

少しも大袈裟でなく、心からそう信じていたのだ。

だから、町の人はきっと理解してくれるに違いない。そう単純に考えていた。

現実には、それはちっとも単純な話ではなかった。

りんたちの話を聞いてもらうために、渡部が町の人々を引き合わせるパーティを開いた時、りんに面と向かってこう言った人もいた。

「この町にはあんたらのことを、詐欺師だと言ってる人もいるんだよ」

冗談めかしていたが、その人自身がそう思っていると言っているようなものだ。その場が一瞬、凍りついた。動揺していないのはりんだけだった。

「それ、よくわかります。全寮制インターナショナルスクールなんて、確かに怪しいですよね。応援しているのは外資系銀行だの、投資顧問会社だの、なんとかファンドだの、いかにも怪しげな肩書きの人ばっかりだし」

りんはそう言って、豪快に笑って聞き流したらしいけれど、心中はとても穏やかではなかったはずだ。

もっとも、そう言った人は、今ではＩＳＡＫの熱心な応援者になった。りんがＩＳＡＫのことだけでなく、軽井沢町のことを真剣に考え、一緒に発展していこうと本気で考えていることに気がついたからだ。

今では軽井沢町にたくさんのＩＳＡＫ支援者ができた。

単にＩＳＡＫの存在が、軽井沢町の発展に貢献するからというだけの理由ではなく。ＩＳＡＫ

の開校が、日本と世界のためになると多くの人が信じ、そういう学校が軽井沢町に生まれることを、誇りに思うようになった。

りんがＩＳＡＫの趣旨を説明するため初めて長野県知事に会った時、軽井沢町長は一緒に町から同行した。その話はまたあとでするけれど、町議会も全会一致でＩＳＡＫのためにある驚くべき条例を可決した。

今や軽井沢町を挙げて、ＩＳＡＫを応援する態勢が生まれつつある。

けれど、その関係を築くまでが、本当に大変だった。

町の人々の理解を得るために、役場の人たちと話をするために、自分やＩＳＡＫという学校のことを知ってもらうために、りんは文字どおり何百回も軽井沢に通った。

そうして町のさまざまな人とりんが会えたのも（最初の頃は訪ねて行っても会ってもらうことすらできないことが何度もあった）、渡部がほとんど献身的に、そのための準備をしたからだった。

渡部は町のさまざまな人間関係、師弟関係とか、仕事関係とか、友人関係などなどの複雑に絡みあった糸を辿り、町の意思決定を左右する人々に次々に引き合わせ、小林りんという人間をみんなに理解してもらえるようにした。

たとえば、こういうことだ。

どうしても会ってくれないＡさんという人がいた。渡部はあちこちに話を聞いて、Ａさんが恩師のＢ先生の話なら聞くことを突き止める。そこで渡部は知り合いに紹介してもらって、りんと二人でＢ先生に会いに行く。りんが自分がなぜこんなことを始めたか、ＩＳＡＫの意義や教育内容を丁寧に話してB先生の理解を得ると、Aさんへの紹介を依頼する。B先生の紹介ならということで、ようやくAさんとの面会にこぎつけるというわけだ。

そういうことを、飽くことなく繰り返し、渡部はりんが軽井沢町の分厚い壁を突き破って、町の人々の心の中にまで入っていく手助けをしたのだった。

「軽井沢の人たちと本当にいい関係を築くことができているのは、渡部さんのおかげなんです。彼がいなかったら、軽井沢に開校することなんてできなかったかもしれない」

りんはそう言う。誰々がいなかったらISAKは生まれていないという発言を、彼女は頻繁にする。その人へのリップサービスなどではない。

それにしても、なぜ渡部はそこまで協力したのだろう。

「実はもうひとつ理由があります。それはISAKが裕福な家庭の子どもたちだけのための学校ではなかったからです。どんな貧しい国の、貧しい子どもにもISAKの門は開かれている。

もちろん、誰でも入学できるわけじゃない。競争はあります。奨学金を貰ってISAKに入れる子どもは一握りでしかない。でも、少なくともあらゆる子どもに、この学校に入学するチャンスがある。お金があろうがなかろうが。門が閉ざされるのとはぜんぜん違うんです。そしてそういう子どもたちこそISAKの財産になるんだっていう話を聞いて、自分のやりたかったことと完全にリンクすると思ったんです。

さっき僕を育ててくれた軽井沢が大好きだって言いましたけど、それは文字どおりの意味なんです。僕を育ててくれたのは軽井沢町だった。軽井沢町の児童養護施設で僕は育ちました。僕は親兄弟誰もいないんです。東京の大田区に乳児院があって、僕の人生はそこから始まっている。その乳児院から東京の新宿の児童相談所に送られて、最後に軽井沢にある児童養護施設にたどりついた。軽井沢で僕は育てられたんです」

渡部は養護施設から、軽井沢の小学校、中学校に通った。そして、東京のサッカーの強豪高校に進学する。小学生からずっとサッカーをやっていた。高校でも、もちろんサッカー部に入った。ポジションはフォワード、レギュラーの座も獲得した。プロのサッカー選手になって有名になれば、兄弟の一人くらいは名乗り出てくれるかもしれない。もしかしたら、生まれて初めて肉親に会えるかもしれない。そんな淡い夢を抱いていた。

「高校時代からJリーグのチームの練習生になって3年やらせてもらったんですけど、椎間板ヘルニアをやってしまって。夢を断念しなきゃいけなくなった。サッカーしかやってこなかったから、何をしようかと。軽井沢で育ったけど、実家があるわけじゃないから、どこにも行くところがないんですよ。その時に軽井沢の不動産会社のオーナーの方が後援会にいて、いろいろ面倒を見てくださってたんですが、『どうせ行くところがないんだったら、一緒に軽井沢で仕事しようよ』って声をかけてくださって、不動産のベンチャー企業を立ち上げて、4人から始めて140人くらいの企業になりました。そういうご縁で、僕は軽井沢にいるんです」

りんと軽井沢町の人々の間に堅い信頼関係が築かれることになったのも、この町に深い愛情を注ぐ渡部のような人物がいたからこそだった。日が経つにつれて軽井沢の町の中に「ＩＳＡＫを応援する」という人々が、少しずつ確実に増えていった。

浅間山南麓の千ヶ滝別荘地に、学校を建設するのに理想的な土地があることをりんに教えてくれたのも、そういう町民サポーターの一人だった。ある記事に、建設用地探しが難航しているというりんの話が載ったのを読んだその人が、わざわざ連絡をくれたのだ。

こうしてりんは、もう一人の渡部と出会う。この本の冒頭に登場した渡部精一郎だ。不動産業のプロフェッショナルである彼もまた、りんを応援する一人となった。

千ヶ滝別荘地のその土地は、浅間山の南麓のなだらかな斜面の林の中にある、素晴らしい土地だ。学校の建設用地としては申し分のない場所だった。

西武プロパティーズと契約を交わし、その土地を学校用地として正式に確保したのは2011年6月のことだ。正確に言えば、ＩＳＡＫが土地を取得したわけではない。ある企業の協力で、土地をその企業が買収し、ＩＳＡＫに長期貸与するという形が取られた。

そこに辿り着くまでには、実を言えば、これもひとことでは語り尽くせない苦労があったのだけれど、ここは話の先を急ぐとしよう。ひとつだけ言えるのは、それはりんたちの努力だけでできたことではなかった。不動産業者側の人々の、ビジネスの範疇を超えた共感がなければ、おそらくこの話はまとまらなかったはずだ。

「不動産の仕事に携わる人間として、これこそやる価値のある仕事だと思いました。大変だったけど、このために自分は今まで不動産の仕事をしてたんじゃないかって、ちょっと大袈裟かもしれないけど、そう思えるくらいに充実した時間でした」

渡部精一郎は後にそう語っている。

りんの周囲には、実際にたくさんの「その人がいなかったらＩＳＡＫは開校できなかった」人がいた。たくさんの人間が、知恵を出し合い、言葉には尽くせない協力をした。

「何かをやりたいと思うと、必ず助けてくれる人が現れる」と言ったのは、彼女の本心からの言葉だ。なにしろ本当にそうだったのだから。

彼女が言うように、彼女は運が良かったのだろうか。ＩＳＡＫを開校するのが彼女の運命だったから、その運命が人を引き寄せたのだろうか。

私はそうではないと思っている。

りんが人を動かしたのだと思う。あるいは変えたと言ってもいいかもしれない。

「僕がりんさんのお手伝いをするのが楽しかったのは、彼女の周囲にいる人たちが、失礼な言い方になってしまうかもしれないけど、人としての筋がすごく通っている人たちばかりだったんです。おかげで、世の中にこんないい人がいたんだって心から思えるような人に立て続けに会うことができた。そういう方たちと一緒にいると、自分もいい加減なことはできないじゃないですか。自分もこの人たちに負けないように、いつも背筋を伸ばしてなきゃいけないって思うようになって、責任感が生まれて来て、それが自分にとってはいい勉強になりました」

そう話してくれたのは、ワタベアンドカンパニーの渡部だ。

私には、そう話している彼こそ、人としての筋が通った人に見えた。

「新しい学校をつくろうとしている女性」の物語を書いてみないかと誘われた時、私が最初に想像したのは、日本の硬直した行政機構と戦う女性の姿だった。

まったくの素人がゼロから学校をつくろうとする時目の前に立ちはだかるのは、前例主義や事なかれ主義の官僚や役人たちの厚い壁に違いない。そう思ったからだ。

確かに、彼女は数え切れないほど役所に通った。

内閣府、文部科学省、長野県庁、軽井沢町役場……。

公益法人に認定するのは内閣府で、学校法人の認可は県庁の仕事だった。授業をすべて英語で行い、日本の教員免許を持たない外国の教員を採用する特例を認めてもらうには文部科学省と交渉する必要があったし、学校建設のために必要な自然保護法の許可は軽井沢町役場の管轄だった。県から学校法人として認可されるには、資金や教員や校舎が確保されていることを証明しなければならないけれど、その資金の根拠となる寄付の受け皿となる公益法人をつくるには内閣府の認可が必要だった。

それぞれの役所で許認可を受けるには、別の役所で許認可を受けておく必要があったりして、役所との交渉は複雑に絡み合っていた。

複雑すぎて、絶対に解けないような結び目になっている部分もあった。たとえば公益法人に認定されるには、自分たちが確かに学校をつくっていることを証明しなければならないけれど、学校をつくるにはまず公益法人になって寄付が集まっていなければならないというような。

各役所と粘り強く交渉しながら、その解けないはずの結び目を解き、必要な許認可を得るために、何十回も役所に通わなければいけなかったのは事実だ。日本の役所は頻繁に異動がある。担当者が異動するたびに、複雑な話を一からやり直さなければならなくなったことも一度や二度ではなかった。

けれど、りんに言わせれば、それは壁ではなかった。

縦割り行政とか前例主義とか、日本の官僚機構の問題点はさまざま指摘されていて、それはある程度までは事実でもあったけれど、それは言うなればこの巨大な装置の「癖」みたいなもので、その「癖」を理解してつきあえばいいだけの話だった。

それよりも驚いたことは、個々の官僚や役人たちはむしろ協力的だったのだ。

「私にもそれが意外で、すごく印象に残ってます」

中室もそう証言する。許認可を受けるために、役所に提出する膨大な書類の作成を引き受けた彼女は、りんと二人で何度も各省庁に足を運んでいた。

「例によって、りんさんが『こういう学校をつくりたいと思ってる』って話すわけです。そうすると、丁寧に話を聞いてくれるんです。ポジションが高い人ほどそうだった。私たちが何者かは、あれだけ高い地位の人たちになるともうわかってないんですね。秘書が事務的に面会のスケジュールを入れて、その順番に従って会っていってるだけだったと思います。ほんとに、そういう印象でした。最初はりんさんが何を話しにきたかはわかってなかった感じなんだけど、りんさんのプレゼンテーションを聞いているうちに、なんだか目の色が変わってきて『私も本当にそういうこと必要だと思います』ってはっきりとした同意を示してくれる時すらある。『わかりました。

我々にできる限りサポートしましょう』って。もちろんそういうサポートを求めて、私たちは霞が関に足を運んだわけですけど、『サポートしてもらえるだろう』と予想していたわけではなかった。前例のないなことをやろうとしているわけだから眉をひそめる人の一人や二人は出てきてもおかしくない。そう覚悟していたのに、ほとんどそういう人には会わなかった。意外かもしれませんが、霞が関はとても協力的だったし、その後も親身になって、継続的にサポートしてくれた」

彼らも閉塞感を感じていたのだろう、と中室は言う。社会のグローバル化は好むと好まざるとにかかわらず否応なしに進行する。国際関係が緊密になったこの現代社会で、教育現場にも強い閉塞感が蔓延するようになっている。日本の教育はこのままでいいのだろうか。多くの人が、何か手を打たなければと感じている。そういう社会状況で、日本の教育を変えていく起爆剤となる試み、ブレークスルーを彼らも待ち望んでいたのではないか、と。

「役所の人たちも『ああ、ようやくこういう人が出てきたか』っていう思いだったんじゃないでしょうか。りんさんの横で話を聞きながら私はそう思いました。ただ、お役人があんなに協力的だった理由は、そういうことだけではないと思う」

ＩＳＡＫというアイデア。あるいは、りんたちがＩＳＡＫでやろうとしていること。それがとても理にかなっていて、今の日本、あるいは世界が、そういう学校を必要としているのは間違いないことなのだろう。

けれど、正しい理屈や理論だけで、人は動くわけではない。

確かに、村を昔のように美しく保つために、ゴミを分別回収するべきだという理屈は間違っていない。少し考えれば、それは誰でも理解できることだ。けれど、理解するのと行動するのは別のことだ。ゴミはそのあたりに放り投げるという昔ながらのやり方を改め、ゴミ回収の仕組みをつくり、村人全員がルールを守るようになったのは、それが正しかったからだけではないはずだ。

ネパールの少女が、村の未来のためにその正しい理屈を説いて村中を回っている姿に、人々は動かされたに違いない。これは想像でしかないのだけれど、彼女はその聡明さのゆえに、村の長老や大人たちから愛されていたのかもしれない。一週間もの道のりを歩いて町の学校へ通っている姿が、村人に彼女への自然な敬意を育んでいたのかもしれない。人は理屈だけでは動かない。理屈と行動の間には、人を動かす動機がある。動機は共感から生まれる。

そして、人を共感させるのは、多くの場合、人の魅力だ。

どんな魅力かは、人によってそれぞれ違うけれど。

中室は言う。

「あの人はいつも同じなんですよね。誰と話す時でも、相手がどんなに偉かろうがそうでなかろうが、話し方も態度も変わらない。卑屈になることもなければ、偉ぶることもない。りんさんと話していていつも思うんですけど、とにかくりんさんは〝善良〟なんです。間違っても、自分や自分の周りの人だけに利益があるように、などというふうにはまったく考えていない。いつも『こうすれば社会をよくできる』と情熱的に語って、人を巻き込んでいく。とくに教育業界は、さまざまなステークホルダーに取り囲まれて、失敗を恐れ、身動きできなくなってしまっているようなところもあるから。多くの人がそういう閉塞感を感じている中で、りんさんの話に心を動かされて、自分にも何かできることがないか、と思ったんじゃないでしょうか」

りんはただひたすらISAK開校のために奔走していた。彼女の無私の行為が、彼らの心の中の人間の善性とでもいうべきものと響き合ったのだと私は思う。

人は誰もが、善なる心を宿している。世の中のためになることをしたいという気持ち、あるいはりんが子どもの頃にそう思ったように、この世界を変えたいというような思いが眠っている。

残念なことに、この競争社会では、そういう人間としての素直な気持ちを発揮するのはなかなか難しい。厳しい社会を生き抜くには、そういう気持ちに蓋をして、あるいは鈍感になって生きるほうがずっと楽だ。

そして、いつしか世界を変えることなんてできはしないと、思うようになる。現実はそんなに甘いものじゃないよと、言うようになる。誰もがそうだとは言わない。人によって、そう思う度合いには差があるには違いないけれど。

そういう時に、彼らはりんと出会ったのだ。

そしてりんは彼らにそうではないことを、つまり世界を変えられるということを、少なくとも世界を変えるための努力には意味があることを、その行動で伝えたのだと思う。

8　開校資金は未だ目標額の10分の1。

けれど、この宇宙にはもうひとつ、冷徹な真理がある。

それは、どうにもならないことは、どうにもならないという真理だ。

無い袖は振れない、とも言う。

人、場所、認可。

開校に必要なカードは、多くの協力者を得て、ほぼ順調に揃いつつあった。

谷家とりんの、言うなれば空想でしかなかった学校が具体的な形になっていった。

ひとつだけ、問題があった。

それは最初からずっと彼らの頭を悩ませていた問題ではあったし、他の何にも増して熱心に取り組んではいたのだが、他の準備が整う目算がつき始めると、なおさら問題として大きく浮かび上がるようになる。

資金問題だ。資金集めが、遅々として進んでいなかった。

具体的に言えば、２０１１年に入った段階で、開校資金が目標額の10分の1程度しか集まっていなかった。

資金が集まらなければ、もちろん学校を開校することなどできはしないが、問題はそれだけではない。それは、世界からさまざまなバックグラウンドの子どもたちを集めるという彼らの構想そのものの危機でもあった。

たとえなんとか資金をかき集めて、学校の開校にこぎつけたとしても、これほど資金集めに苦労するようでは、思い描くような学校にならないことははっきりしていた。奨学金制度が、成り立たないからだ。

単に資金を集めるだけでなく、開校後も円滑に資金が集まる仕組みを構築しなければいけないのに、開校資金さえもまったく集まらないという現実にりんは直面していたのだ。

彼女が資金集めを始めて3年の歳月が流れていた。開校予定の2013年秋までに、2年半しか残っていなかった。

にもかかわらず、開校資金の目処がまだ立っていなかった。

絶望的な状況だったが、それでもりんが諦めることなく、出資者探しを続けられたのはＩＳＡＫの理念の正しさを信じていたからだ。

数億円単位の資金提供者を探すわけだから、もちろん簡単ではない。

けれど、極端にいえばたった一人でいいのだ。谷家と同じように考える人はきっといる。

それだけの資金を用意できる人が、日本に何人いるかわからないけれど、そのうちのたった一人を説得すればいい。

今の日本が、こういう学校を必要としていることは間違いないのだから、資金提供者は必ず現れる。自分なら、その人を説得できるとりんは信じた。

なぜなら、この学校をつくるのが、自分の運命だから。

何かを成し遂げるには、信念が必要だ。成し遂げるのが難しければ、難しいほど、強い信念を必要とする。だから、彼女がそれを自分の運命と信じて、来る日も来る日も、資金集めに動いた。

それは間違っていない。

彼女がどこかで自分の運命を疑っていたら、ISAKは幻で終わったはずだ。

けれど、時として、強い信念が妨げになることがある。

信じるのは悪いことではないけれど、時にそれは人の視野を狭くする。ブルドーザーのように真っ直ぐ突き進むだけでは、どうにもならないこともある。時には、迂回路を探さなければならないこともあるのだが、彼女は気づかなかった。

りんの視野を広げたのは、一人の理事の話だった。前出の山本公哉だ。

山本が友人たちと飲んだ時に、りんがつくろうとしている学校の話になった。彼は、とにかく彼女がもう3年あまりも学校をつくるために走り回っていること、ちっともお金が集まらないこと、それでも彼女はまったく諦めようとしないという話をした。

「その話聞いて、みんな泣いてるんだよ。男が5人も集まって、まあ酒のせいもあるだろうけど。今時そんな人間がいたのかって。そのうち、誰かがこう言った。俺には10億円なんて金はないけど1000万円くらいなら、出せるかもしれないって。そしたら、そうだ俺もそれくらいなら出す、俺も俺も、ってそこにいた5人がみんな言い出した。これは大きなヒントじゃない？」

山本は方針を転換してはどうかとりんに提案した。10億円の資金を出してくれる一人を探すのではなく、1000万円を寄付してくれる人を100人集めたらどうだろう。

「この学校の将来を考えても、むしろISAKの理想に心から共鳴してくれる100人に支えてもらう仕組みをつくったほうがいいと思う」

どうして今までそのことを思いつかなかったのかというくらい、シンプルで鮮やかな解決策だった。それを考えてもみなかったのは、自分の傲《おご》りだったのかもしれないとりんは思った。

10億円というお金の重さを、過小評価していた。

それでうまくいくかどうかはわからない。10億円という巨額な資金に較べるから、1000万円くらいならなんとかなりそうな気がするだけの話かもしれない。

冷静に考えれば、1000万円はとても大きなお金だ。自分たちの考えに、心から共鳴して、それだけのお金を寄付してくれる人を、開校までのこれからの2年間に、はたして100人も集められるだろうか。

それに、そのためには大きな方向転換をしなければならない。

自分たちに協力してくれるお金持ちを一人さがすのではなく、たくさんの協力者を募ることになるわけだから。

資金集めの考え方も、仕組みも根本から考え直す必要があった。

何度も理事会で話し合い、最終的にこの大きな方針転換を正式に決めたのは2011年の3月3日のことだった。1000万円の寄付者をファウンダーと呼び、100人のファウンダーを集めるという方針が決まった。

うまくいくかどうかはわからないけれど、少なくともそれまで完全に停滞していた資金集めに、それで弾みがついた。内々にその話をしたら、それくらいの金額なら協力してもいいと言ってくれた個人や企業関係者も、何人かではあったが現れた。

この方法なら、もしかしたらうまくいくかもしれない。

りんたちがそう思い始めた矢先のことだった。

3月11日がやって来た。

その日、すべてが変わってしまった。

第6章

ISAK開校

1 2011年3月11日。

2011年3月11日14時46分18秒。宮城県牡鹿半島の東南東沖130キロの海底で発生したマグニチュード9の巨大地震と、それがもたらした気の遠くなるような膨大な被害や喪失について、ここで詳しく述べる必要はないだろう。

東北地方と関東地方に暮らす人々、そこで活動する企業や団体の運命は、程度の差はあったけれど、この地震から少なからぬ影響を受けることになる。

りんたちも例外ではなかった。

資金集めの計画が、暗礁に乗り上げたことは言うまでもない。

100人から1000万円の寄付を集めるという計画を立ち上げ、寄付を検討してもいいという人たちと会う約束を取り付けていたのだけれど、そのアポイントはすべてキャンセルされた。

福島県の原子力発電所が起こした大事故が、この後どう収束していくのか、あるいは収束などせずに被害はさらに拡大するのか、誰にもよくわからない状況だった。

節電のせいもあって、東京の夜は暗くなった。経済活動はしばらく停滞を余儀なくされるだろうし、たくさんの個人や企業が、被災地に寄付や義援金を送っていた。総額は数千億円にも上った。

世の中の目が被災地の厳しい現状に向けられている時に、新しい学校の創立のために寄付をしてくれる人などいるだろうか。

3年前のリーマンショックの影響で資金が事実上ゼロになったことを知った時、彼女は少しも動じなかった。学校設立までの仕事がひとつ増えただけだと考えた。

資金はなかなか集まらなかったけれど、諦めたことは一度もない。

どんな問題でも、解決する方法は必ずあると信じることができた。

何か他の方法で資金を集めることを考えなければならなかったが、こうなってしまってはいったいどういう手段があるだろう。

さすがのりんも、今度こそ本当にもう駄目だと思った。


そういう時期に、彼女はもうひとつの判断を迫られることになる。

この年のＩＳＡＫサマースクールを開催するか否か。

これも難しい問題だった。

２０１０年のサマースクールの成功を受けて、２０１１年の夏にもサマースクールを開催することを決めて、すでに参加者の募集も選考も終えていた。日本をはじめ世界10ヶ国から32人の生徒が参加することになっていた。

テレビではヘリコプターが崩壊した原子炉建屋をめがけて空中から水を落としたり、東京から消防車が何台も福島に送り込まれる映像が連日流されていた。日本国内だけでなく、その映像は水蒸気爆発の映像とともに世界中のニュース番組が取り上げた。

原発事故に関する情報が錯綜する中で、たとえばフランス大使館は事故後間もなく、日本に暮らすフランス人に、放射性物質を含む風が関東地方に飛来している可能性があるから、できる限り関東地方から離れるようにという勧告を出していた。フランス政府が用意した特別機で、少なからぬ数のフランス人が日本を離れた。

アメリカは原発から80キロ圏内にいる米国市民に避難を呼びかけていた。国によって程度は違っていたにせよ、多くの国の大使館が同じような対応をした。

一時は世界中の多くの国が自国民に、日本への不要不急の渡航を考え直すように呼びかけていたわけで、日本は危険だという噂は世界中に広まっていた。

日本人だってそう思っていたわけだから、海外の人々の目はさらに厳しかった。

今の日本に、世界から子どもを集めることなんてできるのだろうか。

いや、そもそもそんなことをしていいのか?

ＩＳＡＫの理事たちの間でも、それが議論になった。

軽井沢町と事故を起こした福島の原子力発電所の直線距離は約２４０キロ。もちろん避難圏内ではないが、微量ではあったにせよ、放射線量は事故前に比べて上昇していた。

サマースクールは中止すべきだと強く主張する人たちがいた。危険かどうかはわからないけれど、安全策をとって少なくとも今回は開催地を、関西など原発からもっと遠く離れた地域にしてはどうかという意見もあった。

原発事故で人々が経験した不安を考えれば、どちらも当然の意見だった。りんとしては、実際に危険性があるなら議論の余地はないけれど、不安だからというだけの理由で、簡単に開催地を軽井沢から他の場所に移したくなかった。軽井沢の人たちの間にも、ISAKの開校を応援してくれる人が増えていた。

「サマースクールは、私たちがつくろうとしていた学校のミニチュアです。この自然環境で、この雰囲気の中で世界中から集まった子どもたちが授業を受けるという、学校の縮図を見せなきゃいけない。たとえば、関西に借りた大学の寮でやってもよかったんです。最初そういう話もあったんですけど、でも街中の大学のキャンパスの片隅でサマースクールをやるのと、軽井沢でやるのとでは全然違うんです」

本当に軽井沢が子どもたちの教育の場として、ふさわしくない土地になってしまったのか、それともそうではないのかを冷静に判断すべきだとりんは思った。

200キロ以上も離れているんだから、安全だと言う人もいた。実際、軽井沢の小中学校は普通に授業を行っていた。けれど、とんでもないと言う人もいた。

「頭、おかしいんじゃないの？」とまで言われた。りんはその人から放射能で日本は滅びるという ことが書かれた本を贈られた。

何が正しいか誰にも断言できなかった時期だ。

りん自身にも不安がなかったと言えば嘘になる。けれど、単に不安だからというだけの理由で、簡単にサマースクールを中止することはできなかった。

「ちょっと待ってください」

強く反対する理事に、りんは言った。

「まず事実を集めましょう」

すぐに、各地の放射線量などのデータ、原発事故や放射線量と健康被害に関する専門家の意見、軽井沢町や政府発表の数字だけでなく、アメリカ軍や国際原子力機関など、日本政府よりも危険性を大きく見積もっている機関の情報など、手に入る限りのあらゆる情報を集めた。何人かの専門家に話も聞いた。

その年のサマースクールでクラスを受け持つことになっていたアメリカのマーク・パルファーは物理学の専門家で、放射線と原子炉に関する詳しい知識を持っていた。

彼は米軍が測定した放射線量のデータを注意深く調べた。結論は、軽井沢町で測定された放射線量が事故前と比べれば一時的に高くなったのは事実だけれど、それは危険性を心配しなければならないレベルではないというものだった。

たとえば自然放射線の原因となる花崗岩などを地質に多く含む土地では、軽井沢町よりも高い放射線量を示す。世界中には軽井沢町よりも放射線量の高い地域はたくさん存在しているし、もちろんそれは原発事故とは何も関係ない。科学的に考えれば、軽井沢でサマースクールをすることに問題はない。自分は日本に行って、サマースクールに参加するつもりだとパルファーは言った。パルファーが科学的な証拠に基づいて大丈夫だと言っているならと、他の教師たちも、サマースクールへの参加を表明してくれた。

万一の場合に備えて対策さえ講じておけば、軽井沢でのサマースクールは昨年と同じように無事に行えるはずだった。

けれど、りんたちはサマースクールの参加者に安全だとは言わなかった。

そのかわり、集めたすべての情報をメールで送った。

「参加者全員にメールしたんです。『みんなすごく心配しているでしょうけれども、これがfactsです、事実です』と。『安全です』とは言わなかった。

あの時点では、誰も絶対に安全だと言い切れる人はいなかった。だから、Here's the information we can provide you、こういうfactsを私たちは把握しています。あとはご自身でリンクされているウェブサイトで調べて判断してください、そういう内容のメールをその年のサマースクールの参加希望者全員に送りました。そこに、自分たちの主観は入れなかった。サマースクールに参加してほしいからって『危なくないよ』って言っちゃ駄目なんです。私たちはありのままを伝え、判断は保護者に委ねました」

福島原発の位置と、軽井沢の位置。リアルタイムの各地の放射線量。発表されている放射線量だけでなく、自分たちで測った軽井沢の放射線量。原発事故が今後どのように推移していくかの見通しや、放射線が人体に与える影響についての政府や研究機関の見解、安全だという説も悲観的な説もすべて自分で調べて判断できるように、参照可能な専門家や研究機関やサイトのアドレスもつけた。

それから、りんは地元のタクシー会社と契約を結んだ。

危険ということのもうひとつの意味は、原発の事故がこの先拡大する可能性も否定できなかったからだ。最悪の場合、原子炉や燃料プールがふたたび爆発を起こして、大量の放射性物質が空中に飛散する可能性があるという指摘があった。

「万が一また原発で爆発があったとして、被害はすぐに軽井沢にも及びますか?」

サマースクールの開催に反対していた人たちも、さすがにそれはないと認めた。

福島の原発と軽井沢は240キロ離れている。仮にさらなる放射性物質の放出があったとしても、軽井沢に達するまでに時間がかかる。

りんは最短で何時間で軽井沢にその事故の影響が到達するか、どれくらい離れれば安全かと専門家の意見を聞いた。その調査に基づいて、タクシー会社と契約を交わして、万一の場合に参加者と教師やスタッフ全員を安全な場所まで運ぶのに必要なクルマと乗務員を確保した。その場合の避難先として、関西の大学の寮を使わせてもらう約束をして、そこを非常時の連絡先として参加者に知らせた。

外国の人たちが、それで納得してくれるかどうかはわからなかった。

あの時期日本に子どもたちを送り出すことは、いずれにしてもある程度のリスクを冒すことだった。自分たちを信じてくれなければ、誰一人として我が子を日本へなど行かせないだろう。一人の子を持つ母親として、それはりん自身がよく理解していた。

メールには知りたい情報があればどんな質問にも答えますと書き添えたけれど、参加予定者たちからの質問はひとつもなかった。

質問が来ないということは彼らが納得しているということなのか。それとも、質問するまでもなく参加は見合わせるということなのか。

状況を考えれば、海外からの参加者がゼロになったとしても不思議はなかった。

風向きが変わる瞬間をとらえるのは難しい。

北から吹いていた風がいつの間にか止まり、しばらくしてまた風がそよそよと吹き始める。最初は微かな風なので、それがどちらから吹いているのか誰も気づかない。

2011年の4月から5月にかけては、りんたちにとってそういう時期だった。

日本社会は大震災直後の麻痺状態から抜け出して、少しずつ動き始めていた。大きな被害を受けた東日本の沿岸地帯は別として、東京を含めたそれ以外の地域には、日常生活が戻り始めていた。地震直後に面会をキャンセルした人たちに再び連絡を取ると、会ってもいいという返事がもらえるようになった。寄付の件を、もう一度考えてもいいという人が現れた。

大震災の衝撃が、人々の心に変化をもたらしていた。

「今の日本にこそ、ISAKのような学校が必要だ」

さまざまな人から、りんはそう言われるようになった。

「今度のことで考えが変わった。人間は死んでしまうんだってことを、他人事としてではなく自分のこととして考えるようになった」

だから自分も、本当の意味で世の中のためになることに貢献したい。そう言ってその人は寄付を申し出てくれた。

リーダーシップの欠如は、この時期の多くの日本人が痛切に思い知らされたことのひとつだ。この国のシステムそのものに、何か問題があるのではないか。リーダーを育てるという努力を、今まで自分たちは忘れていたのではないか。

りんたちの話を聞いた時、そのことに思い至った人が少なからずいたのだろう。

寄付だけでなく、ＩＳＡＫそのものへの問い合わせも増えた。

海外のさまざまなバックグラウンドを持つ子どもたちと一緒に学ぶというＩＳＡＫの教育方針への関心も高まっていた。日本という国の土台が大きく揺らぎ、いつまでもこの国の中だけで平和に暮らせるとは思えなくなった人々がたくさんいたということだろう。

震災直後には想像もできなかったことだけれど、6月に入る頃には、頓挫したはずの資金集めの計画が前に進み始めたのだ。

気がつけば、風向きが変わっていた。

りんたちは予定通り、２０１１年の7月18日から軽井沢で第二回のサマースクールを開催することを決める。

問題は海外からの参加希望者が、どれくらい減るかだった。

事情が事情だけに、りんたちはキャンセルポリシーを変更した。不安を感じたらいつでも参加を取り消せるように、サマースクール開催の直前まで、参加をキャンセルした場合は参加費を返金することにした。

この時期に、いったい何人の子どもたちが参加してくれるだろう。

当時の海外の人々の日本に対する見方を考えれば、結果は驚くべきものだった。日本、インド、タイ、ミャンマー、ネパール、アメリカ、ミクロネシア、フィリピン、イギリスなど世界の10の国と地域から、32人の子どもたち全員が軽井沢に集まった。

国内の参加者のみならず、海外からの参加希望者も、誰一人として参加を取り消さなかった。

りんたちが提供した情報と、不測の事態への対応策が、保護者たちにとって充分に信頼できるものだったということだろう。

後から考えれば、この２０１１年がＩＳＡＫのターニングポイントになった。

たくさんの人がＩＳＡＫの開校を応援していたけれど、ほとんどの人がりんが言っていたような短い期間で学校が開校できると信じていなかった。献身的にりんに協力した人々でさえも、少なくとも5年やそこらでできるとは思っていなかった。

心からそれを信じていたのは、りん一人だったかもしれない。

つまりこの年、多くの人にとっては絵空事と大差のなかったＩＳＡＫ開校が、一気に現実味を帯び始める。

けれどそれは、最後の試練の始まりでもあった。

夢を語るのは楽しい。
夢が大きければ、大きいほど楽しいものだ。
けれど、その夢を実現しなければならないとすれば、もちろん話は別になる。
大きな夢を実現するには、それだけ大きな現実の壁を乗り越えなければならない。
りんの真価が、試されようとしていた。

2　最初のスタッフ。

物語の時間を、少しだけ巻き戻す。

渡邊佳与子《わたなべかよこ》が初めてりんと会ったのは、震災の5日後だった。

東京二十三区内の震度は5強で、物理的被害こそ少なかったけれど、計画停電の発表などもあって混乱と麻痺はまだ続いていた。地震前にりんと会う約束をとりつけていた渡邊が、アポイントの延期をなかば予期して「大丈夫ですか？」というメールを送ると、のどかな返信があった。

「予定が全部キャンセルになって暇なので、大丈夫でーす」

その時の渡邊の役割は、ある米国発祥のＮＧＯの日本代表をりんに引き合わせることだった。社会起業という日本ではまだあまり知られていない概念を、もっと日本の子どもたちに理解してもらおうというプロジェクトの一環で、渡邊はそのＮＧＯのマーケティングをボランティアで手伝っていた。

社会起業とは、社会の抱える問題を新しい事業を起こすことで解決しようという取り組みのことで、欧米では広く認知された起業のひとつの形態だ。りんたちが学校をつくろうとしたのも、まさにこの社会起業の考え方に基づくものだ。２０１０年のＩＳＡＫのサマースクールが、いくつかのメディアで取り上げられ、りんも社会起業家の一人とみなされるようになっていた。NGOの代表がりんと会ったのは、若い社会起業家の一人として頭角を現し始めたりんから、社会起業という考え方を広く世に知らしめる方策について話を聞くためだった。

その翌日、渡邊が会見の礼のメールを送ると、すぐにりんから返事が届いた。NGOの話は抜きで、今度は渡邊と二人で会いたいという内容だった。

渡邊は言う。

「それで何だろうと思ってお会いしたんだけど、りんさんはもう臨戦態勢で、ISAKの構想をぶわーっと熱く語られて。『ぜひ一緒にやってほしいんだけど』って頼まれたんです」

寄付をしてもいいという人が増え始めるのは、この少し後のことだ。震災直後で、ISAKの資金調達の話はほとんど凍結していた。こんな社会状況で、学校の新設なんて果たしてできるのだろうかという、ある種の諦め気分が理事会に漂っていた時期だ。

ISAKだけではなく、日本全体がそうだった。

東北地方の太平洋岸一帯を襲った巨大な津波と、その津波がもたらした想像を絶する被害の映像は、まだ毎日のようにテレビで放送されていた。東京電力福島第一原子力発電所の事故も、まったく収束する気配を見せていなかった。

前にも書いたように、りん自身が、内心では今度こそ本当にもう駄目かもしれないと思いかけていた時期だ。ISAKの創立は最大の危機に瀕していた。

それだけに、りんは必死だったのだろう。

りんは資金調達が上手くいっていないことを正直に認めた上で、渡邊に協力してくれないかと頼み込んだ。渡邊が「臨戦態勢だった」と表現したくらい、熱心に。

「今自分たちはけっこう苦しい状況にあると、りんさんは話してくれました。震災の影響でファンドレイジングの予定も大きく狂ってしまったし、お金もまったくない。自分もお給料が出ると思ったら、まったく無給になっちゃって、なんかすごい大変なところにいるんだけど、でも本当にこれから本格的にお金も集めてやっていかなきゃいけない。それなのに秘書もまったくいない状態だったので、いろんな大切なことが抜け落ち始めてると。そこをなんとか手伝ってもらえませんかって、ものすごくストレートに依頼されたんです」

筆者が渡邊に話を聞いたのは、２０１４年の春先のことだ。

いかにも有能なビジネスパーソンという感じの人で、流暢な英語を話す。慶応大学の総合政策学部を卒業し、大手メーカー2社と教育系ベンチャーで合計7年マーケティング業務に従事し、本業のかたわらＮＧＯの日本支部の立ち上げを手伝っていたところで、りんと出会ったという話だった。

帰国子女だとばかり思っていたら、そうではなくて英語は日本で身につけたのだそうだ。母親は父親の仕事の関係で彼女が生まれる前の6年間はイギリスに住んでいて、親の友人知人に欧米人が多いという環境ではあったけれど。塾に通ったりするのがあまり好きではなかったので、好きな映画の字幕を隠して何度も観るとか、そういう自分で考えた方法で英語を習得したという、ユニークで芯のしっかりした女性だ。

そのミーティングの時も、渡邊は二人の仲介役に徹して、ほとんど自分の話をしていなかった。

メールのやりとりをしていただけなのに、なぜそんなにりんが自分のことを気に入ってくれたのかわからなかった。

「『あのミーティングの時、第六感でピンと来た』とか、わけのわからないことを言われて」

そう言って、渡邊は笑う。

まるで求愛の言葉みたいだけれど、りんはそれだけ必死だったということだろう。

その熱意に負けて、渡邊はりんの手伝いを引き受ける。

もちろん、ボランティアだ。

1日に2時間程度でいいからと、りんは言った。けれど、りんから託された仕事は膨大で、効率良く処理してもその何倍もの時間がかかった。

「『私のメール全部共有するから』って最初に言われて、Lin Kobayashi宛のメールが全部、私のところにも届くようになりました。毎日100通とか来るわけです。そのメールを全部読んで、緊急性の高いものから並べてアポの調整をしたり、海外の教員との電話連絡のアレンジをしたり。本当に細かい作業なんだけど、それだけでもかなりの時間がかかる。メールの仕分けひとつでもそんなに大変なわけだから、他は推して知るべしで、りんさんはよく今までこんなことを一人でやっていたものだと感心したくらいです」

手伝い始めてすぐにわかったのは、りんがまったくと言っていいくらいお金を使っていないということだった。いきなり渡された大量の仕事は、基本的に渡邊の自宅で処理しなければならなかった。オフィスを借りていなかったからだ。どうしても必要な会議のために、極めて安価なシェア方式の会議室と契約を結んでいるだけだった。りんとの打ち合わせは電話かメール、もしくはアポイントメントの場所へ移動する電車やクルマの中だった。

それはもちろん資金が不足していたからだけれど、りんは2年以上もずっとそういう環境で、このプロジェクトを進めてきたわけだ。オフィスなんて借りる余裕はないし、当面は必要もないということなのだが、それにしても驚くべきバイタリティだ。

4月に入ると、渡邊はサマースクールの準備の手伝いで息もつけないほど忙しくなった。

原発事故の影響で開催が危ぶまれた、例の2011年のサマースクールだ。開催すべきか、今年は中止するか。あるいは場所を変えて行うか。理事会では議論が紛糾していたけれど、準備だけはしておく必要があった。

震災で麻痺した日本社会がショック状態から少しずつ立ち直り、前述したようにISAKへの寄付を考えてもいいという人が増えるにつれて、りんが人と会う機会はさらに増え、アポイントやスケジューリングを手伝っていた渡邊の負担も大きくなった。

とにかく、りんが忙しすぎた。

なにしろ、学校をひとつ新設しようというのだ。普通に考えれば、組織で取り組むべきひとつの大きな「事業」だ。

それを、りんはほとんど独力で成し遂げようとしていた。

もちろん、理事会のメンバーもそれぞれにＩＳＡＫ設立のために動いていたし、大学教授や弁護士に会計士など、高度な専門的知識を持つ人々が、それぞれの得意分野でりんを助けていた。けれど、彼らは基本的にはボランティアだった。みんな仕事を持っていたし、フルタイムで協力が可能な人は限られていた。

渡邉は数ヶ月の間にこのチームになくてはならない存在になっていたが、その彼女にしてもボランティアだった。りんに請われるままに、ほとんどフルタイムで手伝うようになってはいたが、いつまでも続けるわけにはいかない。それは、最初にりんにも告げてあった。ある大手企業から、マーケティング部門の仕事のオファーも受けていた。

ＩＳＡＫの理想には強く惹かれていたし、仕事のやりがいもあった。りんがどれだけ自分を犠牲にしてこの仕事に打ち込んでいるかも、すぐ近くで見ていてよく理解していた。できることなら、このままりんを手伝っていきたかったが、それは難しかった。

それは当然のことだ。

というよりも、普通に考えれば、りんの要求はかなり無茶だった。

社会的に意義のある仕事だから、無給で奉仕してほしいというのは。

いや、現実問題として、この仕事はボランティアの存在抜きには語れない。資金がほとんどゼロなのに、ひとつの学校をつくろうというのだから。

だからこそ、りんは無給で頑張っていたし、ボランティアで手伝ってもらえる有能な人材を必死で探したわけだ。

けれど、限界はある。

学校という「夢」を、現実の学校という形に落とし込むには、膨大な現実の仕事を処理しなければならないわけで、いずれにしてもどこかの時点で専属の職員を雇用しなければならないのはあまりにも明白な現実だった。

この2011年の時点で、渡邊にそれだけ負担がかかってしまったのは、すでにそのフェイズに達しているという明白な証拠でもあった。

けれど、理事会から承認を得るのが大変だった。ボランティアでできるはずだというのが、多くの理事たちの考え方だった。りんにしても自分自身がボランティアだったから、それで問題はないとずっと思っていた。渡邊の仕事ぶりを見ていて、その認識が変わった。彼女の仕事は、今やISAK設立のために必要不可欠だった。

渡邊は広報、ブランディング、生徒募集のマーケティングなど、いくつもの重要な仕事で中心的な役割を果たすようになっていた。仕事量においても責任という意味でも、有給の社員が行うべき仕事だ。公益財団の認可が下りて、資金の管理までもが彼女に任されるようになってからはなおさらだった。理事会と現場の認識との間に微妙だけれど、見過ごせない乖離が生じていた。実際に渡邊が携わっていた仕事の量と質をその目で見ていれば、みんながボランティアなのだから彼女一人に給料を支払うのは不公平だなどとは言えなかったに違いない。

結局、激論の末にりんが理事たちを説得し、渡邊の雇用が決まる。

「『理事会には、絶対後悔させませんって言って来たから』って、りんさんに言われました。その瞬間、自分だけが有給のスタッフになることへのプレッシャーと罪悪感が込み上げました。でも、りんさんは『みんなを後悔させないようにがんばってね』とは言わなかった。『私は佳与子さんだったら、必ずあの人たちに後で「良かった」って言わせられるってわかってるから、大丈夫だから』って言ってくれて。なんだか、涙が出そうだった。自分をここまで信頼して、自分のために働きかけてくれる人のもとで仕事ができるって、すごい幸せなことなんだなあってしみじみ思いました」

こうしてりんは、最初のスタッフを正式に雇用する。

2011年の暮れのことだった。

3　新しい仲間。

理想と現実は、いつも緊張関係にある。

理事会でりんが激論しなければならなかったのは、その緊張関係が表面化したということでもあった。夢を現実にするには、必要な過程だったともいえる。

夢をそっくりそのまま実現することなど、できない相談なのだ。

現実に道を譲って、理想を引っ込めるという話ではない。

登山にたとえるなら、山頂に到達するためには、どの装備が必要で何がそうでないかをはっきりさせなければならないという話だ。

専従の職員の雇用は、りんの考えでは、必要な装備だった。理事会のメンバーの何人かは、それは必要ないと考えた。

後から考えれば、ただそれだけのことで、些細な意見の相違に過ぎないのだけれど、そういうことが何度も重なると、おたがいに冷静でいるのは難しくなる。

原発事故の後のサマースクールを開催すべきか否かの議論もそうだったし、ファンドレイジングに関しての大きな方針の転換についても議論はあった。

対立というほどではなかったにしても、この時期のりんと理事会がある種の緊張関係にあったことは間違いない。りんがアクセルを踏めば、理事会はブレーキをかける。そういう関係が、しばらく続いた。

りんは若かったし、そもそもが強力なリーダーシップを発揮して有無を言わさず引っ張っていくタイプではない。人の話をよく聞くし、その話に共感する力が強い。異論でも反論でも、正しいと思えば素直に聞き入れた。タイプ分けするなら、調整型のリーダーだ。

ただ、信念を曲げることだけは絶対にしない。全世界が反対しても、自分の信じる道を貫くタイプだから、議論はしばしば紛糾した。そういう時、人の話をよく聞く彼女の柔軟性が、しばしばアダになった。

ファンドレイジングも、教師のリクルーティングも、スタッフ集めも、土地探しも、役所との交渉も、ありとあらゆる活動の中心にりんがいた。すべてはＩＳＡＫ開校のためであって、自分のことなど何も考えていなかった。対外的なことで手一杯なのに、なぜＩＳＡＫを開校するために集ったはずの人たちとの議論に、延々と時間を費やさなければならないのか。

反論があるなら去れと言えるタイプのリーダーなら、そんなに悩むことはなかったはずだ。けれどりんには、それがどうしてもできなかった。

「新しい学校をつくる」という根本のところでは、自分たちがつながっていることを知っていたからだ。対立しているのは、その大きな夢に比べれば、ごく些細なことなのだ。

りんは疲弊していた。りんが泣くのを見たという人もいる。

夢が現実に変わる時、現実的なさまざまな問題が立ち現れる。夢が夢のままなら、誰も苦労はしない。母親の胎内から生まれ出た赤ん坊も、エデンの園から追放された人類の始祖も、現実という同じ困難に直面するわけだ。

誰が悪いわけでもない。

つまり、それは産みの苦しみだったのだから。

りんが辛かった理由はもうひとつある。

この時期くらいまで、ISAK設立に関するほとんどすべての仕事について、細かな事務処理や手続のような仕事から、たとえば土地を取得するとか校長を選ぶというような大きな仕事にいたるまで、りんが関わって進めていた。

渡邊以外のスタッフが、すべてボランティアだったから、そうするしかなかった。「ちょっと手伝ってくれない?」と仕事を頼んだ彼女たちに(ボランティアの大半は女性たちだった)、最終的な判断を任せ、責任を負わせるわけにはいかなかった。

渡邊でさえ、最初の半年くらいは「りんさんに言われるままに仕事をしていたから、自分の仕事が全体の中でどういう役割を果たしているかよくわからなかった」と言っている。

彼女たちはISAKの理想に賛同し、りんの人柄を信頼していたからこそ手助けをしていたわけだけれど、そういう彼女たちの中にさえ、りんを「マイクロマネジメント」と評する人がいた。半分は冗談だったにしても。

マイクロマネジメントは、一般的には上司への批判に使われる言葉だ。部下に仕事を任せる時に、仕事の些細な手順まで指示を出す、つまり口うるさい上司に対しての。

りんは誰に対しても丁寧に接する人だし、高圧的な態度を取ることもない。けれど、もの柔らかではあっても、指示の出し方が細かすぎた。

りん自身には、そういう意識はまったくなかった。

それは、彼女のある種の癖だ。

誰かに何か仕事を任せる時、彼女の頭にはその効率的な処理の仕方や、ミスを犯しそうなポイントが瞬時に浮かんでしまうのだ。特に相手がこの仕事に不慣れなうちは、ついそれを口にしてしまう。それで助かる人もいたはずだが、独立心のある人にとっては、それは過干渉と受け止められる。仕事に自信のある人ほど、それを強く感じたはずだ。

「私を信頼していないの？　もっと自由に仕事をさせてよ」

全体の仕事量がまだそれほど多くなかった時には、ちょっとした笑い話になる程度で、特に大きな問題はなかったのだが、忙しさが増すにつれて弊害が生じ始めた。

せっかく何人ものボランティアの協力で、仕事を分担しているのに、最終的な判断はりんを通さなければ下せなかったから、仕事が滞ってしまうのだ。

「もっと権限委譲したほうがいいと思う」

りんにそう言ったのは、河野宏子《こうのひろこ》だった。

誰かが、りんをもう少し楽にしてやらなければならなかった。

「りんさんは、ものすごく効率を重視するんです。時間は、1秒たりとも無駄にしたくないという感じで。で、ものすごい早口なんですけど、スタッフはよくわからないから2回3回と訊きかえすことがよくある。電話で話していても『わからないんで、もう1回言ってください』みたいになってて。結局、時間がかかってるっていう。『実は効率的ではないんじゃないか、りんさんの早口は』みたいなことを、スタッフはよく冗談でいつも言ってるんですけど。英語も早口なんです。だから校長のロッドも、すごく一生懸命聞いてるのが、ちょっと可笑しくて」

愉快そうに打ち明け話をしてくれた河野宏子は、2010年の最初のサマースクールに参加した中学生の母親で、現在はISAKの理事兼事務局長を務めている。

元早稲田大学体育会バスケットボール女子部のキャプテンで、文学部の出身。大学を卒業し、三菱商事に一般職で入社、「何か大きい仕事がしたい」と宣言して、配属されたのが防衛産業に携わる宇宙航空機部だった。そこで伴侶を得て退職、世界で一二を争う資産運用会社キャピタル・グループの日本支社にアシスタントとして再就職し、日本に夫を残し、幼い二人の子を連れてロサンゼルスに赴任。その後アナリストに昇り詰め、現地で子育てをしながらキャリアを積んだという、それだけでも一冊の本が書けそうなキャリアの持ち主だ。

その後、夫がワシントンDCに転勤になり、子どもたちをアメリカで8年間育て帰国。息子が中学2年生の時にISAKのサマースクールの話を聞いて参加させる。

「その最初のサマースクールの時に、海外から参加するお子さんのホームステイを引き受けたんです。ウチでホストしたのは、ミャンマーから来た13歳のタイタイ・ウォングという少年でした。息子と同い年なんだけど、二人の成熟度の違いに、ものすごい衝撃を受けました。タイタイにミャンマーの話を聞くと、何でもピピッと答えが返ってきて、将来何がしたいんだって聞いたら『ミャンマーの民主化のために貢献したい』って言うんです。『ミャンマーでは民主化がホットな話題だけど、民主化そのものにも問題があって……』という話を滔々とするわけです。ここまで国情が違ったり背景が違うと、同じ13歳の子どもなのにこうも違うのかと。非常に礼儀正しくって。初めて日本に来てびっくりすることばかりなのに、ものすごく受け入れてるんですね。とはいえやっぱり同じティーンエイジャーなので、うちの息子とすごく仲良くなって、息子はミャンマーに遊びに行く約束までしちゃって……」

河野は子どもたちを連れてミャンマーに行き、タイタイの家族から大歓迎を受ける。ヤンゴンの街はお祭り騒ぎだった。ミャンマー連邦議会の補欠選挙で、アウン・サン・スー・チー率いるNLDが大勝していた。タイタイのファミリーはミャンマーの富裕層で、アウン・サン・スー・チーの有力なサポーターだった。

「選挙事務所に行ったら、支持者と間違えられてCNNにインタビューされたり。アウン・サン・スー・チーさんの家の前は、赤いTシャツを着た支持者で埋まってました。ミャンマーの人たちが嬉しそうに行進しているのを見て息子が『すごいね。タイタイは自分の国がこれから勃興していくところを見られるんだね』って。インフラとかひどいんですよ。いつも停電しているし、道路だってボコボコだし。だけど、街には希望があふれていて。世界はこんなに広くて、今から民主化する国があるっていうことを、肌で感じたんでしょうね。しかもそれを同年代の友人から感じたのが、息子にはすごく大きな経験だったみたいで」

サマースクールの参加者の親ということで、ISAKと緩やかな関係を保っていた河野は、ボランティアスタッフとしてりんに協力するようになる。2011年の夏頃のことだ。ちょうどキャピタルグループを退職し、次の職場を探していた時期で時間的にも多少は余裕があった。

「最初は自分も就活をしていたんで、あくまでお手伝いのつもりだったんだけど、りんさんはもう120%コミットすると思っていたみたいで、そこにちょっとギャップはありましたけど。隣で見てると、りんさん大変すぎるんですね。それで私も抜けられなくなってしまったというのが正直なところで。シニアマネジメントがいなかったんです。今思うと、りんさんが結局は全部の仕事を抱えていて。組織が、りんさんを中心にしたハブアンドスポークみたいになってたんで、りんさんを通らないと何も決められなかったんですね。権限の委譲も何にも。これはまずいんじゃないかと、組織上。こんな大きなプロジェクトになるのに、まあちょっと組織の体をつくらなきゃとかっていうのもありましたし」

河野は自分の就職活動を諦め、フルタイムでりんのサポートをするようになる。金融の世界で仕事を続けていくことに、ISAKほどの喜びが感じられないことに気づいたのだ。彼女もりんと同じように、生涯をかけて取り組んでも悔いのない「仕事」に巡り合ったということだろう。

そして、河野はひとつの決断をする。

「Guts feeling と言うんだけど、ほんとに腹の底から信じられるものがあって、私も寄付することにしたんです。だから、私もファウンダーのひとりなんです。移動中のタクシーの中で、りんさんに『私も寄付しようと思うんだけど』って、突然申し出たら『えっ？』って驚いてたけど」

現在のISAKは、いくつもの〝寄付〟のメニューが用意されている。たとえば一人の生徒にかかる年間の費用の全額、もしくは一部を3年間にわたって負担するとか、あるいはふるさと納税の制度を使い間接的にISAKに寄付をすることも可能だ。けれど、その時彼女が決めたのはISAKのファウンダーになることだった。

河野自身のアナリスト時代の収入をいつか社会貢献のために使いたいと夫と相談していたので即決だった。それにしても簡単に決断できる額ではなかったはずだ。彼女が言うように、本当に腹の底から信じられたからこそだったのだろう。

「りんさんのためにじゃないんですよね。もちろん彼女を信頼してなければできなかったとは思うけれど、それ以上に、このミッションは今の世の中に絶対に必要だと思ったし、必要なんだからできるはずだという確信があったんです」

りんにとっても、そういう彼女の気持ちこそ何より嬉しかったに違いない。

自分を信じてついて来てくれるというよりも、ISAKのミッションを信じるからこそ協力するという人々の存在は、自信を失いかけていた彼女の背中を力強く押したはずだ。

河野はその後、評議員を経て、理事会のメンバーとなる。

彼女が理事会に加わってから、理事会とりんとの軋轢は目に見えて減った。現場でりんを支える人々の声が、理事会にも届くようになったのだろう。

もちろんその反対に、りんのやり方が少し変わったということもあった。

りんがＩＳＡＫ創立のために必要なあらゆるプロジェクトの中心にいたのは、それまではそうするしか他に方法がなかったからだ。りんがゼロからすべてを立ち上げ、それぞれのプロジェクトごとに手伝ってくれるボランティアを募って全体を回していたわけだから。

りんは目の前の膨大な課題を処理するので手一杯で、全体を組織化する暇も手間もかけられなかった。河野が加わって全体が組織化され、経理や人事などのシステムが整えられた。プロジェクトごとの権限委譲も進み、りんは自分の仕事に集中できるようになった。その結果として「些細な問題」で、りんが理事会と激論して消耗する必要性が減ったというわけだ。

それからもうひとつ。

理事会が一枚岩になってりんを支えなければ、乗り越えられない現実の壁が行く手に立ち塞がったということもあった。

4　壁を乗り越える。

ゼロから学校をつくる難しさは、「ニワトリと卵」と似た話でもあった。

卵がなければニワトリは生まれない。けれどニワトリがいなければ卵は産めない。

さて、この世に最初に生じたのは、ニワトリなのか卵なのか。

学校をニワトリとすれば、卵は設立資金だ。

学校をつくるには、学校法人の認可が必要だけれど、その認可を得るには、資金の裏付けが必要だった。校舎にグラウンド、体育館など、教育に必要な諸設備を準備する資金に加え、少なくとも最初の3年間は赤字でも安定して学校を運営できる資金を確保していなければならない。経営が破綻すれば、生徒が多大な被害を被るからだ。

もちろんその他にも、教員の確保とか、学校の理念とか、学校法人として認可を受けるためには、いくつもの条件を満たさなければいけないのだけれど、最大のネックはやはり資金だ。ざっと計算して10億円という資金の確保が、学校法人の認可には必要だった。

「100人でつくる学校」というスローガンを掲げて、りんたちは1000万円のファウンダーを募った。投資ではない。純粋な寄付行為だ。見返りは、学校の設立者の一人になるという満足感。いや、その時点では、厳密に言えば、学校の設立者の一人になれるかもしれないという見込みでしかなかった。学校法人の認可が取れなければ、学校はつくれないからだ。

資金がなければ、学校とは認められない。けれど学校と認められなければ、寄付を集めるのは難しい。ニワトリと卵とほぼ同じ状況に、りんたちは追い込まれてしまったのだ。

震災後、ISAKへの関心は確かに高まった。マスコミに取材されることも多くなったし、寄付の話に耳を傾けてくれる人も増えた。それは追い風にはなったけれど、それでも1000万円という寄付は軽い気持ちでできるものではない。

どんないい話でも、学校を建設できなければ寄付は無駄に終わる。いつできるかもわからない学校のために、多額の寄付をしてくれる人がどれだけいるだろう。

もちろんりんたちは、軽井沢町や長野県庁、文部科学省や内閣府など、関係する役所や省庁の担当者と話し合いを繰り返し、確実にISAKが開校できるように筋道を整えていた。

けれど、その筋道は「ニワトリと卵」の話を矛盾なく説明するのにも似た、かなり高度なテクニックを駆使していた。わかりやすくいえば、りんたちが打っていたいくつもの〝手〟の一つでも齟齬をきたせば、全体が瓦解するというかなり際どい橋を渡っていた。

西武プロパティーズと契約を交わして学校の建設用地をあさまテラスの別荘地内に確保した時も、その契約には引き渡しを受けるための二つの停止条件がつけられていた。

一つは、あさまテラス内の別荘地の所有者全員から了解を得られなかった場合。

もう一つは、ISAKが長野県から学校設置許可を受けられなかった場合。

どちらの場合にも、土地の売買契約は停止され、この話はなかったことになる。当然の話だ。

西武プロパティーズの渡部たちは、りんが提示した1億円で1万坪という、あさまテラスの地価を考えれば常識外れの条件を、なんとかビジネスベースに乗せるために涙ぐましい工夫を凝らしていた。この別荘地の南端に、企業の保養施設向けの土地を確保してあった。半分は沼沢なので、そこならある程度の値引きも可能だった。そこを何区画かまとめれば、7500坪程度の土地は確保できることがわかった。7500坪あれば、校舎と寮は建設できる。

ただし、そこまでやっても、土地の価格は1億円ではとても収まらない。

渡部たちは苦肉の策で、定期借地権方式を提案した。ISAKは土地代の一部を先に支払うことで地代を軽減させて、資金に余裕ができた時に残額を支払って買い取るという30年間の定期借地だった。結局この提案は、理事会の反対もあって採用されなかったのだけれど、西武プロパティーズ側は普通で考えられないくらいりんたちに協力的だったのだ。

それも、ISAKが開校すればこその話だ。

世界中から集まった子どもたちが学ぶ、全寮制のインターナショナルスクール。日本の正式な高校としては初めてのその試みが成功すれば、世の中の注目はきっと集まる。日本のみならずアジア中に、軽井沢のインターナショナルスクールの名は広まるだろう。それは、軽井沢という地名を世界に知らしめるきっかけになるはずだ。

それはりんが最初に渡部に語った話だけれど、渡部たちはその話を、社内を説得するために有効に使った。もう少し細かく言えば、説得したのは社内だけではない。事業主のプリンスホテルはもちろん、これだけの話は、親会社である西武ホールディングスにも通す必要があった。

つまり、この土地の売買契約の成立は、西武グループとしてISAKを支持するという表明でもあった。二つの停止条件をつけたのも当然の話ではあった。

そして、実際問題として、それは賢明な判断でもあった。

その二つとも、りんたちの前に大きな現実の壁となって立ち塞がったのだ。

あさまテラスの163区画のうち、その時点で売買が成立していたのは9区画だった。その9区画の所有者の一人が、ISAKの建設に強硬に反対した。

説得を試みたのは、西武プロパティーズの渡部たちだった。最初はりんも同行して、その反対者と話をしたのだけれど、りんの最強の武器ともいうべき対人能力がまったく役に立たなかった。

次からは会ってももらえなくなった。だから、りんは学校の開校まで二度とその所有者とは会っていない。りんたちの進めるプロジェクトそのものに反対しているわけではないから、という話だった。

それ以降は、渡部を中心として西武プロパティーズの人々が説得にあたった。

とても理性的に反論された。ISAKについても詳しく調べていたし、りんのインターネットサイトも読んでいるらしかった。

闇雲に、嫌悪施設である学校が別荘地内に建設されることに反対しているわけではなかった。

りんの思いやバックグラウンドを知り、ＩＳＡＫがどんな学校を目指しているかを理解し、その意義や必要性を認めた上で反対しているのだった。ＩＳＡＫの開校に反対しているわけではない。だからりんと話す必要はない。なぜ、その学校をあさまテラスに作る必要があるのか、という点について別荘の事業主である「西武」と話をする、という論理だった。

しかもその人は、声を荒げることも一切なく、淡々と、冷静に、なぜ自分が反対するのかを話した。自分がどれだけ苦労して、この土地に巡り合ったか。どんな理想を掲げた学校であれ、とにかく全寮制の高校がそこに建設されることによって、この美しい閑静な環境が壊される可能性があることを問題にしていた。

説得しなければならない立場の渡部が、話を聞いていて思わず嬉しくなるくらい、その人はあさまテラスに思い入れがあった。

誤解に基づく反対なら、その誤解を解けばいい。けれど、誤解しているわけではなく、あさまテラス内における学校の存在を問題にしていた。手強い反対者だった。

もうひとつの壁は、学校法人の認可だ。

学校法人の認可は二段階で行われる。

一次審査が、学校設置計画の承認。つまり、まず、こういう学校を建設するという計画を提出して承認を受ける。そこで初めて、学校の校舎や体育館など諸設備の建設が可能になる。

そして、建設が完了した後に、諸設備が計画通りに整っているかなどの二次審査を受け、初めて学校法人として認可される。

高校の場合、学校法人の認可をするのは都道府県知事だ。ただし法律で、知事はその判断のために、私学審議会に諮問しなければならないと定められている。諮問とは、意見を聞くということだ。知事はかならずしもその意見に従わなければならないわけではないけれど、私学審議会の〝意見〟には、実際上はかなりの重みがあった。

学校法人認可の一次審査、りんたちが提出した学校設置計画書について、私学審議会の審議が行われたのは2011年の10月18日のことだ。

審議会を通らなければ、学校の建設を始めることはできない。停止条件に触れるから、あさまテラスの土地の引渡も受けられない。

だからこの私学審議会には、極めて重要な意味があったのだけれど、りんはその結果については心配していなかった。

「県とは何度もすり合わせてたし、内閣府とも文部科学省とも全部話をしてたから……。流れるはずがないと思ってたから、電話を待ってたんです。うまくいくとみんな思ってた」

この審査を通れば、校舎や体育館の建設が始まる。軽井沢にインターナショナルスクールが開校するというニュースの第一報を報じるために、その日の午後には、信濃毎日新聞や信越放送の記者がコメントを取り始めていた。軽井沢町長もりんもコメントを出していた。りんが待っていた電話、長野県庁から審議会の結論を伝える電話だけが、なかなか来なかった。

「そうしたら夕方、すごく遅くなってから、ようやく電話がかかってきたんです。審議会がすごく揉めて、審査が通らなかったって」

完全に否定されたわけではない。長野県教育審議会の議事録によれば、「特例校の指定、文部科学省からの指定を受けた段階でこの間の詳細、いろいろな部分の問題点が出た時には資料を揃えてもう一度審議」となっている。

特例校とは、教育課程特例校のことだ。

文部科学省の説明によれば「学習指導要領等の教育課程の基準によらない特別の教育課程の編成・実施を可能とする特例」を認められた学校だ。

ＩＳＡＫの場合は、国語の授業以外はすべて英語で行うという特例で、文部科学大臣の指定で特例が認められる。文科省との話し合いで、12月には特例校の指定が出ることが内定していた。審議会にもその旨は伝えられていたのだけれど、審議委員の間から、それなら実際に特例校に指定されてからもう一度審議すべきだ、という意見が相次いだのだった。

こうして審議会の結論は、３ヶ月後の２０１２年1月の私学審議会に持ち越されることになる。わずか3ヶ月先だが、ＩＳＡＫにとっては大問題だった。

12月には雪が降り始めるからだ。

雪が降れば、校舎や寮の建設の着工ができない。雪解けを待って、翌年4月から5月の着工ということになる。軽井沢町では、夏の避暑シーズンの8月は条例で工事ができないから、校舎の竣工は２０１３年の春。それから私学審議会の二次審査を受け、長野県知事から学校法人の認可を得て、はじめて正式に生徒募集が可能になる。

すべてを大急ぎでやれば、２０１３年秋の開校予定にぎりぎりで間に合わせることも絶対不可能とは言えないけれど、リスクが大きすぎた。何よりも重要な、生徒募集にかける時間が大幅に削られてしまう。

この時点ではもちろんまだ生徒募集はしていなかったけれど、2013年の開校予定に合わせて入学を希望する生徒や父兄たちからの問い合わせは100件を超えていた。その人たちには諦めてもらわなければならなかった。りんにはそれが何よりも辛かったけれど、無理をして引き延ばして開校できなければ、問題はさらに大きくなる。

長野県の私学審議会は、その都道府県内の私立学校の理事や校長、PTA、教育関係者などを中心としたメンバーで構成されている。審議会の議事録は公開されていて、インターネットでも読むことができる。その議事録によれば、確かに審議会はかなり紛糾したようだ。

それも、ある程度は仕方のないことではあった。

なにしろ長野県下に、私立高校が新設されるのは43年ぶりのことだ。しかも、それがインターナショナルスクールで、授業は原則として英語で、教師の大半が外国人、生徒のかなりの割合を外国から募集し、学校の始業は8月で……という、異例ずくめの学校なのだ。

インターナショナルスクールをつくるという総論についての、正面からの反論はなかった。その意義は認めつつも、各論の部分でさまざまな疑問が投げかけられた。

学費が高すぎるのではないか、生徒は本当に集まるのか、体育館が狭いのではないか、外国人の生徒が生活習慣の違いから周囲と軋轢を起こすのではないか、軽井沢の気候はアジアからの留学生には寒すぎるのではないか……。

老婆心と言えば、言えなくもない。

学校が経営破綻すれば、遠い外国からわざわざ留学した生徒に大きな迷惑をかけることになるのではないかという指摘もあった。

もっとも、この指摘は、ある意味で急所を突いていた。

震災後、りんたちのファンドレイジング活動が少しずつ実を結び、寄付を申し出てくれる人は増えていた。けれど、学校設置計画書を提出した6月の時点では、その寄付金の受け皿が整っていなかった。

公益財団や、国や地方自治体などに寄付をした場合、所得の40%を上限として、その金額を所得控除するという税制上の優遇制度がある。たとえば3000万円の所得の人が、1000万円の寄付をすると、所得税は2000万円にだけかけられる。寄付をした1000万円には、所得税がかからない仕組みだ。高額の寄付を募る場合、この優遇を受けられるかどうかは重要な問題だ。学校の設立資金を寄付で集めるには、どうしても公益財団の認定を受ける必要があった。公益財団の認定を受けていない段階で寄付を受けてしまうと、その寄付金分の所得税を寄付者に負わせることになるからだ。

もちろんりんたちは内閣府に公益財団の認定を申請したのだけれど、簡単には応じてもらえなかった。公益財団の認定には本来、長期間にわたる活動実績が必要だ。学校設立のための寄付なら公益認定は可能だけれど、学校ができるかどうかがはっきりしないうちから、公益認定はできないというのが内閣府の立場だった。

学校ができることをはっきりさせるには、学校法人の認可を受ければいい。けれど、学校法人の認可をする長野県側は、十分な設立運営資金の裏付けがなければ、学校法人とは認められないという立場だった。

お金を集めなければ、学校とは認められない。けれど学校と認められなければ、お金は集められない。例の、ニワトリと卵のパラドックスだ。

制度的な「欠陥」と言っていいだろう。前にも触れたけれど、2008年までは学校設立準備財団というものが認められていた。学校設立のみを目的とする特別財団で、認定されれば学校法人に準じた活動ができる。3年間で資金を集め学校を設立するという条件付きで、寄付には所得控除が認められるのだ。

この制度が使えれば、ニワトリと卵の話にはならなかった。ところが公益法人制度改革で学校設立準備財団が廃止され、学校設立を目的とする財団も公益財団の枠組みであつかわれることになってしまう。

ISAKはこの新制度のもとでの学校設立の事実上の最初のケースで、内閣府にも長野県庁にもこの問題を解決した前例がなかった。だから、誰もパラドックスに気づいていなかった。けれどそのままでは、どちらかが制度を弾力的に運用して融通を利かせない限り、寄付を集めるという方法では、事実上新たな学校法人を設立できないということになる。

そこで助け船を出してくれたのが、文部科学省だった。

「文科省さんが最終的に間に入ってくださったんです。内閣府と長野県の間を取り持ってくれて、長野県が先に行きましょうということになった。長野県側が、寄付申込書で資金の裏付けとみなすということで話がつきました」

これだけの金額をＩＳＡＫに寄付しますという寄付申込書を寄付者から集めれば、その書面上の金額を学校の設立資金として認めてもらえることになったのだ。

もっともそれだけでは、説得力が弱い。極端な話、申込書を書くだけなら誰でもできる。寄付を申し出てくれた人たちに、りんはもうひとつ面倒なことを頼まなければならなかった。

「『すみませんけど、銀行残高証明書もください』ってお願いして、寄付者から銀行残高証明書を集めたんです。ほんとに全員から集めた」

そこまでやって、すべての寄付申込書に申込者の銀行残高証明書を添付して、りんは長野県に提出した。長野県も約束通り、それを学校の設立運営資金の裏付けと認めたのだけれど、そこで不測の事態が起きた。

予期していたよりも早く、内閣府から公益財団の認定が下りてしまったのだ。

「これならいけるでしょうから、いいですよという話になって、公益財団の認定が出ちゃったんです。本来なら喜ぶべきことなんだろうけど、時期が微妙だったんです。私学審議会の少し前、9月28日だった」

学校をつくることがはっきりしたからには、内閣府としてもできるだけ早く認定してやりたいということだったのだろうけれど、私学審議会の委員はそこを問題にした。公益財団に認定されて寄付は集められるのだから、なぜ実際に寄付を集めてから申請しないのかという話になった。無理難題だった。公益財団に認定されたのは、わずか3週間前でしかない。寄付の申し込みをしているからと言って、そんな短期間で何億円というお金を振り込んでもらえるわけがない。しかもその話を、審議会が終わった後に聞かされたのだ。

県側の担当者はＩＳＡＫの援護を試みた。そもそも文科省が内閣府と長野県の仲立ちをしたということは、文科省はＩＳＡＫの設立にかなり前向きだということだ。文科省側からは、英語ですべての授業を行う特例校の指定も12月には出すという話も伝えられていた。担当者は報告という形でその話を審議会に持ち出した。婉曲に、文科省もＩＳＡＫ設立を認めていると伝えたかったのだろう。

けれど、それも逆効果だった。審議委員からは、それならば12月に本当に文科省が特例校の指定をしてから、改めて審議し直したいという意見に押し切られてしまった。

心を落ちつけてよく考えて、私学審議会が揉めたのも仕方がないとりんは思った。

結局は、りんたちの思いが理解されなかったのだ。

教育界の人たちから見れば、ＩＳＡＫの設立準備財団に名を連ねている自分たちは「異業種」だった。投資会社、ＩＴ企業、外資系金融、ベンチャー企業……。そういう言葉から、一般の人が何を連想するかを、あまり深く考えていなかった。

つまり審議委員たちが反発し、あるいは警戒したのはそこだった。

「この話は、教育機関の名を借りた投資であり、軽井沢のブランドネームを利用した一種の金儲けなのではないか？」

はっきりとそう口にした人はいないけれど、議事録の行間からそれは明瞭に伝わってきた。

りんはすぐに行動を開始した。長野県内で広く読まれている信濃毎日新聞や、長野県の教育関係者が読んでいる専門誌に取材の依頼をした。

「私の人物特集してもらえませんかって、お願いしたんです。なぜ長野県なのか、なぜ軽井沢なのかっていう話と、それからなぜ私がこういう学校をつくりたいのか、バックグラウンドとか経歴とか、どういう思いでやってるのかをたくさんお話しして、記事を書いてもらいました。自分の反省として、いい話しか聞いてなかったんです。軽井沢町の方たちとも、いいコミュニケーションができるようになってたから、『応援してます』とか『期待してます』っていうメールはたくさん届くんです。みんなそうだとばかり思ってたけど、審議会でどんな話があったかを聞いて、それが長野県の普通の人の意見なんだなって冷静に思って。ちょっと反省して、戦略を変えたんです」

それはかつて彼女がラクーンというベンチャー企業の広報担当をした時、社長の人物特集を新聞や雑誌に頼み込んだ時に学んだ手法だった。企業を理解してもらうには「顔」が必要だ。どんなに高邁な企業理念を掲げるよりも、どんな人物がどんな思いで企業を動かしているかを知ってもらうほうが、はるかに心を動かせる。それは企業でも学校でも、同じことだった。

新聞や専門誌の記事が、どれくらい効果があったかはわからない。

２０１２年１月の私学審議会も、やはり同じように揉めた。りんは審議会の傍聴をしていたのだけれど、審議委員の大半はやはり反対だった。

建学の精神が感じられないという意見が出た。教育者としての熱意が感じられない、と。りんとしては、他の何をおいても、それだけは自信があったのだけれど、傍聴人に発言は許されていないから、黙って聞いているしかなかった。

校長がまだ決まっていないことも問題にされた。前に述べたように、りんたちはヘッドハンティング会社と契約して校長のリクルーティングをしていた。自分たちの「教育理念」を実現するために、可能な限り時間をかけるつもりだった。それに、そもそもこの学校設置計画書が認められないうちに、契約を交わして校長を雇用することなどできはしなかった。

教員の給与を問題にした審議委員もいた。給与の手取りはそれほど高額なわけではないが、そこに住居費や渡航費用なども加えていたので、審議委員の目には〝高給取り〟に見えたのだろう。教員がそんなに貰っているなら、役員の報酬はもっと高額なのではないかという言外の含みもあった。

今までの4年間まったくの無報酬でやってきたと、他の理事もみんなそうだとりんは言いたかったけれど、その発言ももちろん許されなかった。

いや、たとえそう発言したとしても、納得してはもらえなかっただろう。

それが世間の目というものなのだ。

どれだけ言葉を尽くしても、理解してもらえない人には理解なんてされない。もし彼らの心を動かすことができるとしたら、それは現実に誰もが認めざるを得ないような学校をつくり、世界に貢献できる、たくさんの優秀な子どもたちを育てるしかないのだ。

審議会は最後まで揉めて、賛成の声はついに上がらなかった。

ところが、議長が最後に意外な方向で話をまとめた。

この審議会で出たさまざまな議論を、学校の設置者、つまりりんたちに伝え、改善すべきは改善するということを条件に、一次審査を通過させ、学校設置の許可を出すということで異論はないかと審議委員に尋ねたのだ。

強引ではあったけれど、長野県側もそれだけ本気だったということだろう。

ＩＳＡＫからの学校設置申請は、行政手続法上どこにも問題がなかった。国の高等学校の設置基準にも、県の私立高校の審査基準にも、すべてが適合していた。必要な資金も、校舎や体育館の規模も設備も、数字はきちんと揃っていた。行政手続法上の審査基準に合致している限り、認可しないという結論はあり得ないのだ。

それまでの喧々囂々の議論にもかかわらず、それ以上の反対の声は上がらなかった。

こうして２０１２年1月20日、長野県私学審議会で学校設置計画が承認される。

２０１３年の入学を希望していた子どもたちやその父兄には申し訳ない気持ちでいっぱいだったけれど、２０１３年の8月に開校するのは、もうどう考えても不可能だった。

りんたちはＩＳＡＫ開校の1年延期を余儀なくされた。

不幸中の幸いというか、りんたちの払ってきた犠牲のおかげで、そのダメージは最小限に抑えることができた。

もしこの計画が、審議委員たちが心配したように、高額の給与を支払われる理事や職員によって進められていたら大事になっていたはずだ。けれど、りんをはじめとするスタッフのほとんどがボランティアだったから、ランニングコストはほとんどゼロに近かったのだ。

もうひとつ嬉しいことがあった。

学校設置の許可が出てしばらくして、ISAKの建設に最後まで反対していたあさまテラスの別荘の所有者が、ようやく説得に応じてくれたのだ。それほど積極的にというわけではなかった。最後まで説得を続けた、渡部たちの熱意に免じてということかもしれない。

もっとも、ISAKが開校してからの話だけれど、渡部はこの人から好意的なメールを受け取ったという。完成したISAKが、校舎や寮のたたずまいだけでなく、そこで学ぶ子どもたちも含めて、閑静なあさまテラスの雰囲気と調和していたからかもしれない。

あさまテラスの土地の正式な引渡しは、2012年の7月に行われた。

9月3日に、校舎や寮の建設に着工する。

翌2013年7月13日に竣工式が行われ、完成した校舎や体育館を私学審議会のメンバーが視察し、ISAKを学校法人として認可して差し支えないという答申が全会一致で出されたのは10月16日。10月31日には、ISAKが長野県知事から学校法人として正式に認可される。

これを受けて、ＩＳＡＫ第一期生の生徒募集を11月から開始する。

校長を決定したのは5月で、教師のリクルーティングが始まったのは8月だった。

専任スタッフが渡邊一人という体制では仕事が回らなくなり、学校開設に向けた実務を担う二人のスタッフと、サマースクールの専門チーム、建設の始まった校舎の進捗管理や備品調達を一手に担うパートタイム職員一人を迎え、渡邊を広報マーケティングに専念させるべく新たなアシスタントもチームに迎えて、ようやく古いマンションの一角にあった時間貸しのオフィスから、常設のオフィスに引越したのもこの頃のことだ。机を二つ並べたら人が通れないほどの、狭いオフィスではあったけれど。

もし２０１３年秋の開校というスケジュールのままだったら、そのすべてを同時進行させなければならなかったわけだから、1年の延長は最後の詰めは慎重に進めなさいという学校の神様からの贈り物だったのかもしれない。冷静に考えてみれば私学審議会の委員たちからの手厳しい批判は、ＩＳＡＫの将来を考えるための貴重なアドバイスでもあった。

その1年の間に、ＩＳＡＫの経営を盤石にするもう一つの新しい方法も見つかっていた。

こうして２０１４年8月、ＩＳＡＫは開校する。

２００8年にりんがフィリピンから帰国して、6年目の夏の終わりのことだった。

5　私の運がいいから、ではない。

「最近、自分が勘違いしていたことに気づいたんです。私は運がいいから、こんなにものごとがうまく運ぶんだと思っていたと前に話しましたよね。本当に不思議なことが次々と起きたから。いつも、必要な時に、必要な人が私の前に現れて助けてくれた。私ってなんて運がいいんだろうと思ってた。私の運がいいから、こんなにみんなが助けてくれるんだって。だけど、そのうち、そうじゃないってことがわかってきた」

りんはしみじみとそう言った。

２０１４年の9月のことだ。

彼女に初めて会ったのが２０１１年の11月だから、取材を始めてから3年近くの歳月が過ぎていた。

ＩＳＡＫ、インターナショナルスクール・オブ・アジア軽井沢。

彼女たちがそう名づけた学校が開校したのは、その2週間ほど前だった。

その校舎のカフェテリアの外にあるウッドデッキで、私は彼女にインタビューをした。下界はまだ蒸し暑かったけれど、標高１１００ｍのこのあたりはすでに初秋の気配で、校舎を囲む高い木々の間から漏れる日射しが心地良かった。

鈴木エドワードの設計による木造二階建ての校舎は外壁が濃いダークグレイで、周囲の木立に調和して溶け込んでいた。学校の校舎というよりは、どこかのセンスのいい企業の保養施設か何かのように見える。

ほとんど同じ形の建物が四つ並んでいて、北側の三棟が寮、南側の一棟が教室やカフェテリアのある校舎になっていた。さらにその南側に、同じダークグレイの外壁の体育館が一段低く掘り下げた土地に建っている。校舎からの眺望を遮らない配慮だろう。

どの建物もそれほど大きくはないけれど、天井をつくらない構造なので、広々とした印象を受ける。教室の床や壁は白木で、明るく開放感がある。寮には吹き抜けのラウンジが設けられていて、授業はそこでも行われていた。生活空間である寮のラウンジで行われる授業は、教室での授業とはまた違う寛いだ雰囲気だった。

彼女と初めて会った日から、ずっと聞かされて想像していた通りの学校がそこにはあった。だからそれは当たり前といえば当たり前の光景なのだけれど、よく考えてみれば、ここに来るまでには確かにりんの言うように、運命としか思えないような不思議なことがたくさん起きていた。

たとえばリーマンショックでさえも、後から考えてみれば重要な出来事だった。最初から充分な資金があったら、りんたちはサマースクールを開催していなかった。そのサマースクールがなければ、現在のISAKは存在していない。

2013年11月に始まったISAK第一期生の募集に対しては、世界21の国と地域から233人もの子どもたちからの応募があった。選考の結果、15の国と地域の49名の生徒がISAKの第一期生となった。

それだけの数の教師や子どもが、創立したばかりのISAKを選択したのも、サマースクールに参加した教師や子どもたちの口コミが広がっていたからだった。

大震災が起きて、開校資金を集めるは難しくなると誰もが考えていたのに、現実に起きたのは逆のことだった。ISAKの方針に共鳴する人が増え、たくさんの寄付金が集まるようになった。設立に必要な資金は充分に集まった。それまでさんざん苦労したのがまるで嘘のようだった。

普通に考えれば、逆風続きだった。けれどそのさまざまな出来事すべてが、結局はISAKの開校を助けてくれた。

一年目のISAKの教師陣は、生徒数50人に対して、海外から募集したフルタイムの教師7名と、日本国内から募集した講師4名という構成だった。一クラスの生徒数を10名から18名にするためにはそれだけの教師が必要だった。そのISAKの7名のフルタイムの教員の枠には、世界中の400人の教員からの応募があった。

ISAKの学費は高校としてはかなり高額の部類だ。1年間の授業料は259万円、これに寮費の103・5万円と施設費30万円が加わるから生徒一人あたり1年間約390万円の費用がかかる(2015年)。

そのかわり、生徒の70%以上に奨学金を支給することができた。

寮費や渡航費もふくめて全額支給の子どもたちもいれば、保護者の経済状態によって費用の半分あるいは何割かを支給される子どもたちもいる。

奨学金を受けられるのは、途上国の子どもたちだけではない。生徒の保護者の収入によっては、どの国の子どもでも奨学金給付の対象になる。その基準となる収入は国ごとに変えている。国によって貨幣価値には差があるからだ。

実際に、日本出身者の中にも１００％の奨学金を受けている生徒もいる。保護者の経済状態にかかわらず、誰にでもＩＳＡＫへの入学の道は開かれているのだ。

奨学金はＩＳＡＫへの寄付金で賄われる。

直接の寄付金もあるけれど、軽井沢町がふるさと納税の制度を使い、ＩＳＡＫへの寄付ができる仕組みを認めてくれたということも大きかった。

ふるさと納税は、所得税や住民税の一部を自分が貢献したい都道府県や市区町村などの地方公共団体に納付する一種の寄付金制度だ。寄付ではあるけれど、それは本来納めるべき税金の一部だ。つまり納税者は数千円程度の手数料を別にすれば、実質的な負担をすることなくＩＳＡＫに納税額の一部を「寄付」ができるという画期的な仕組みだ。

もちろん軽井沢町の出身者でなくても、軽井沢町へのふるさと納税ができる。

この制度を使って、２０１４年には1億７０００万円の寄付金がＩＳＡＫに寄せられた。

現在のＩＳＡＫの生徒数は一学年約50人、三学年揃えば１５０人だ。仮に毎年同程度の額が集まれば、それだけで三分の一の生徒に奨学金を支給することが可能になる。

社会のあらゆる階層の生徒が一緒に学ぶというＩＳＡＫの方針を実現するには、巨額の資金を必要とするけれど、ふるさと納税の仕組みを使うことで、かなり安定してその資金を調達する目処が立ったわけだ。

それも、さんざん資金集めに苦労していた時期の苦肉の策だった。

お金が集まらないので、りんたちは藁にもすがる思いで、ふるさと納税の制度を使って寄付金を集められるように、軽井沢町と交渉を重ねてようやく実現したことだった。

最終的に軽井沢町議会は、教育応援分と指定して振り込まれたふるさと納税額の95％をＩＳＡＫに補助することを全会一致で可決してくれた。

そういうことも、もし最初から充分な資金があったら起きなかったはずだ。

ＩＳＡＫの開校式は、２０１４年8月24日だった。

軽井沢町長に長野県知事、文部科学大臣まで列席した華々しい開校式だった。

開校の挨拶の途中で、りんは声を詰まらせた。

泣き虫の彼女が、目に涙をいっぱい溜めながら、途切れ途切れに、ボランティアで助けてくれた仲間たちに感謝の言葉を伝えた。

それはほとんど誰も学校ができるなんて信じていなかった頃から、りんを助けてくれた仲間たちだった。

彼らがいなければ、ＩＳＡＫは絶対に生まれていなかった。

それを誰よりも強く感じているからこそ、りんはそう言うのだと思う。

ＩＳＡＫ開校のために奮闘する彼女の姿は、新聞やテレビ、インターネットの記事などでもたびたび紹介され、りんは有名になった。

２０１２年には、世界経済フォーラム（ダボス会議）でYoung Global Leadersの一人に選出された。アエラ「日本を立て直す１００人」や、日経ウーマン「ウーマン・オブ・ザ・イヤー２０１５」にも選ばれ、２０１５年からは総理官邸で毎月開催される教育再生実行会議の有識者委員も務めている。

それはある程度までは、彼女自身が意図したことでもある。ＩＳＡＫの〝顔〟としてりんがマスコミに登場することで、ＩＳＡＫそのものへの世間の関心を集めるためだ。そして実際にそれは、かなりの成功を収めた。新聞やテレビでの露出の後は、寄付の申し込みやふるさと納税に関する問い合わせがいつも増えた。

けれど、彼女はいわゆる自己顕示欲の強いタイプではない。有名になることは、彼女の本意ではない。それは彼女と話せばすぐにわかることだ。

自分が有名になることが、ＩＳＡＫの開校のために必要であれば敢えてそれも引き受けるけれど、ＩＳＡＫの開校のために一緒に頑張ってきた仲間たちがこんなにたくさんいるのに、それがまるで自分一人の手柄であるように語られてしまうことに、りんは強い抵抗があるようだった。

ＩＳＡＫが開校できるかどうかまだ未知数だった時期には、そんな感じはまったくなかった。あの頃は、「これは私の運命だ」とよく言っていたものだ。

その言葉の裏の意味は、「もし学校ができなかったとしたら、それは私の責任だ」ということだろう。誰にも迷惑がかからないように、彼女はそう言っていた。

そしてISAKが開校し、世間が彼女の成功を讃えるようになると、それは自分一人の力ではないと言うようになった。

単にそう言うだけでなく、りんは本心からそう思っているようだった。

その通りなのだろう。

彼女一人の力で、ISAKが誕生したわけではもちろんない。

けれど、りんがことさらそれを強調するのは、もうひとつ理由があった。

彼女はこうも言った。

「自分の名前なんて、どうでもいいって思う。ISAKが開校して、無事にその使命を果たすようになったら、私の名前なんてほんとに誰も憶えていなくていいんです。ISAKが自分たちが夢見ていたような学校になってくれればそれでいい」

客観的に言って、ISAK開校の最大の功労者がりんであることは疑いない。

けれど、今後のISAKのためには、それを誰か一人の功績にすべきではないと、りんは考えるようになったのだと思う。

ISAKは誰か一人のものなどではない。

生徒や教師、スタッフ、それからたくさんの支援者たち、ISAKを支えるすべての人たちが、心からこの学校を「自分の学校」だと思い、支え続けられるかどうか。

ＩＳＡＫという学校の、本当の運命はそこにかかっている。

世界を変えることは、もちろん可能だ。

結局のところ、人類は世界を変えながら、この地球で生きてきたのだから。

ただし、本当に世界を変えるには、一人の力では足りない。と言うよりも、多くの人間がそこに関わるようになって、はじめて世界は変わったと言えるのだ。

だからこそ、りんは自分の存在感を、そこから少しずつフェイドアウトさせようとしているのだと思う。


それは、今のところ一学年50人、三学年合わせても１５０人の小さな学校に過ぎない。

世界の片隅に、小さな高校がひとつ誕生したというだけのことだ。

けれど、それでもやはり、りんは世界を変えたのだと思う。

誰もそんな学校ができるなんて信じていなかった。それを、彼女はたった六年間で成し遂げたのだから。

私がそう言うと、彼女は笑って首を横に振った。

「全然、世界を変えたなんて思ってないです。大切なことは、これから始まる。かなりいいスタートは切れたとは思います。学校が始まって二週間しか経っていないのに、生徒たちの意識はすでに変わり始めている。これはすごいことだと思います。それだけに、私たちの責任は重い。

私たちが本当の意味で、社会をより良く変革していける人間を育てられるかどうか。世界に本当の意味で新しい価値を生み出そうという思いを持った子どもたちを、本当にそれができる人に育てられるかどうか。私たちが『リーダーを育てる』と言っているのは、そういう意味です。単なるリーダーを育てる学校ではない。それができるかどうかに、ＩＳＡＫの未来はかかっている。ＩＳＡＫの開校は私たちにとってゴールではなくて、あくまでスタートラインについたということでしかないんです」

今という時代は、あらゆる分野で変革が必要とされているとりんは言う。

伝統芸能や、伝統工芸の世界でさえもそうなのだ。急激に変化する世の中で、過去から積み上げた技能や技術を伝承してゆくには、逆に何かを変えなければならない状況が生まれている。

「社会の変化に人間が対応し切れない時に、ひずみや社会問題は起こる。何かがおかしいと思ったら、アクションを起こして実際に変えていかなきゃいけないのに、今の世の中には、それをやろうという人があまりにも少ない。

デューク大学のキャシー・デビッドソン教授が２０１１年の新聞のインタビューで、その年に全米で小学校に入った子どもたちの65％は、大学卒業時にその時点で存在していない職業に就くことになるという予測をしました。今の子どもたちの過半数が、今の大人が知らない職業に就くことになる。今存在している職業の多くは、その子たちが大人になるころにはなくなっているということですよね。

社会は私たちには想像できないようなスピードで動いている。子どもたちはそういう時代に対して、準備しなきゃいけない。けれど今までの教育は、数十年に１回しか産業革命が起こらないというような前提で人を教育しているわけです。これからの時代はそれではおそらく通用しなくなる。私たちは問題の解き方を教えるだけでなく、問題を発見する力を育てようと考えています。子どもたち全員が変革者になる必要があるとは言わないけれど、変革を起こせるスキルとマインドセットを持った子どもたちをたくさん育てなければならない。それができた時に初めて、自分にも少しは世の中が変えられたかなと思うかもしれない。どんな形であれ、どんな分野であれ、ISAKの卒業生が社会に良い変革を起こし始めたら、ああよかったなと思うでしょう。私は間違っていなかったと。けれど、そのためにはまだやらなければいけないことがたくさんある」

りんは以前から言っていた通り、その2ヶ月前に家族4人で軽井沢に引っ越して来ていた。4人になったのは、その年に女の子を出産したからだ。

夫は海外での仕事が増えて、1年に3回くらいニューヨークやロンドンに出張するようになった。「軽井沢から成田はさすがに遠いから、体力的にも相当きつそうだけど、なんとか協力してくれている」と言ってりんは笑った。

4歳の息子は保育園に、10ヶ月の娘は待機児童になってしまったので、近所のお寺の経営する託児所に預け、りんは週に3日は東京に通う生活を続けている。

奨学金の枠を維持するためにも、資金集めは続けなければいけないし、生徒募集や広報活動を行っている東京のスタッフとの会議も欠かせない。むしろ東京に住んでいたほうが楽そうだけれど、それではISAKのことがわからなくなると彼女は言う。

「やっぱり現場にいなきゃ駄目なんです。取材を受けたりとか、支援者を募る活動の中心は東京だけど、その時に『ＩＳＡＫではこういうことが起こってます』ってお話しするためにも、軽井沢にいなきゃいけない。私の現在の仕事は、大きく分けて二つあって、一つは対外的にＩＳＡＫを知っていただくこと。もう一つはＩＳＡＫという学校が、私たちがずっと話してきた理想通りの学校に育っていくかどうかを見守ること。そのためにも授業を見たり、生徒と話したり、ロッドや先生たちと話をして、何が起こっているのかを、いつも肌で感じられるようにしています。

私たちが言っていることと、ＩＳＡＫでやっていることが一致しているっていうことを説明できるエピソードが必要だから。それに、何かあった時に私がすぐに反応できる距離にいたいんですよね。東京にいる私に電話がかかってくる時では遅いことが多い。こっちにいれば、たとえば『この人はピリピリしてるな』っていうのがよくわかる。そういうことを感じた時に、ロッドの肩をトントンと叩いて『あの人ピリピリしてるけど、大丈夫？』みたいなことが言えるのとできないのとでは大違いなんです」

ロッドというのは、校長のロデリック・ジェミソンのことだ。

代表理事であるりんと、校長のロッドは短い期間で深い信頼関係で結ばれるようになった。

ロッドはりんと初めて会った日のことを、愉快そうに話してくれた。待ち合わせ場所に遅れて現れたりんは、最初から彼をファーストネームで呼び、まるで何十年も昔からの知り合いのように話した。その最初の会見で、りんの人柄と、彼女が何をやろうとしているかを理解し、深い共感を抱くようになった。何人もの候補者の中から、ＩＳＡＫの最初の校長としてアフリカ系アメリカ人である自分を選んだところに、りんの本気さを感じたと言う。

校長の採用は、例のアメリカのヘッドハンティング会社に依頼して進めていた。2012年3月の時点で、候補者を3人にまで絞り込み、その3人を二泊三日の予定で日本に呼んで最終面接を行った。理事や行政の担当者、ファウンダーなどできる限り多くの人に会ってもらった。軽井沢まで行って、軽井沢町長をはじめとする関係者にも会わせた。

その3人の候補者の中にロッドがいた。

ロッドを校長に選んだいちばんの理由は、多様性に関する理解の深さだった。

彼はアフリカ系アメリカ人だった。

「理事全員で面接した時に、多様性についてどう思いますかという質問をしたんです。その時に、彼は彼自身の話をしてくれた。ロッドは出身はアメリカの南部で、人種差別がまだ残っている地域でした。でも、彼は子どもの頃は差別なんてものがあるとは知らなかった。小学2年生か3年生の頃に、好きな白人の女の子に告白したら、"Oh, I'll never like a nigger."って、『黒人なんか絶対に好きにならないわ』って言われて。それではじめて、自分はniggerだったたって気づいたって言うんですね。家に帰って、お母さんにその話をしたら、『ひどい』って言うわけでも『かわいそう』って言うわけでもなく、"That's life."みたいな。『それが人生だから、それが現実だから。あなたはそれを生きていかなきゃいけないのよ。おしまい。はい、ご飯食べましょう』だったんだって。

彼はその時に、差別は存在する。でも、それを多様性として、存在するものとして受け入れていくこと。それと一緒に生きていくことを、学んだと。『その違いの中からいろんなものが生まれてるんだ』って、自分がすごくそう思ったっていう話を、臨場感をもって話してくれた。多様性というものを、表面的に尊重するとかいうんじゃなくて、自分自身の問題として抱えながら、包容力をもって受け入れようとしているっていうのをすごく感じました」

校長の候補者の中では、いちばん若かったし、経験もそれだけ浅かった。けれど、ロッドがいちばん心が広くて、新しいことに挑もうとする意欲に燃えていたと、りんは言う。

「面接の時に、ロッドが脚を組んでたんですよ。アメリカ人ならたいてい脚を組むんだけど。その後に軽井沢の関係者のところに行くことになってたから、『これから町長さんとか、いろんな人に会ってもらうけど、脚は組まないで』って言ったら、すごく素直に謝るんです。彼は奥さんが日本人なんですね。日本人の妻がいて、そういうこと知ってるはずなのにすまなかったって。『そういうこと、他にもあったら言ってくれ』って。『アメリカ人はこうなんだ』なんて言い訳は、いっさいしなかった。ほんとに心が広いし、自分が納得できれば、言い訳とか釈明とかしない。やっぱり、新しい学校をつくるわけだから。ＩＳＡＫは他の教育者の人は見たことないような学校になると思うんです。そういう時に、『学校はこうあるべき』だとか、『僕の前の学校ではこうだった』とか、そういうのは、絶対マイナスになると思うんです。ロッドにはそれがなかった。

それから彼は、わからないことは『わからない』って言うんです。自分が知らないものは『知らない』って言う。それもすごい大事だと思ったんですよね。知らないものは知らない、わからないものはわからない。で、『教えてください』って言うから。私たちが、何年もかけて積み重ねてきた教育モデルとかも、そんなの、一日二日でわかるわけないんです。みんなで議論しながら、何年も考えてきたものだから。いきなり来て、すぐにわかるはずがない。だから『わからない』って言ってほしかったんです。でも、普通の人は、なんとなくわかったふりをしてしまうじゃないですか。ロッドはそういう時に、いつも『わからない』と言うんです。それが、決め手だったかもしれないですね。この人となら、うまくやっていけると思いました。最初はお互いに、『わからない』の言い合いで、大バトルになっちゃって大変でしたけど」

ロッドがサンディエゴの家を引き払い、校長として軽井沢に引っ越して来たのは2013年の7月、竣工式の少し前のことだけれど、ISAKの仕事はその前年から始めていた。前年の8月には教員の採用が始まっていたし、その他にも新しく学校を始めるために決めなければならないことがいくつもあったのだ。りんとの仕事のやりとりは、電話かメールだった。

りんが「バトルになった」というのはその頃のことだ。

大きな行き違いは、校長や理事長の職務に対する考え方の違いだった。

アメリカの私立校では、そもそも理事長は学校にはまず顔を出さない。理事会で校長と話すだけで、学校の運営は校長がすべて行う。理事長はあくまでも経営者であって、学校の運営に口を出したりはしない。

りんは、もちろん、そんなことにはお構いなしだった。

校長が決まって、ようやくこれから具体的な学校づくりが始まる。みんなで心に思い描いてきた学校をつくるのは、これからなのだ。学校の運営方針にも、教師の採用にも、遠慮なくどんどん意見を言うつもりだった。だいたい、りんがそれをやらなかったら、どうやってこの学校をＩＳＡＫたらしめることができるだろう。サマースクールを続けながら積み上げてきた、ＩＳＡＫならではの教育方針をロッドは、まだほとんど何も知らないのだ。

「そういう気持ちがあるものだから、この学校の土台は『私がつくってきたんだよ』っていう。あんた、昨日来たばかりで何がわかるのっていう。まあ、それは口には出さないけど。だからメールのやりとりがすごいことになって。ロッドはきっと『なんでこいつはこんな細かいことにまで口を出してくるんだ』って、頭に来てたに違いないから。

私が“I hope you understand that...”、あなたに理解して欲しいんだけど。“1, 2, 3, 4, 5”みたいに列挙したメールを送ると、すぐにロッドから返信があって、“I'm frustrated and can't agree because...”僕は怒ってるし賛成できないと、理由は“1, 2, 3, 4, 5, ……”って、二倍くらい長い怒りのメールが返ってくる。時差があるから、やりとりするのはだいたい夜中なんですね。夜中にものすごいメールのやりとりになっちゃって。最初の頃は、ほんとそんな感じでしたね。だけど、電話とかスカイプで話すとけっこう違うんですよ。『なんだ、そう言えばいいじゃん』みたいな話になって。だから、定期的にスカイプで電話会議とかするようになって」

その頃の話については、ロッドにも印象的な思い出がある。

電話で言い合いになって、あまりにも長くなったので、ロッドが「わかった、そうするよ」と折れて、電話を切ろうとした時のことだ。

「りんは電話を切ろうとしないんだ。『いや、ロッドは納得してない。私はロッドが心から納得してくれるまで、絶対に電話切らないから。言いたいことがあったら、全部ここで話して欲しい』って言うんだ。それまでは、『電話切らないからね』って。すごい人だと思った」

そういうやりとりをしながら、りんとロッドはお互いを深く理解するようになる。

ロッドは、自分がりんに信用されていないと思っていた。自分を信用していないから、りんは何から何まで口を出そうとする。けれど、りんから信用してもらえないなら、自分は校長の仕事なんてできはしない、と。

けれど、りんからすれば、それはまったくそういう問題ではなかった。

「ロッドが『これはtrust issueだ』って、信用の問題だって言うから、ぜんぜんそうじゃないんだと。『私は別にあなたのボスだと思ってないから』と言ったら、『りんは、僕のボスじゃないの？ 意味がわからない』って。信用するとかしないという話じゃなくて、私はロッドと二人三脚でこの学校をつくっていると思ってる。ロッドと一緒に、ロッドの専門知識を借りながら、私たちのミッションをつくっていくものだと思ってたから。私が彼に指示を出して、ああしろこうしろと言うつもりはまったくないし、彼の校長としての領域を侵すつもりもない。ロッドを信じてないわけじゃなくて、ただ一緒につくろうと思ってるだけなんだ、私たちには上も下もなくて、並列なんだって話をしたら、『え？』って驚きながらも、ようやくわかってくれたみたいで。初代の教員の最終面接に私が入るっていう話も、納得して受け入れてくれるようになった」

それはアメリカ式の学校運営とは、まったく違ったやり方だった。いや、日本式の学校運営ともまた微妙に質が違う。りんならではのＩＳＡＫのスタイルだ。

ロッドは定期的に、りんと教員たちとが対話できる場を設けるようになった。学校は生きものだ。毎日のように新しい何かが起きて、新しい解決すべき問題が生まれる。それをどう解決していくか。あるいは、どういう方向で解決に導くか。

そういう会議にりんが出席して、みんなと意見を交わすことがＩＳＡＫにとって大切だということに、ロッドが気づいたからだ。

「ＩＳＡＫのあるべき姿をもっともよく知っているのはりんだから。少なくとも、今のところはね」

ロッドはそう言って、柔らかな笑みを浮かべた。


カフェテリアにはスナックコーナーが設けられていた。生徒たちは食事は三食ともカフェテリアで食べることになっているけれど、まだ育ち盛りの子どもたちにはそれだけでは足りない。ＩＳＡＫの周囲に広がるのは森で、もちろんコンビニも商店もないから、子どもたちが自由におやつを買えるようにコーナーを設けたのだ。

けれど、すぐに問題に気づいた。おやつを買える子と、買えない子がいた。お菓子に払う100円で、家族全員の一週間分の食費をまかなえるような地域から来ている子どもたちもいるのだ。

そこで、毎日最初のおやつ一つは全員に無料で配ることにした。二つ目からはお金を払って自分で買うのだけれど、そのうち子どもたちが自主的に、買える子が買えない子に自分の分を分けるようになったという。

子どもたちの生活に、どこまで学校が干渉して、どこからは子どもたちの〝自治〟にまかせるか。おやつひとつでも、それはなかなか微妙で難しい問題だった。

神は細部に宿ると言うけれど、本当に些細なことが子どもたちの心に大きな影響を与える。それが学校というものだ。ちょっとした違和感、あるいは居心地の悪さのようなものが、思春期の子どもたちの心を傷つけることはいくらでもあるし、それが彼らの進路を変えてしまうことだって充分あり得ることなのだ。

それはりんが子どもの頃に、さんざん経験してきたことでもある。

政情不安のソマリアから、ＩＳＡＫの一期生として入学した生徒がいる。彼は、出国に時間がかかり、入学式に間に合わなかった。ＩＳＡＫに来たのは、その日のつい１週間前のことだった。

その彼からメールが来たのだそうだ。

「彼は今まで自分がいちばん可哀想な人間だと思ってたと言うんですね。国があああいう状態なので、周りには学校に行けない友だちもたくさんいる。ＩＳＡＫを受験したのも、正直に言えば、奨学金が出ると聞いたからだって。それが、ここに来て、いろんな友だちの話を聞いて、自分なんかよりももっと大変な子たちがいるって知ったと言うんですよ。

インドのアウトカースト出身の子がいるんだけど、幼い頃に親を亡くして、食べるものも食べられないような生活をずっとしていたという話を聞いて、それに比べたら自分には両親もいるし、国は大変な状況だけど、家族とそれなりにちゃんと暮らしていたって。自分がいちばん可哀想だって、今まで斜に構えて世の中を見ていたけど、世界を見渡せば自分なんかよりずっと不幸な子がいる。ここではそういう子たちも一緒に学べる。『僕は今初めてISAKの意味がわかった』って、謝罪と感謝のメールが来たんです。

ああ、これだったんだって思いました。私たちがISAKを開校した意味はこれだって。彼はここに来たばかりで、私たちはまだ何も彼のためにしてあげていないわけですよね。ただ環境を提供しただけなんです。いろんな国の、いろんなバックグラウンドを持った子どもたちと一緒に暮らす環境を提供しただけなんだけど、それだけでも子どもは自ら学んで成長しようとしている。ISAKではいつもそういうことが起きているんです」

子どもたちの話をする時、りんの目は輝く。

りんにとってISAKで起きることに、何ひとつ些細なことはない。

ISAKの空気に触れていることは、今のりんの重要な仕事なのだ。

「私じゃなくて、このプロジェクトが成功すべく運命づけられてたんだって、今は思っています。こういう学校を世の中が必要としていたからこそ、たくさんの人が協力してくれたんだと思う。それは私の運じゃない。Everything is meant to beって言うじゃないですか。すべてのことには意味があるって。まさにそういうことじゃないかって思う。いろんな出来事があったけど、そのすべてが不思議なくらいISAKの開校のために力を貸してくれた。私の今までの人生も、まさにそのためにあったんじゃないかって、今は思っています。ISAKは生まれるべくして生まれた。そういう運命にあったんだと思う。私も、そこに引き寄せられた一人でしかないんです」

6　彼らはそこで世界を変える方法を学ぶ。

少女の頃、りんはメキシコのスラムを見て、こういう世界を変えたいと思った。そして自分の運と能力を、そのために生かそうと心に決めた。

そう書けば、彼女はとても意志の強い女性のように思われるかもしれないけれど、必ずしもそうではない。

谷家と出会い、学校をつくるという夢と出会うまで、りんはずっと一ヶ所にとどまることがなかった。どの職場でも、りんは周囲の信頼を得ていたし、そこでその時の彼女にできる限りの仕事をした。けれど、どの仕事場も、長くは続かなかった。

後からふり返れば、それはあたかもＩＳＡＫにたどりつくための必然のように思えるけれど、それは時間の流れを遡って考えることのできる人間に特有の、ある種の錯覚だ。

本当のことを言えば、彼女はさまよい続けていたのだ。自分の本当の居場所はここではないといつも思っていた。

日本の高校を中退して、カナダに行った時からずっとそうだった。

そのカナダの高校はりんに大きな影響を与えたけれど、それでも在学中はその高校のことがあまり好きではなかった。

もしかしたら、ずっとさまよい続けていたかもしれない。

ただ彼女は、いつかはきっと自分が本当にやりたいことに出会えることを、なんの根拠もなく信じ続けた。

なぜ、彼女がそれを信じ続けることができたのか。

それは誰にもわからないことだ。

だからこそ、彼女はそれを運命と言うのだろう。

重要なことは、彼女がついに自分の運命と出会ったと感じた時に、彼女がはっきりと変わったということだ。

それまでほとんど2年ごとに職場を変えていた彼女が、まるで人が違ったようにそのことに打ち込み始めた。

学校をつくるという目標が、彼女を変えたのだ。

りん自身がそのことを認めている。

「自分が本当にやりたいことを探していたと言えば聞こえはいいけれど、別の言い方をすれば、忍耐力のない、飽きっぽい、ただの器用貧乏だった」と。

忍耐力のなさも飽きっぽさも、普通はあまり好ましくない性質と考えられている。

りん自身もそう思っていたし、実を言えば彼女の夫、小林繁肇も彼女が学校をつくると言い出した時、それを心配した。それまでと同じように、また何年かしたらその仕事に飽きて、他の仕事がやりたいと言い出すのではないか、と。

そうならなかったのは、彼女の全存在をかけて取り組むべき仕事だったからだ。彼女の言い方を借りるなら、それが彼女の運命だった。

そういう意味では、忍耐力がなくて、飽きっぽかったからこそ、りんは自分の運命に出会えたのだとも言える。

何ごとも忍耐が大切だと教えられて我々は育つ。

そのこと自体は間違いではないのだろうけれど、りんの半生を見ていると、もう少し別の側面も考えるべきではないかと思えてくる。

我々の教育は今まで、忍耐や頑張ることに比重を置きすぎていなかっただろうか。

忍耐力はもちろん大切だけれど、その忍耐力を発揮する前に、自分は何をなすべきかという問題を、もう少し丁寧に考える必要がある。

生きるのに精一杯だった時代、必死に生きなければ食べていくことができなかった時代とはもはや違う。現代の人類が抱えている問題の多くは、その忍耐力や頑張りから生じている。

人工衛星から見下ろした地球は、相変わらず美しい青い惑星だ。

けれど、そこで起きているさまざまな問題をもし視覚化できるなら、地球はむしろ穴だらけのチーズの塊のように見えるはずだ。りんが高校時代に出会った大都市の抱えるスラムは、そのひとつの象徴だろう。

地球というチーズに無数の穴を開けたのは、結局のところ人の忍耐と頑張りなのだ。

努力が大切であることは否定しない。

けれどこれからの時代は間違いなく、自分のなすべきこと、自分が何に対して努力を傾けるべきか、そのことをもっと丁寧に考えるための教育が必要とされるはずだ。競争して豊かな生活を勝ち取るための教育ではなく、世界を本当の意味で豊かな場所に変えていくための教育だ。人類全体にとって、地球はもはや無限に大きな惑星ではないからだ。人類の活動が地球環境そのものに少なからぬ影響を及ぼしていることは、今では誰でもよく知っている。にもかかわらず、人類の行動はまだ十分に理性的とはいえない。

下手な努力をすれば、その努力が大きな破局を招きかねない場所に我々は立っている。地球環境の話だけでなく、政治でも経済でも似たような話はいくらでもある。

そういう意味では、人類はいまだに野蛮を脱し切れていない。船が燃え始めているというのに、その船の上で殴り合いの喧嘩をしている船乗りのようなものだ。

自分たちが何をなすべきかを、真剣に理性的に考え、行動することができなければ、この文明はもうそれほど長くはもたないだろう。それは、多くの未来学者たちが、共通して主張していることだ。

いや、専門家の知識を持たなくても、我々の文明が今後も繁栄できるのか、それとも古代文明と同じように衰退の道をたどるのかという重大な岐路に立っていることは、今では誰でも理解できることだろう。その破局が十年単位で迫っているのか、それとも百年単位なのかは、考え方によっても違うだろうけれど。

少なくとも、自分たちの正義を振りかざし、強者が弱者を抑圧するというやり方で、問題を解決する時代を終わらせなければいけないことは明白だ。

それを他人事と思うか、それとも自分たちの問題と考えるか。

それを自分たちの問題だと考える人間が、どれだけ増えていくかに、おそらく人類の将来はかかっている。あるいはそれを自分たちの問題と考えることのできる人間が、人類社会でリーダーシップを発揮できるか否かによって――。

我々は、そういう時代に生きている。

ISAKはまさにそういう時代に、生まれるべくして生まれた学校だ。

なぜなら、りんたちがつくったのは、そういう地球の縮図のような学校だから。

ISAKが開校した後も、りんたちはサマースクールを続けることを決めた。

2015年のISAKサマースクールには、世界の50ヶ国以上から640人もの参加希望者が集まった。回を重ねることに、ISAKへの関心が高まっている。

世界中のさまざまなバックグラウンドの子どもたちが、同じ教室で学び寮生活をともにすることの意味と価値が、広く認識されるようになったのだと思う。

国連やその他のさまざまな国際会議でも、構成するメンバーの年齢を別にすれば、同じような光景を目にすることはあるけれど、そこには本質的な違いがある。

ISAKに子どもたちが集まるのは、自分たちの国や民族の立場や権利を主張するためではない。主張するのではなく、彼らはそこで理解したり気づいたりする。

ＩＳＡＫでは他の国や民族の問題は、決して他人事ではない。子どもたちは、それを自分たちの問題として理解し、自分たちの問題として共有する。

彼らはそこで世界を変える方法を学ぶのだ。

それは、今の世界が必要としている視点だ。

理解し合うことが、我々の抱えた問題を解決する第一歩なのだ。本当の解決は、その先にしか存在しない。

もちろんそこで学ぶすべての子どもたちが、世界の抱える問題を解決するための人生を送るわけではないだろう。

けれどそれでも——。

彼らはきっと世界のどこかで、何かを成し遂げるに違いない。

そのひとつひとつの小さな達成が重なって、世界は変わっていく。

世界中から集まった、柔らかな心を持った思春期の子どもたちが、そこで3年という歳月をともに暮らし、クラスメートたちの力を借りて、いくつもの角度や視点からものごとを見つめ、考え、理解することを学ぶのだから。

この学校は、無限の可能性を秘めている。

人類社会の抱える数々の困難な問題に、今までとは違う視点から取り組もうとするリーダーが、この学校から巣立つ日はそう遠い未来ではないと、私は信じている。

＊＊＊

インタビューは終わり、りんは突風のように次の仕事へと向かった。

午前中の授業が終わり、カフェテリアには子どもたちがあふれていた。

私はテラスを降り、別荘地を囲む林の中へと足を踏み入れた。木立の間から、鳥の声が聞こえた。木々の向こうから一人の少女が歩いて来るのが見えた。

彫りの深い整った顔立ちに浅黒い肌、ジーンズをはいた脚は、その年代の少女としても細すぎるようだった。「生まれてから一度も、こんなにたくさんの食事を食べたことはない」と、りんに話したシャンティバーバンの子を思い出した。

面影が似ていたわけではないのだけれど、私はその少女の姿に、もう何年も昔にカナダへと旅立ったりんの姿を重ねていた。

木々を見上げる少女の表情は、希望にあふれているようにも、不安や寂しさにとらわれているようにも見えた。

りんも、あんな風だったのだと思う。

彼女もきっとあんな風に、異国の地の見知らぬ木々の間を歩いていた。

そして20年後に、一つの学校をつくった。

その学校に、世界中のさまざまな階層の子どもたちが集まり始めている。

りんは今まさにここから、世界を変えようとしているのだ。

ISAK 1期・2期生と教職員（2015年8月）

おわりに

この物語は、２０１１年から２０１５年にかけての5年に及ぶ小林りん氏への取材を中心に構成された。延べ数十時間にわたるインタビューの中で、深く印象に残っている彼女の言葉がある。

「誰でもリーダーになれると、私は本気で信じています」

その言葉を、読者の心に送り届けるためにこの本は書かれたと言ってもいい。

ＩＳＡＫの開校は、この物語の中でも何度か繰り返したように、小林りんひとりの力で成し遂げられたわけではない。何十人何百人という人々の共感と献身、そして寄付がなければ、この学校は生まれはしなかった。彼女に協力したたくさんの人が、それぞれの役割においてそれぞれの場所で「世界を変えた」からこそ、この学校はこの世に生まれた。

そういう意味では、彼女もその多数の人々のうちの一人でしかない。

けれど、その事実こそが、逆に言えば、彼女が良きリーダーであることを証明している。リーダーシップとはつまり、太陽の光をレンズで一点に集めて火を起こすように、人の力を結集して、一人の力ではとても成し遂げられないひとつの夢や目標を実現する力だ。

それが一部の人に与えられた特殊な才能ではなく、たとえば語学や数学のように、誰でも学び身につけられる能力だと彼女が言うのは、他ならぬ彼女自身がそれを経験したからだ。

彼女は最初からリーダーだったわけではない。ISAKを生み出す悪戦苦闘の中で、彼女はリーダーへと成長したのだ。彼女たちは良きリーダーを育てるためにISAKを創立したわけだけれど、その過程で既にこの学校は、言葉の正しい意味でのリーダー、あるいはチェンジメーカーを育てていたというわけだ。

その波紋は、少しずつ周囲に広がっている。ゼロから学校をつくれることを、彼女たちは世に示した。おそらく、次に新しい学校をつくろうとする人は、彼女たちほど大きな苦労をすることはないはずだ。国籍も経済的バックグラウンドも多様な子どもたちがひとつの教室で学び、寮生活をともにすることの教育的効果も、これから明らかになっていくだろう。

そういう風にして世界は変わっていく。

ひとりの人間の成長が、世界を変える。まるで奇跡の物語のように思えるけれど、それは彼女の身にも起きたように、誰の身にも起きうることなのだ。

ISAK創立のために彼女に協力した数多くの人の中の誰に取材して、誰をこの本に登場させるかの選択はすべて著者が行った。取材すべきなのに取材できなかった方もいれば、長い時間取材させていただいたにもかかわらず、この物語の中に記せなかった方もいる。諸般の事情で名前を出せなかった方もいる。ごく一部の方たちしかこの本に記せなかったことを、著者として最後にお詫びさせていただきたい。

私にこの物語を書くことを勧め、長期間にわたる取材と執筆を辛抱強く支えてくれた編集者の常盤亜由子氏、ダイヤモンド社の和田史子氏と佐藤和子氏に、深く感謝します。

最後に、小林りん氏にあるジャーナリストが贈った言葉を。

Your calling is where your heart's joy connects with the world's deep pain.

自分が心底楽しいと思えることが、世界の深い悲しみと出会った時に、あなたは自分の運命と出会う。

石川拓治

2016年3月

［著者］
石川拓治（いしかわ・たくじ）
1961年茨城県水戸市に生まれる。早稲田大学法学部卒業後、フリーランスライターに。著書に『奇跡のリンゴ』『37日間漂流船長』『土の学校』（幻冬舎文庫）、『三つ星レストランの作り方』『国会議員村長』『新宿ベル・エポック』（小学館）、『ぼくたちはどこから来たの？』（マガジンハウス）、『HYの宝物』（朝日新聞出版社）などがある。

取材にご協力いただいた方々（敬称略、五十音順）
入江信明／香坂早苗／河野宏子／小林繁肇／下島一晃／甚上直子／谷家衛／中室牧子／宮田幸一良／山本公哉／ロデリック・ジェミソン／渡邊佳与子／渡部精一郎／渡部幸治

茶色のシマウマ、世界を変える
――日本初の全寮制インターナショナル高校ISAKをつくった 小林りんの物語

2016年3月25日　第1刷発行

著　者――石川拓治
発行所――ダイヤモンド社
〒150-8409　東京都渋谷区神宮前6-12-17
http://www.diamond.co.jp/
電話／03・5778・7236（編集） 03・5778・7240（販売）
装丁――――竹内雄二
製作進行――ダイヤモンド・グラフィック社
印刷――――堀内印刷所（本文）・共栄メディア（カバー）
製本――――宮本製本所
編集担当――佐藤和子

ISBN 978-4-478-01764-7